Die grossen Malerinnen

Inhalt

Einleitung

Gibt es überhaupt so viele Malerinnen? Eine Frage, die häufig die Ankündigung eines Werks wie des vorliegenden begleitet – und damit dessen Notwendigkeit nur bestätigt. Es gibt tatsächlich so viele und noch weit mehr, die durch alle Zeiten und Zivilisationen hindurch in verschiedenen Gegenden eine maßgebliche Rolle gespielt haben, die im In- und Ausland berühmt waren, dann oft in Vergessenheit gerieten, auf systematische und überaus suspekte Weise.

Die in der westlichen Kunstgeschichte wesentlichen Malerinnen sind so zahlreich, daß dieses Buch keinerlei Anspruch auf Vollständigkeit erheben kann. Es versteht sich auch nicht als Lexikon, denn es muß in vielem fragmentarisch, oft auch parteiisch oder ungerecht erscheinen.

Es geht hier um eine archäologische Arbeit; sie fördert verlorene Teile eines Ganzen wieder zutage, damit man nicht das wenige Sichtbare für das Ganze nimmt; sie versucht, das Gefüge der Vergangenheit zu rekonstruieren, indem sie die Teile eines Puzzles zusammenträgt, die das Bild des Ganzen ergeben: Die aufgeführten Frauen, zumeist vergessen und verkannt, sind eine nach der anderen aus dem Dunkel wiederaufgetaucht. Sie sind der Grund für dieses Buch.

Malerei der Frauen?

Gibt es, wenn schon nicht eine weibliche Malerei, so doch zumindest eine Malerei der Frauen? Der Kunsthistoriker sieht sich schnell der Unmöglichkeit gegenüber, bei bedeutenden anonymen Werken zu entscheiden, ob sie von Männern oder von Frauen gemalt wurden.

«Wenn die Malerei von Frauen derart in Vergessenheit geraten ist, Texte dagegen offenbar weniger, so deshalb, weil die Malerei vielleicht provozierender, gewaltsamer ist als das geschriebene Wort. Die Malerei von Frauen ist zwangsläufig gewaltsam, gewaltsamer Verstoß gegen den Sittenkodex, da sie ein Abenteuer des Körpers vermittelt, das totgeschwiegen werden sollte. Sie schuf einen pulsierenden Körper, wo doch der weibliche Körper unbeweglich und stumm zu sein hatte. Darf man sich eine Madonna ausdenken, die sich kämmt?» Die Antwort auf diese Frage der Schriftstellerin Françoise Eliet gibt das unter Malern gebräuchliche Vokabular: Eine Leinwand ist «jungfräulich», der Maler «nimmt sie in Angriff», «entjungfert» sie gar.

Malerei, Mystik und Politik

Das Sakrale ist ein Grundelement der Malerei von Frauen und unterscheidet sie damit von Werken religiösen Charakters. Der schöpferische Akt bezieht die Ekstase ein, stellt sie sogar zur Schau.

Lange Zeit wurde die Frau in der jüdisch-christlichen Welt vom liturgischen Ritual ferngehalten, und dies immer wegen ihrer genetischen «Inferiorität», ja sogar wegen der «Unreinheit» ihres Körpers. Also mußte sie ein Mittel finden, zur zelebrierenden Priesterin zu werden: Die Malerei gestattete ihr den Gebrauch von Kultgegenständen, die symbolische Darstellung des Formalen. Körper hingegen malten die Frauen anscheinend unter einem anderen Blickwinkel als Männer – selbstverständlich betraf das nicht die technischen und kreativen Fähigkeiten, wohl aber die Auffassung und Gestaltung.

So findet sich unter den Malern sakraler Motive (von El Greco bis Soutine, über alle bekannten oder unbekannten Künstler des Mittelalters und der beginnenden Renaissance – etwa bei Grünewald, dem Schöpfer des Isenheimer Altars) eine präzise, sogar genüßliche Darstellung des geschundenen

Körpers, der ihm durch Folter, durch Verwesung zugefügten Entstellungen. Am extremen Fall der Séraphine de Senlis als «inspirierter» Malerin wird der Unterschied deutlich: Das Blut, die Wunden sind transponiert, ihre Darstellung greift auf die Seherinnen des Mittelalters zurück; das Mysterium ist verschlüsselt, beruht nicht auf eigener Beobachtung des Leichnams oder des Geschundenen (die den Frauen lange Zeit untersagt war).

Mit der gleichen Intensität wurde das politische Engagement gelebt. In Rußland haben die Künstlerinnen zu Beginn des 20. Jahrhunderts ihr Werk in den Dienst der Ideen gestellt, für die sie sich engagierten. Von der Deutschen Käthe Kollwitz bis zur Russin Natalia Gontscharowa oder der Mexikanerin Frida Kahlo wurden sie alle von einer – heiligen? – Leidenschaft getrieben, mit ihren Bildern der strikten Ablehnung des Faschismus, der Bejahung des historischen Materialismus Nachdruck zu verleihen. Ihr Schaffen unterstreicht ihren Glauben an den Menschen, an die Macht der Kunst, das Unerträgliche, Zerstörerische anzuprangern oder die für sie anbrechende neue Ära der Brüderlichkeit zu verkünden.

Die Malerei, der Körper und das Blut

Frauen haben (ebenso wie Männer) immer wieder Selbstbildnisse gemalt. «Das Selbstporträt brachte eine zusätzliche Dimension des menschlichen Mysteriums in die Malerei . . . die Macht, die ein Selbstbildnis auf den Betrachter ausübt, rührt daher, daß der Maler hier die Transparenz des Spiegels in sein Gesichtsfeld einbezogen hat: Das Selbstbildnis skizziert einen Roman über sich selbst mit einem Blick und einigen Pinselstrichen», schreibt Philippe Braunstein. Das bot den Frauen Gelegenheit, die vielfachen, durch die sozialen Tabus unterdrückten Seiten ihrer Persönlichkeit manchmal geradezu halluzinatorisch auszudrücken. Wenn Frauen sich selbst porträtierten, fingen sie ihr Bild – und das mitunter mehrfach – in verzerrenden Spiegeln ein oder in Mineralien, die sie ins Unendliche verformten und damit unendliche Deutungsmöglichkeiten zuließen. Zum Beispiel Spiegelbilder im Wasser – in einem harten, unbeweglichen, unbarmherzigen Wasser.

Wasser, Quelle, Regen haben für Frauen einen anderen Symbolwert; selbst Blumen besagen manchmal etwas anderes: Man denke an die oft als «vaginal» bezeichneten Blumen der Amerikanerin Georgia O'Keeffe.

Da ja biologische Faktoren bei jedem Kunstwerk eine Rolle spielen, wieso sollten dann nicht auch die von Frauen geschaffenen diese unterschiedliche Bedeutung enthalten, die Spuren dieser im archaischen Gedächtnis eingegrabenen Gesetze?

Zum Beispiel die Wiedergabe des Blutes. Wie sollte sich dieser rote Farbfleck auf den Leibern, ob von Männern gemalt oder von Frauen, nicht jeweils anders lesen lassen? Bei Männern ist er häufig mit dem Begriff von Kraft und Stärke verbunden: Der Soldat gibt sein Blut fürs Vaterland. Er ist auch geheiligtes Symbol: «Dies ist mein Leib, dies ist mein Blut.»

Für Frauen hängt Blut unlösbar zusammen mit der ihnen allein gemeinsamen Unreinheit, einer seit der Antike überlieferten Vorstellung, wie ein Text von Plinius dem Älteren zeigt: «Nicht leicht aber wird man etwas finden, was seltsamere Wirkungen hervorbringt als der Monatsfluß der Frauen. Most, dem sie in diesem Zustand zu nahe kommen, wird sauer, Feldfrüchte werden durch Berührung unfruchtbar, Setzlinge sterben ab, Gartenpflanzen verdorren, und die Früchte der Bäume, auf denen sie gesessen, fallen ab; der Glanz der Spiegel wird schon durch das Hineinsehen matt, das Eisen verliert seine Schärfe, das Elfenbein seinen Glanz, Bienenstöcke sterben aus, Erz sogar und Eisen befällt sogleich der Rost und widerwärtiger Geruch die Luft . . .» Das Blut der Frauen ist mit dem Tod in allen seinen Erscheinungsformen verknüpft, es bedroht nicht nur die Pflanzen mit Unfruchtbarkeit, sondern in gewisser Weise auch den Mann, indem es seine Machtsymbole angreift: Erz und Eisen, aus denen Waffen gefertigt werden. Doch dieses so schädliche Blut strömt aus einer geheimnisvollen Quelle, es besitzt magische Kraft.

Die Malerinnen sind in vielfacher Hinsicht Abkömmlinge der Lilith: In der Art, Blut zu malen, in ihrer Sicht des Fließenden liegt ohne jeden Zweifel noch etwas anderes als in jener, in der Männer es «wiedergeben» – im doppelten Wortsinn – und es benennen: Blut des Opfers, Blut des Grabes, Blut der Wiedergeburt . . .

Töchter ihrer Väter: Bande des Blutes

Nonne, Seherin, Kurtisane, berühmte Künstlerin, schließlich «Star» – die Malerin benutzt ihren Pinsel als Machtinstrument; aus ihm fließen wie Samen die Tusche und die Farbe, aus denen das Bild geboren wird. Eigenartigerweise ist dieser Pinsel oft ein Geschenk des Vaters. Die Mehrzahl der frühen Malerinnen sind «die Töchter ihrer Väter»: Er war Maler, er lehrte sie das Metier, sie wurde seine Nachfolgerin – unabhängig davon, ob es in der Familie einen männlichen Nachkommen gab oder nicht – und übertraf ihn häufig bei weitem an Talent und Erfolg.

Die Vater-Tochter-Beziehung scheint da überaus vielschichtig zu sein. Manchmal standen die Töchter, kaum der Wiege entwachsen, zunächst in den Ateliers der Väter Modell, als Cherubinen, oder, gerade halbwüchsig, als Madonnen oder Nymphen, oft Grund genug, die Väter perverser Beziehungen zu verdächtigen. Im allgemeinen ein ehrbarer Bürger, lebte der Vater von Porträtaufträgen, entdeckte die Begabung seiner Tochter und machte sie sich zunutze. Entsprechend den Möglichkeiten der Epoche verbreitete er die Werke der Tochter mitunter schon von ihrem zwölften oder dreizehnten Lebensjahr an und wurde zum Mentor der frühreifen Künstlerin.

Über die Jahrhunderte hinweg blieb das Schema praktisch

unverändert. Die zu ihrer Zeit gefeierten Malerinnen hatten vieles gemeinsam: Sie waren Wunderkinder, erhielten Einladungen von Königs- und Kaiserhöfen und wurden von den größten Meistern um Rat gebeten. Diese Künstlerinnen, Gegenstand der ungeteilten Aufmerksamkeit, der restlosen Bewunderung ihrer Väter, heirateten zwar meistens, gaben die Malerei aber nur selten für das Familienleben auf. Es kam sogar vor, daß der weniger begabte Ehemann die Malerei aufgab und Haus und Familie besorgte. Viele dieser Malerinnen wurden reich und übernahmen wie selbstverständlich die Rolle des Familienoberhaupts: Schwestern, Schwäger und Schwägerinnen, Eltern, Kinder, Schwiegersöhne und -töchter etc. lebten von den Einkünften derjenigen, die von allen Großen dieser Welt wie ihresgleichen empfangen wurden.

Sehr selten vererbte sich das Talent von der Mutter auf die Tochter, und so gab es, im Gegensatz zum gängigen Vater-Tochter-Duo, praktisch kein Pendant Mutter-Tochter. Manche berühmte Frau arbeitete hingegen mit ihren Schwestern, die dann ihrerseits einen gewissen Bekanntheitsgrad erlangten. Rudimente des Familienhandwerks? Ohne Zweifel.

Die wirtschaftliche Rolle

Malerinnen halfen oft ihrem Mann, ihrem Vater, ihrer Familie durch den Verkauf ihrer Werke aus Schwierigkeiten.

Aber zweifellos kannten auch sie Schaffensängste, ungerechtfertigte Ablehnungen, unvermeidliche Enttäuschungen und Rückschläge. Sie reagierten jedoch anders darauf als ihre männlichen Kollegen. Sonia Delaunay-Terk zum Beispiel entwarf Stoffmuster, als sie und ihr Mann Robert in materielle Bedrängnis gerieten. Jeanne Hébuterne verzichtete weitgehend auf eigene Werke, um sich mit Leib und Seele ihrem geliebten Modigliani zu widmen, und sie tat das so stillschweigend, daß er sich all seinen Exzessen ungestört hingeben konnte. Die Erklärung liegt vielleicht darin: Zum Schweigen verurteilt, kannten die Frauen von Kultur zu Kultur, von Jahrhundert zu Jahrhundert die Pflicht, die täglichen Probleme zu lösen, für Ernährung und Pflege derjenigen zu sorgen, mit denen sie das Bett teilten oder die sie geboren hatten. Unter ihnen gibt es keine, die sich dramatisch ein Ohr abgeschnitten hat, nur wenige, die den Verstand verloren, und keine Entschuldigung für jene, die ihre Seelennot in Alkohol ertränkten.

Sie nahmen den Platz ein, der ihnen durch ihr Schaffen zugefallen war. Während einige dabei vom Vater oder Ehemann ohne viel Skrupel ausgebeutet wurden, verstanden es zahlreiche andere, «ihre Karriere zu verwalten»; sie erwiesen sich in allen Epochen als Frauen, die es sehr wohl vermochten, das verdiente Geld richtig anzulegen, ihren Ruf in der Öffentlichkeit zu pflegen, ihr Vermögen zu mehren und sich eine sorgenfreie Zukunft zu sichern, indem sie ihre Werke entsprechend den Gepflogenheiten der Zeit vermarkteten.

Im 20. Jahrhundert haben sich die Malerinnen zwar ihren Platz in der Welt der Kunst gesichert, aber auf der ökonomischen Seite scheinen sie im Gegensatz zu früheren Jahrhunderten – man denke nur an Rosalba Carriera, Artemisia Gentileschi oder Elisabeth-Louise Vigée-Lebrun – benachteiligt zu bleiben. Diese merkwürdige Umkehrung der Verhältnisse wurde durch den Kunsthandel mit seiner ständigen Ausdehnung, seinen immer komplizierteren Verästelungen bewirkt: Bei gleicher «Berühmtheit» erreicht der «Marktpreis» einer Malerin fast nie die gleiche Höhe wie der eines Malers; kein Werk einer Frau erzielte je die Preise eines van Gogh, Cézanne oder Picasso.

Dieser Aspekt hängt ebenso mit dem Schaffen wie mit Sitten und Gebräuchen zusammen. Deshalb spielt die Schilderung des täglichen Lebens, der Kleidung, des politischen und gesellschaftlichen Umfelds in diesem Buch eine so wichtige Rolle. Denn es will auch den Kontext, in dem die Malerinnen ihren Beruf ausübten, aufzeigen und stets im Auge behalten.

Antike

Drei Kulturen haben im Abendland die Antike geprägt: Ägypten, Griechenland und Rom. Wie hoch der Anteil ist, den Frauen an der bildenden Kunst dieser Kulturen real hatten, läßt sich heute schwer feststellen. Wir müssen uns also mit Spuren und Fragmenten begnügen.

Die Tochter des Timon

Als eine der wenigen Künstlerinnen des ägyptischen Altertums hat die Chronik Helena von Alexandria verzeichnet, Tochter des Timon; ihr Name wird in Verbindung mit einem auf das Ende des 4. vorchristlichen Jahrhunderts datierten Mosaik aus Kieseln genannt, die aus Pella in Mazedonien stammten. Das Mosaik stellt eine Löwenjagd dar oder, genauer, ein Tier zwischen zwei Jägern, die es erlegen wollen. Man hält es für die Kopie eines für Alexander oder einen seiner Nachfolger gemalten Bildes. Zwischentöne, Licht- und Schatteneffekte schaffen den Übergang vom dekorativen Objekt mit glatter Oberfläche zur dreidimensionalen Raumwirkung.

Es ist bemerkenswert, daß es einer Frau – leider besitzen wir keine weiteren Informationen über sie – gestattet war, ihr Talent offiziell und öffentlich zu benutzen. Es zu *benutzen*, nicht, ihm Ausdruck zu verleihen, denn die persönliche Note fehlte; noch bemerkenswerter ist, daß es sich um ein spezifisch männliches Motiv handelte, ganz der Zeit entsprechend. Doch bei näherem Hinsehen wird dieses Erstaunen durch das eine oder andere Element relativiert.

Die «Fragmente und Briefe» der pythagoreischen Frauen Theano, Perictione, Phintys, Melissa und Myia geben Aufschluß darüber, wie sich die griechische Gesellschaft die vollkommene Frau vorstellte: Sie kann sich mit philosophischen Fragen beschäftigen – ihre Texte beweisen es –, darf jedoch niemals mit den Geboten des praktischen Lebens brechen, als da sind Pflege des Hauses, Erziehung der Kinder, Beaufsichtigung der Dienerschaft sowie Toten- und Götterkult.

Daß zwischen Mann und Frau Gleichheit besteht, was Tugenden wie Mut oder Liebe zur Arbeit betrifft, spiegelt sich auch im Denken wider. So heißt es in Platons Menon-Dialog: «Desselben also bedürfen beide, wenn sie gut sein sollen, das Weib und der Mann, der Gerechtigkeit nämlich und Besonnenheit.» Auch vom künstlerischen Leben bleibt die Frau nicht völlig ausgeschlossen, vor allem wenn sie noch Jungfrau ist. Eine aktive Rolle jedoch spielt sie in der Musik. Zahlreiche Malereien auf Schalen, Urnen oder Flachreliefs zeigen Frauenchöre, Frauen beim Tanz oder mit einem Musikinstrument: gebunden an religiöse Rituale und Kulte, fallen ihnen diese Funktionen aus Frömmigkeit zu.

In Rom wie in Griechenland ist die in ihrem Alltag abgebildete Frau nicht die Handelnde, die sich selbst darstellt, genausowenig wie sie ihre Umgebung oder eine eigene Perspektive repräsentiert. Dafür wird ihr «Fatum», das auf sie überkommene Schicksal, beschrieben, die Art, wie sie, ohne zu fragen, die Grundregeln der allen Gesellschaften des Altertums gemeinsamen Moral akzeptiert: Fortpflanzung, Ablehnung des Ehebruchs, Hausarbeit sind die ihr auferlegten Pflichten.

Regeln, deren Übertretung das Recht mit Strafen ahndet: «. . . sie (die Ehebrecherinnen) begehen einen Fehltritt in einem jener Fälle, in denen wegen der Größe ihrer Verfehlung die schwerste der gesetzlichen Strafen verhängt wird: der Tod, denn ich behaupte, daß es verbrecherisch und völlig unverzeihlich ist, aus Liebeslust in Sünde und Maßlosigkeit zu verfallen», so in «Fragmente und Briefe». Der Ehebrecherin ist das Betreten des Tempels untersagt, sie wird von ihrem Mann verstoßen, darf sich in der Öffentlichkeit nur in groben Gewändern zeigen; ebenso ist ihr verboten, «Schmuck oder Geschmeide zu tragen, bei Strafe, daß man es ihr entreißt und sie jeder Art von Mißhandlungen ausgesetzt wird». Läßt man das irreführende übliche Bild orgiastischer Feste beiseite, kann man sich unschwer vorstellen, daß kreatives Malen für die Griechin nicht in Betracht kam – bedeutete es doch die Lobpreisung der Körper von Fremden und damit ein Werk der Maßlosigkeit.

Rom und Jerusalem

Die Rolle der Frau in Rom weicht davon kaum ab. Die Römerin hatte ihre Eltern zu lieben und zu ehren, sonst drohte ihr die Strafe der Götter; es war ihr verboten, die Fortpflanzung zu verweigern und den Samen des Mannes zu mißbrauchen. Interessant ist jedoch, daß sie im Kult zweifellos eine größere Rolle spielte und in gewissen Fällen das Recht hatte, Opfer darzubringen.

Bei der Jüdin der Antike beschränkte sich die künstlerische Betätigung darauf, zu spinnen, zu weben und Stoffe zu färben – vorherrschend waren dabei Violett, Purpurrot, Karmesinrot, Granatfarben und Gold, das heißt, die Schattierungen des Regenbogens. Dem Mann jedoch oblag es, die Priestergewänder zu fertigen und zu besticken. Seine Gefährtin mußte sich mit der kultischen Aufgabe begnügen, den Tempel mit Blumen zu schmücken und die Kerzen anzuzünden.

Wenig Anzeichen also von künstlerischem Leben, fast keines der erhofften Zeugnisse, nur hier und da ein paar Hinweise, die beim langsamen Fortschritt der Frauen in Richtung Kreativität zählen. J. H. Chaton faßt die Eindrücke plastisch zusammen, die nach Durcharbeiten der Überlieferungen haftenbleiben: «Wollte man im übrigen ein Inventar der weiblichen Aktivitäten aufstellen, müßte man die Grabstätten befragen, die in ihren bezaubernden oder realistischen Figurinen und auf den zahlreichen Fresken alles zusammentragen, was zu den beiden Seiten des irdischen Lebens gehört: Teigkneterinnen, Köchinnen, in Schönheitspflege bewanderte Dienerinnen, Musikantinnen, Akrobatinnen, mit ihren graziösen, in leichte Leinenstoffe gehüllten Körpern vielleicht idealisiert . . .»

So bleiben als bewiesen: Teilnahme der Frauen am künstlerischen Leben ihrer Zeit; Bindung ihres Schaffens an die Sprache des Kults; enge Beziehung zur Schönheit, die sie anstrebten – durch Schminke – oder der sie durch Akrobatik und Tanz Ausdruck verliehen.

Suche nach körperlicher Vollkommenheit, Erotik, Sinn für das Göttliche – diese drei fundamentalen Elemente wird die Kunst im Lauf der Zeit und an den verschiedensten Orten immer wieder zu verbinden trachten.

Mittelalter

Welchen Moment auswählen aus einer Epoche, die ein Jahrtausend währte, die vom Ende des Altertums bis zum Beginn des 15. Jahrhunderts dauerte? Frauen spielten darin – bis auf wenige Ausnahmen hoher Abkunft – eine untergeordnete Rolle. In der bildenden Kunst treten sie erst im 14. Jahrhundert hervor.

Die Kinder werden im «Frauengemach» geboren: an den Wänden Teppiche, Steinfußboden, ein Bett, auf dem sich Schabracken, Leintücher und Pelze türmen. Spürte sie die ersten Wehen, schickte die Mutter das jüngste, meist vor einem Jahr geborene Kind hinaus, das sich sonst bei ihr im Frauengemach aufhielt. Sie ruft die Hebamme, die sie unter dem Leintuch untersucht und ihr mitteilt, daß die Entbindung unmittelbar bevorsteht. Die Hebamme setzt die Gebärende ans Fußende des Bettes und hilft ihr, unterstützt von einer der Mägde. Die Mutter darf sich erst nach der Geburt wieder hinlegen.

Diese Szenen sind auf verschiedenen Miniaturen genau festgehalten – besonders auf den Illustrationen zu den «Cantigas de Santa Maria» von Alfons dem Weisen in einer Handschrift aus dem 13. Jahrhundert.

Die Machtordnung

Diese Zeit steht, was die den Frauen zugewiesene Rolle betrifft, in einem sehr schlechten Ruf. Eine von Gregor von Tours in seiner «Geschichte der Franken» berichtete Tatsache belegt das sehr deutlich: Auf der Synode von Mâcon im

Jahre 486 hatte einer der Prälaten dagegen protestiert, daß «die Frauen unter dem Namen Menschen einbegriffen werden sollten». Er berief sich dabei auf zahlreiche Bibelstellen, vor allem auf den Satz in der Genesis, wonach Gott den Menschen nach seinem Bilde geschaffen hat. Doch die anwesenden Kirchenväter machten ihm seinen Irrtum rasch klar: Er dürfe nicht *homo*, den Menschen allgemein, und *vir*, den Mann, verwechseln. Eine Präzisierung, die laut Gregor von Tours «die Diskussion beendete», zugleich aber den Anfang einer Legende markierte, die immer wieder verbreitet wurde und nach der man sich gefragt haben soll, ob die Frau überhaupt eine Seele habe. Davon konnte freilich gar nicht die Rede sein: Zahlreiche weibliche Heilige wurden seit dem frühen Mittelalter verehrt; überdies besaßen die Frauen damals unzweifelhaft materielle Macht, die Kraft der Spiritualität, schöpferische, künstlerische Potenz.

Die materielle Macht geht deutlich aus dem lobenden Bericht über die Gattin des Herrn von Ardres hervor, die ihren Mann so tatkräftig unterstützte. Im 9. Jahrhundert, mitten im Zeitalter des Feudalismus, überwachte sie die Erhebung der Abgaben, welche die Bauern dem Burgherrn zu entrichten hatten. Dabei erwies sich eine leibeigene Familie als zu arm, um ihr das Schaf, das dem Abgabenanteil entsprach, zu geben. Als Ersatz wählte die Dame aus der Kinderschar der armen Familie ein schönes, gesundes kleines Mädchen aus, das sie selber aufziehen und später verheiraten wollte, um so mit der Nachkommenschaft ihr Gesinde zu vermehren.

Äbtissinnen besaßen sowohl geistliche wie weltliche Macht. Ihre Schriften, ihr Wissen verschafften ihnen großen Einfluß auf das Denken ihrer Zeit. Im 10. Jahrhundert schrieb die Benediktinerin Hrotsvith (Roswitha) im Stift Gandersheim Heiligenlegenden, historische Epen und Lesedramen. Im 12. Jahrhundert verfaßte die Äbtissin Herrad von Landsperg zur Belehrung und Erbauung der Klosterfrauen den mit Miniaturmalereien illustrierten «Hortus deliciarum» (Lustgarten).

Héloïse, vor allem berühmt durch ihre Beziehung und die

Korrespondenz mit Abélard, unterrichtete als Äbtissin im Kloster Paraclet ihre Schülerinnen im Griechischen wie im Hebräischen.

Und Robert d'Arbrissel, der in Fontevrault eines der damals recht häufigen Doppelklöster gründete, unterstellte es tollkühn einer Äbtissin, der zweiundzwanzigjährigen Pétronille de Chemillé. Sie war allerdings bereits verwitwet, besaß also Ehe-Erfahrung, eine dem Ordensgründer zufolge notwendige Voraussetzung, um diese Aufgabe zu erfüllen. Im 13. Jahrhundert schließlich wird Gertrude von Hefta, eine anerkannte Grammatikerin, als Theologin anerkannt.

Wenn die Frauen die innere Energie besaßen, in alle Bereiche der Macht und der Wissenschaft vorzustoßen, die höchsten Stufen geistlicher Hierarchie zu erklimmen, wieso konnten sie dann nicht auch ihre künstlerischen Talente entfalten? Dafür war vornehme Herkunft unabdingbar. Alle Frauen lernten damals Kleider anzufertigen: Sie krempelten die Wolle, färbten, versponnen sie und verarbeiteten gelegentlich auch Seide und Leinen. Um jedoch künstlerisch-kreativ zu wirken, mußten, über den reinen Gebrauchscharakter hinaus, dekorative Elemente hinzukommen, etwa Ziernähte, Bänder oder Stickerei.

Vor Beginn der Renaissance sind malende Frauen ebenso selten zu finden wie Maler unter den Männern. Die damaligen Künstler waren Goldschmiede, Tischler, Handwerksmeister und Gesellen, und nicht berühmte, namentlich bekannte Maler. Die Frauen blieben lange Zeit von künstlerischen Berufen ausgeschlossen, ganz einfach deshalb, weil diese Techniken erfordern, die zu erlernen man ihnen nicht gestattete. In den 1331 verabschiedeten «Satzungen der Goldschmiede von Siena» gilt die einzige Erwähnung von Frauen deren Ableben! Die Ehemänner sind als Mitglieder der Gilde angehalten, deren Bestattung beizuwohnen. Die Gilde der Maler von Siena wiederum verbot ihren Mitgliedern ausdrücklich, zu Hause zu arbeiten, was die Frauen zwangsläufig ausschaltete.

Erst das 14. Jahrhundert gibt den Frauen endlich Gelegenheit, sich künstlerisch zu entfalten, vor allem in Nordeuropa. Wiederum ist es der religiöse Bereich, der ihnen Zugang zu schöpferischer Arbeit bietet: Sie verstehen sich meisterhaft darauf, Kirchenschmuck und Priestergewänder herzustellen. Abermals verblüfft die Doppeldeutigkeit der Rolle, die ihnen zufiel. Wenn sie auch nicht bei der Messe dienen durften und sich mehr oder minder in Abhängigkeit von Vater, Gatten oder auch Bruder oder Vormund befanden, so waren «ihre Herren» doch von ihnen abhängig, um mit den gottgefälligen Prachtgewändern und Kultgegenständen vor dem Altar Gottes zu erscheinen.

Buchmalereien und Wandteppiche

Die adligen jungen Mädchen lernten von Kindheit an sticken und traten dann oft in die Hofhaltungen von Fürstinnen ein, wo sie sich in Seidenarbeiten vervollkommneten. Andere gingen ins Kloster und fertigten in der Zeit, die nicht dem Studium oder dem Gebet gewidmet war, kunstvolle Stickereien für die Kirche an. Die meisten blieben anonym, doch von einigen ist der Name überliefert.

In England besaß Aelfgyth, berühmte Stickerin des 11. Jahrhunderts, ein großes Grundstück mit vielen Bäumen und Blumen in Buckinghamshire, ein Geschenk König Godriks zum Dank dafür, daß sie seiner Tochter Unterricht erteilt hatte. Stickerinnen wurden damals gelegentlich ebenso geehrt wie später manche der bedeutenden Malerinnen der Renaissance.

Man kann die Nadel, die mit bunten Garnen komplizierte Gebilde schuf – Symbole, Wappen, Darstellungen von irdischen und himmlischen Wesen –, als Vorläuferin von Pinsel und Farbe ansehen.

Mabel war Stickerin am Hof Heinrichs III. von England. Sie fertigte ein Meßgewand und eine mit Perlen verzierte Altardecke an. Für diese Arbeit gewährte ihr der König elf Pfund –

nach dem gleichen Prinzip, nach dem später die fürstlichen Mäzene Künstler anzuspornen und zu entlohnen pflegten. Für die Westminster Abbey gab er ihr «eine Fahne aus rubinroter Seide mit Goldfaden gestickt, darauf das Bild der Madonna und des heiligen Johannes» in Auftrag. Wiederum tritt hier der Zusammenhang von Frau, Kunst und Sakralem klar zutage: In einem fast alchimistisch anmutenden Vorgang werden seltene Materialien – Rubin, Gold – in symbolische und religiöse Werte verwandelt, was nur weibliche Hände vermochten. Die männlichen sorgten für die notwendigen Materialien.

Diese Kunstfertigkeit der Frauen hatte Tradition, wurde von der Mutter auf die Tochter vererbt; bestimmte Familien verdankten ihren Wohlstand ihren berühmten Stickerinnen – wie zum Beispiel die von Ealdswith, die während der Regierung von König Knut im 11. Jahrhundert ein ganzes Dorf zum Geschenk erhielt, um dort ihre eigenen Arbeiterinnen anzusiedeln. Ihr Talent – ihre Macht? – war von ihrer Großmutter Brithmoth ererbt, die 991 der Abtei einen gestickten Wandbehang zum Geschenk gemacht hatte. Einigen Quellen zufolge soll er einen Bischof von Bayeux dazu bewogen haben, einen Bildteppich für seine Kathedrale in Auftrag zu geben, der dann von Königin Mathilde und einer Gruppe ihrer Stickerinnen ausgeführt wurde. Jedenfalls war es eine stattliche Anzahl von Frauen, die auf diesem berühmten Wandteppich eine lebendige Darstellung der Schlacht von Hastings für die Nachwelt erhalten hat.

Es waren also die Frauen, die unter der Regierung von Wilhelm dem Eroberer auf dem Umweg über den Bildteppich oder die Stickerei einen komplizierten politischen Sachverhalt vermittelten, ihn «lesbar» machten für ein breites Publikum. Auch Mönche stickten mitunter, woraus man sieht, daß diese vor allem Geduld erfordernde künstlerische Betätigung hauptsächlich von den Mitgliedern der Gesellschaft ausgeübt wurde, die weder materielle Güter noch Gewalt produzierten: Frauen und Klosterinsassen.

Meßgewänder, Altardecken, Fahnen, Wandteppiche, Stoffe sind zwar noch keine Gemälde, geben aber doch den Hintergrund ab für eine Geschichte, deren Fäden sich unablässig verschlingen.

Andere Frauen vom 10. bis 15. Jahrhundert griffen zu Rohrfeder, Pinsel und Farbe, um Handschriften zu illuminieren. Christine de Pisan, die Tochter des Hofastrologen und Leibarztes Karls V. von Frankreich, 1363 in Venedig geboren und in Paris erzogen, verteidigte in ihrem Buch «Stadt der Frauen» («Le livre de la cité des dames») leidenschaftlich Ehre und Rechte der Frauen. Sie spricht darin von einer Künstlerin: «Was für die Malerei begabte Frauen betrifft, so kenne ich eine namens Anastaisie, deren Talent für Umrahmungen und Ornamente sowie für Miniaturen-Landschaften so groß ist, daß man in der Stadt Paris, wo doch die besten Maler der Welt leben, keinen nennen könnte, der sie übertrifft. Keiner versteht sich besser auf die floralen und dekorativen Motive der Bücher als sie, und man schätzt ihre Arbeit so hoch ein, daß man ihr die Fertigstellung der wertvollsten und prächtigsten Werke überträgt. Ich weiß es aus Erfahrung, denn sie hat für mich bestimmte Umrandungen gemalt, die nach einhelliger Ansicht von unvergleichlicher Schönheit sind.»

Jetzt nimmt die Arbeit individuellen Charakter an; den Frauen genügt es nicht mehr, dafür bekannt und entlohnt zu werden, sondern sie beginnen, ihre Werke zu signieren. Die erste Buchmalerei, die einen Frauennamen trägt, erscheint in einer spanischen Handschrift der Apokalypse. Sie entstand 970 mit der Angabe: *Ende pintrix et Dei Aiutrix et Frater Emeterius Presbiter* – «Ende Malerin und Dienerin Gottes und Bruder Emeterius Priester». Der Name begleitet jetzt das Werk, verleiht ihm Dauer.

Doch die meisten Buchmalereien blieben anonym. Die Frauen aus adligen und begüterten Familien, im Kloster erzogen, wo sie Handschriften kopieren und dekorieren lernten, konnten eine stattliche Anzahl davon herstellen. Doch es handelte sich dabei um simple Handfertigkeiten von jungen Mädchen aus guter Familie, ohne jedes künstlerische oder kreative Merkmal. In zwei Fällen jedoch entstand ein Werk der Inspiration, im religiösen Sinn des Wortes.

Die Sibylle vom Rhein: Hildegard von Bingen

Der erste Fall betraf Hildegard, die von 1098 bis 1179 in Bingen lebte, also einundachtzig Jahre alt wurde. Man kann sich nur schwer vorstellen, wieviel Staunen und Bewunderung eine solche Lebensdauer damals hervorrief. Mit dreiundvierzig Jahren hatte die «Sibylle vom Rhein», wie sie später genannt wurde, eine Reihe mystischer Visionen, die ihr die Zukunft der Menschheit offenbarten. Sie legte das alles in einem Codex nieder mit dem Titel «Scivias» («Wisse die Wege»), mit Miniaturen geschmückt, die, sofern sie nicht ausschließlich von Hildegard stammen, doch zweifellos in direkter Zusammenarbeit mit ihr in Trier entstanden sind.

In Trance erlebte und beschrieb Hildegard ihre prophetischen Visionen als eine Art bebilderter Chronologie. «Sie sah die Geschichte als einen von Gott geführten Weg des Menschen bis zum Tag des Jüngsten Gerichts. Der Zyklus der Geschichte war abgelaufen nach fünf Epochen, während denen der Mensch Läuterung durch die Zeit erfährt; danach wäre der Moment gekommen, Rechenschaft abzulegen und die Weissagungen zu erfüllen. Jede Epoche hatte ein Tier als Emblem: das wütende Tier für rohe Gewalt; der Löwe für die Schrecken des Krieges; das braune Pferd für Sinnenlust und Leichtfertigkeit; das schwarze Schwein für Lüsternheit und Schisma; der Grauwolf schließlich für den Antichrist ... Wenn diese fünf Zeitalter vollendet sind, wird der Kosmos in einer Lichtexplosion vernichtet. Doch zuvor müssen Reich und Kirche, Kaiser und Papst stürzen: Die Herrscher des Westens haben ihre Unabhängigkeit gewonnen, und die Häresie hat sich über alle Völker verbreitet.»

Die Prophezeiungen offenbarten sich Hildegard also in Form symbolischer Bilder, die sie dann in Worte übersetzte. Ihre Visionen gleichen damit einer Reihe von biblischen Prophezeiungen, insbesondere in der Apokalypse. Doch sie stellen sich nicht nur in Gestalt bestimmter Tiere dar, als Träger von sinnhaften Inhalten, sondern auch in Farben, und diese sind ebenfalls bedeutsam.

Im Gegensatz zu den reinen Farben wirken das Braun, Schwarz und Grau hier getrübt – das Schwarz vielleicht ausgenommen, Symbol nicht der Nacht, sondern des gärenden Nichts, der Kontrast zum Weiß, dem jungfräulichen, unberührten Nichts. Das Braun entsteht aus einer Mischung von Weiß und Ocker; erdfarbig ist es eine Befleckung von Weiß; das Grau wiederum stammt aus einem «überschminkten» Schwarz. Niemals wird das Weiß benannt, niemals wird das Wort ausgesprochen – ebensowenig der Name Gottes; denn welcher Sterbliche kennt schon das Weiß, das absolut Reine, Makellose? Doch es ist überall, unterschwellig, getrübt, abweichend.

Hildegard empfängt die Farben vom Kosmos, den sie durch die Offenbarung sehr genau kennt. Sie beschreibt und malt dann die Offenbarung – die «Explosion des Lichts», und das Jahrhunderte, ehe vom Urknall die Rede war.

Farben, Formen erscheinen der später (1233) heiliggesprochenen Hildegard in einer Abfolge, die Gedanken und Entdeckungen zusammenfaßt, über die Zeiten und ferne Gegenden hinweg, von denen sie noch nicht einmal gehört haben konnte.

Der Wagen der Sinnenlust: Herrad von Landsperg

Die zweite Frau, die alles mittels dieser künstlerischen Energie erfaßte, war Herrad von Landsperg (1125–1195). Die Äbtissin des Klosters St. Odilien im Elsaß verfaßte die bereits erwähnte Bilderhandschrift «Hortus deliciarum», «Lustgarten», für die anderen Mitglieder des Ordens. Nichts zutiefst Mystisches wie bei der Seherin Hildegard, sondern vielmehr ein illuminiertes Resümee über ein altes, fundamentales Thema mittelalterlichen Denkens: der Kampf zwischen Laster und Tugend. Der Historiker Carr charakterisierte dieses Werk später als «die bedeutendste gemalte Enzyklopädie des Mittelalters».

Indem sie dem Bild gegenüber dem Text den Vorrang einräumte, schlug Herrad von Landsperg eine Bresche in die Geschichte der Malerei. Der Stolz ist hier mit den Zügen einer «mächtigen und gelassenen» Frau dargestellt. Sie reitet im Damensitz, den Balg eines Löwen über die Kruppe ihres Pferdes geworfen. Eine Anzahl Frauen in Kettenhemden umringen sie. Der Sinn dieses Bildes ist klar: Der Stolz kann nur in Gestalt einer Frau gesehen werden, welche die ihr zugedachte Rolle ablehnt – Jägerin, Kriegerin, angezogen wie ein Mann, im Besitz von materiellen Gütern, die sie, unbehindert von einem Gebieter, auskostet – und dadurch der Schmach preisgegeben ist. Herrad gestaltete ein in ihrer Zeit einzigartiges Werk. Sie selber ist die stolze Amazone; sie liefert einen Kampf, nicht gegen die sichtbaren Regeln, sondern gegen die bei der Gestaltung eines Kunstwerks stillschweigend auferlegten. Sie kämpft gegen den künstlerischen Stoff, gegen die Form, die unaufhörlich entgleitet, sieht sich dabei von einem Frauenheer umgeben – die den Schleier genommen haben, letztlich ein anderes Kettenhemd – und bezwingt schließlich den Löwen, den bildlichen Ausdruck der Unbezähmbarkeit.

Eine weitere Illustration zeigt den Wagen der Sinnenlust, umgestürzt, seine Insassen in einen Dornenbusch geschleudert: seltsame religiöse Künstlerin, die hier jüdisch-christliche Symbolik mit der ursprünglicheren, aber weniger orthodoxen der Tarotkarten vermengt.

Unter diesen Künstlerinnen gelangten manche tatsächlich zu Ruhm, hinterließen jedoch nur einen Namen, während ihre Werke verschollen sind. Da gab es die erstaunliche Thomasse, die 1292 in der Pariser Rue du Foin wohnte, bekannt als «Buchmalerin und Schankwirtin». Dem Gewerbe – und was für einem! – und der künstlerischen Tätigkeit wurde gleiche Bedeutung zugemessen; Thomasse mußte religiöse Handschriften in einem düsteren, von einer beißenden Geruch verbreitenden Kerze erhellten Raum hinter ihrer Schenke illuminieren, wo sich die Männer betranken und sich mit den Kellnerinnen vergnügten: Teuflische Visionen überlagern zarte Zeichnungen, auf denen die Leiden der Verdammten dargestellt sind ...

Ferner gab es Bourgot, Tochter des Miniaturmalers Jean le Noir, die im Dienst der Yolande von Flandern, Comtesse de Bar, stand. Mit ihr, die so berühmt wurde, daß sie für Karl V. von Frankreich und den Herzog Jean de Berry Bücher illuminierte, beginnt Mitte des 14. Jahrhunderts die eigentliche Zeit der Malerinnen, der in den Ateliers ihrer Väter ausgebildeten Illustratorinnen. Das sogenannte Mittelalter neigte sich dem Ende zu, und mit ihm verblaßte die Erinnerung an diese Künstlerinnen. Ihre berühmten Kolleginnen der Renaissance waren so undankbar, sie über den bedeutenden Frauen der Antike zu vergessen.

Lange Zeit wußte man nicht mehr, was das Frauengemach gewesen war, das die jungen Mädchen unberührt verließen, um in eine andere Kemenate gebracht zu werden, wo sie der Gatte deflorierte ... Dort verbrachten sie Tag um Tag, als Mütter mit den herkömmlichen Hausarbeiten beschäftigt, während am anderen Ende der Wohnstatt, im Männergemach, die Söhne verweilten, bevor sie sich wieder auf die Jagd nach Ruhm und Abenteuer begaben.

In diesem abgeschlossenen Bereich, den sie lange Zeit innehatten – und der manchmal eingetauscht wurde gegen die

Abgeschiedenheit des Klosters – wuchs eine Wildpflanze, die alle Regeln, alle räumlichen Schranken bedrohte: die weibliche Inspiration, die die Zwänge ihrer Vorgeschichte endgültig durchbrechen sollte. Unablässig strebte sie danach, diese Barrieren unbemerkt von ihren Bewachern einzureißen: von den grandiosen prophetischen Visionen bis zu den verschiedenen Allegorien – Worte von Besessenen, verklausulierte Botschaften.

Renaissance

14., 15., 16. Jahrhundert: Renaissance! Die erst lange nach Ende der Epoche gewählte Bezeichnung weist auf die Zukunft hin. Man könnte meinen, daß die Menschen nach Jahren des Dahindämmerns, ja sogar der tödlichen Lethargie sich wohlig streckten. Sie beschwört den Frühling herauf, jene «Primavera», der Botticelli in seiner berühmten Allegorie so lebensfroh Ausdruck verliehen hat. Er versinnbildlicht damit den Gedanken, daß jeder auf seine Weise die verschiedenen Zeitstadien durchläuft, ein ewiges «Stirb und Werde». Dennoch läßt er der vorhergegangenen Periode keine Gerechtigkeit widerfahren: Ein großer schwarzer Trauerschleier wird über die Illuminatorinnen, die Seherinnen, die Visionärinnen geworfen.

Das Zimmer, in dem die Kinder der adligen und bürgerlichen Familien nun zur Welt kommen – das heißt, wo unsere Künstlerinnen geboren wurden –, ähnelt dem, das Jan van Eyck für die «Geburt des hl. Johannes des Täufers» gemalt hat. Frauen bemühen sich emsig um die Wöchnerin, die in dem großen Himmelbett liegt. Eines der Kinder spielt am Fußende, Katzen balgen sich um das Futter, ohne daß man sie weggeschickt hätte. Eine Verwandte kniet auf einem Betschemel. So beginnt das Leben in diesem von Matronen, Freundinnen, Mägden bevölkerten abgeschlossenen Raum; eine von ihnen, barfüßig, schickt sich an, dem Neugeborenen sein erstes Bad in einem Zuber zu bereiten, während die Mutter ermattet in den Kissen ruht. Der Geburtsvorgang ist die Domäne der Frauen, die ihm beiwohnen und ihm Ähnlichkeit mit dem Ritual einer Geheimgesellschaft verleihen.

In diesen neuen Zeiten werden die Männer – mehr als in denen der Heldenepen und der Minne – die Frauen preisen, werden unvergängliche Werke über sie, für sie schaffen: Laura wird durch Petrarca unsterblich gemacht, weil sie ihn zu unvergeßlichen Versen inspirierte. Beatrice – lebend vom Dichter kaum wahrgenommen, als Verstorbene dann aber Symbol für alle Tugenden, die Liebe zu erwecken vermögen – hält den Leitfaden, der Dante von der Hölle ins Fegefeuer, dann ins Paradies führt.

Sezierte Nacktheit

Das Bild «Das Brautpaar» des Lucas van Leyden (um 1519) zeigt eine gewisse Veränderung im Verhalten der Liebesleute: Der junge Mann ist in Rückenansicht dargestellt, die Frau von vorne, die Augen eindringlich auf ihn geheftet und nicht schamhaft gesenkt; sie legt ihm die rechte Hand auf die Schulter, während er ihr den Verlobungsring an die Linke steckt. Ihre Geste wirkt ruhig, gelassen, sie weiß: Dieser Mann gehört mir, und das teilt die Hand mit. Seltsamerweise ist die Geste der Frau weniger symbolisch als die des Mannes: Er drückt die künftige körperliche Bindung direkter aus. Ist man «natürlicher» geworden, das heißt, weniger eingeengt durch eine Kodifizierung, die das Individuum verneint? Vielleicht. Man erzählt von sich, man spricht über sich in der ersten Person, man schildert lustvoll seine galanten Abenteuer. Mit anderen Worten: Man sieht sich an, und man zeigt sich.

Eigentlich müßte «man» durch «sie», nämlich die Männer, ersetzt werden, denn «sie», die Frauen, wären wohl auch weiterhin hinter Sitte und Anstand verborgen geblieben, hätten sich nicht einige zu erstaunlichen Taten aufgeschwungen: Die Frauen, die einst Klostermauern und Klausur brauchten, um ihrer sublimierten oder in Trance und mystische Ekstasen umgewandelten Energie freien Lauf zu lassen, öffnen jetzt die Türen ihrer Häuser, geben sich kühn der Mode hin, der Suche nach geschweiften Möbeln und ausdrucksvollen Ornamenten, ziehen die Sinnenlust zu Rate.

Private Chroniken gibt es im Überfluß; sie spielen die Rolle des Spiegels: Die Verfasser beschreiben sich darin mit Präzision, manchmal realistisch, häufiger beschönigend. Die Frauen, des Schreibens unkundig, finden vor allem in der Malerei einen Weg zur Selbstdarstellung. Sie malen, was sie in ihrer Umgebung sehen, natürlich auch ihr eigenes Konterfei. Der Kunstrichtung folgend, mehren sich ihre Selbstbildnisse, und sie statten sie, ebenso wie die Männer, mit sinnfälligen Details aus: ein Blick, eine Geste oder sogar ein Accessoire, die Wahl einer bestimmten Stunde oder Beschäftigung – Spiel, Tanz, Lektüre oder Gebet. Der Hang zum Raffinement steigert die Lust am Rätselhaften, Suggestiven; die Malerinnen unterliegen dabei den gleichen Einflüssen wie die Männer.

Die Verzierungen der Kleider ziehen mehr Aufmerksamkeit auf sich als früher. Auch sie sagen etwas über Alter, Wesen, gesellschaftliche Stellung, vorhandenen oder mangelnden Wohlstand aus. Zurschaustellung ist üblich, wenn auch in Maßen. Hier schmückt sich der Körper mit Prachtgewändern, dort entblößt er sich: Die Maler malen den Akt, die Bildhauer meißeln ihn. Das Schönheitsideal hält sich strikt an die griechische Antike, und mit dieser Distanz, dieser Umsetzung wird das Schamgefühl kompensiert.

Aktdarstellungen finden sich zunehmend auch in religiösen Werken: Der Leib Christi, die Leiber der Märtyrer werden detailgetreu wiedergegeben von Malern, die begonnen haben, Sektionen beizuwohnen, sogar daran mitzuwirken, und die nun fasziniert den Geheimnissen des menschlichen Körpers nachspüren. Den Frauen bleiben die Anatomiesäle verschlossen – und in ihren Werken spürt man das, wie einige Kritiker bemängeln. Manche lassen indessen kurzerhand Modelle gegen Bezahlung nackt in ihren Ateliers posieren.

Die Malerei jener Zeit macht unter anderem deutlich, daß der Geschlechtsakt nicht zwangsläufig mit Zeugung verknüpft ist. Ein starkes Lebensgefühl überwindet die Scham: Männer und Frauen besuchen gemeinsam die Bäder, wo sie zwar durch einen Wandschirm getrennt im Wasser sitzen, was sie aber nicht daran hindert, die beiderseitige Anatomie genau zu betrachten. Die Rezepte für Harmonie und Heilung werden immer zahlreicher, auch die in früheren Epochen so hochgeschätzten Liebestränke, die stets von Frauen erfunden und verabreicht wurden. Halb Feen, halb Hexen, besinnen sie sich wieder auf die Kraft, sie zusammenzubrauen, um so, dank ihrer Erfindungsgabe, dem Schicksal, das ihnen durch Regeln und Gesetze diktiert ist, zu entkommen. Wie die Seherinnen der früheren Jahrhunderte stoßen sie durch die Herstellung von Zaubertränken in Grenzbereiche vor. Anders ausgedrückt: Sie schaffen Werke, die dem Anschein nach korrekt, in Wirklichkeit aber voller Geheimnisse und Bedeutsamkeiten sind.

Liebesgärten

Waren sie passiv? In den «Liebesgärten» stellen Kupferstecher und Maler sie beim Entlausen dar: Der Mann sitzt auf dem Boden, bettet den Kopf in den Schoß seiner sanften Geliebten, die mit geübten Fingern die Löwenmähne ihres Herzallerliebsten entlaust. So wird die junge Frau von Johannes de Cuba 1491 im «Hortus sanitatis» oder von Sebastian Brant 1498 in «Stultiferanavis Parisiis» dargestellt: eine eigentümliche Mischung aus Sauberkeit durch Frauenhand und zweifellos beiderseitiger Sinnenlust, denn zu den Wonnen, die der Mann erfährt, kommt der Genuß der Braut, zwischen ihren zarten Fingern die rastlose Laus zu zerquetschen, wahrscheinlich Sinnbild des Verlangens. Mitunter spielen und lachen auch beide gemeinsam; im «Liebesgarten» des Meisters E. S., ebenfalls aus dem 15. Jahrhundert, versuchen schlanke Männer in körperbetonenden Gewändern schöne junge Frauen zu erobern. Das Geplänkel findet rings um einen Liebesbaum voller Früchte statt.

Diese Frauen zeigen häufig die gleiche hochmütige Freizügigkeit wie das Modell, das Pisanello (1395–1455) für die Darstellung der Sinnenlust gewählt hat: kleine feste Brüste, unziemliche Magerkeit, welche die Formen nicht unter prüder Fettleibigkeit versteckt und wodurch der Körper greifenden Männerhänden weniger Halt bietet, keckes, zur unzüchtigen Krone gesträubtes Kraushaar.

In jener Zeit wurden Malerinnen vor allem und ganz besonders in Italien berühmt.

In der Tradition der vorangegangenen Jahrhunderte traten viele von ihnen in ein Kloster ein. Woher kam die Inspiration dieser neuen Mystikerinnen? Die Klosterschwestern widmeten sich der Wohltätigkeit – Krankenpflege, Beistand für Sterbende, Armenfürsorge – und, quasi als Ausweitung der Gebete, den religiösen Künsten: Sie reproduzierten die alten Buchmalereien, erwiesen sich darin meist aber nur als fähige Kopistinnen. Laut Giovanni Dominici sollen die Nonnen im Kloster Corpus Christi in Venedig jedoch zuweilen ein Talent gezeigt haben, das «mehr dem des Meisters als dem des Schülers glich».

Zu den bekanntesten dieser Inspirierten gehörte Caterina Vigri (1413–1463), Tochter einer vornehmen Familie in Bologna. Sie hatte die jungen Mädchen ihres Standes entsprechende Ausbildung genossen, spielte mehrere Instrumente, konnte singen, tanzen, lesen, schreiben und zeichnen und hatte als Ehrendame am Hof von Ferrara Latein gelernt. Nach ihrem Eintritt ins Kloster wurde Caterina Vigri in Italien berühmt für die Wunder, die sie vollbrachte, und für ihre Visionen, die sie in Miniaturen festhielt. Im Jahre 1712 wurde sie heiliggesprochen und ihre Werke wurden pietätvoll aufbewahrt, mehr als Reliquien denn als Kunstwerke. Noch einmal hatte sich in ihr eine große Mystikerin zugleich als Künstlerin erwiesen.

Die Tochter von Paolo Uccello (1397–1475) war ebenfalls eine Ordensschwester, die sich der Malerei widmete, doch von ihren Werken ist nichts erhalten geblieben. Hier drängen sich Fragen auf: Was für Gefühle mochten den Meister wohl bewegt haben, als seine Tochter ihm ihre ersten Arbeiten zeigte? Warum trat sie bei den Karmeliterinnen ein? Warum gibt es nicht mehr die geringste Spur von ihren Zeichnungen und Bildern? Und warum steht in ihrer Sterbeurkunde als Beruf eingetragen: *pintoressa*, während die Bilder im Nichts verschwanden? Man kann folgern, daß Paolo Uccello dem Talent seiner Tochter wenig Interesse entgegengebracht hat. Denkbar wäre auch, daß er keinen Wert darauf legte, ein von ihm vererbtes Talent zu fördern.

Das Schicksal von *Suor* Barbara Ragnoni hingegen, in etwa eine Zeitgenossin, verlief unauffällig, ohne ungelöste Fragen zu hinterlassen. Doch ihre «Anbetung der Hirten», in der Pinacoteca Nazionale von Siena zu besichtigen, sichert ihr bei Kunstfreunden bleibende Beliebtheit.

Die Frauen, die damals nach Erfolg und Anerkennung strebten, maßen sich mehr denn je an den Männern, denn ihre Erziehung bereitete sie keineswegs auf solche Karrieren vor. Die großen Maler der italienischen Renaissance beherrschten nicht nur die Regeln der antiken Kunst, sondern auch Mathematik und die Anfangsgründe der Anatomie. In jener Zeit feierten die Werke Triumphe, auf denen Christus und die Märtyrer mit gespannten Muskeln, wundgescheuert und von Blut und Schweiß triefend abgebildet sind. Medizin und Folter verbinden sich in der spektakulären Darstellung des nackten, aufgeschlitzten Leibes, aus dem die Eingeweide quellen, dem Fleisch und Körperflüssigkeit wie Lava entströmen. Den Frauen wurde jede Gelegenheit ferngehalten, vergleichbare Kenntnisse zu erwerben.

Wenn sie Malerin werden wollten, mußten sie sich ausschließlich auf ihre Intuition verlassen, auf die Sicht der Dinge, die ihnen möglich war, auf ihre Erfahrung mit Freude und Schmerz. Da sie sich auf nur dieses persönliche Wissen stützen konnten und nicht auf akademische Schulung, schufen sie eine eigene, für sie charakteristische Kunst.

Die meisten konnten nicht lesen, und die einzigen Vorbilder, auf die sie zurückzugreifen wußten, wenn sie einen künstlerischen Beruf wählten, waren die Frauen der Antike, von Plinius, später von Boccaccio erwähnt: Timarete, Tochter des Malers Micon, Irene, ebenfalls Tochter eines Malers, und Marcia, die der Kunst zuliebe ihr Leben lang Jungfrau blieb und fast nur Frauen malte.

Sofonisba Anguissola

Dennoch tritt eine Veränderung ein; mit dem Auftauchen des Individuums verschwindet die Anonymität der vorangegangenen Jahrhunderte, die Schöpfer betrachten sich nicht mehr als Handwerker, sondern als Künstler. Außerdem beginnen einschlägige Schriften das Talent, das Genie, das Frauen beweisen, lobend zu erwähnen. Zwei von ihnen prägen ihre Zeit: Sofonisba Anguissola und Lavinia Fontana.

Der Vater von Sofonisba, Amilcare Anguissola, ein Edelmann aus Cremona, hatte «Il libro del cortegiano» von Baldassare Castiglione aufmerksam gelesen. Dieses berühmte Handbuch des 16. Jahrhunderts enthält ein ganzes Kapitel über die Erziehung der Frauen: Eine vollendete Dame mußte malen können, verschiedene Instrumente spielen, Verse schreiben und geistvoll Konversation betreiben. Deshalb studierten die sechs Töchter von Amilcare Anguissola alle Latein, Musik, Malerei. Nur Asdrubale, der Jüngste der Familie, wurde nicht Maler – das galt wohl als unmännlich. Und lediglich Sofonisba wurde eine berühmte Malerin.

Zusammen mit ihrer Schwester Elena wird sie von Bernardino Campi unterrichtet, einem bei den Honoratioren von Cremona geschätzten Porträtisten. Er verläßt bald darauf die Stadt, und Sofonisba setzt ihre Ausbildung bei Bernardino Gatti fort. Amilcare, stolz auf die Begabung seiner geliebten Tochter, preist sie in einem Brief an einen Maler, dessen Karriere sich glänzend anläßt: Michelangelo. Der schickt prompt einige seiner eigenen Zeichnungen an Sofonisba, deren

Technik sie studieren und Kopien in Öl davon anfertigen soll; er verspricht ihr dann sein Urteil darüber abzugeben.

Sofonisba macht sich an die Arbeit, die Kritik des Meisters ist ermutigend; wäre sie ungünstig ausgefallen, hätte Sofonisba vermutlich bekümmert reagiert, aber nicht kapituliert. Eine starke Persönlichkeit wie sie läßt sich durch nichts von ihrem Entschluß abbringen, Malerin zu werden, zumal ihre Angehörigen sie dabei unterstützen. Außerdem bekommt sie die ersten Aufträge und damit die Möglichkeit, ihren Lebensunterhalt zu verdienen. Sie malt eine beachtliche Anzahl eindrucksvoller Porträts mit religiösen Sujets, eine Genre, das für Frauen erreichbar war. Meist dienen ihr Familienmitglieder als Modell, ein Gebot der Schicklichkeit.

Der Ruf Sofonisbas wächst weit über die Grenzen Italiens hinaus. Sie ist achtundzwanzig, als der spanische König Philipp II. sie an seinen Hof einlädt; 1570 läßt sie sich in Madrid nieder, wo sie zehn Jahre bleibt. Verglichen mit ihren Zeitgenossinnen führt sie ein außergewöhnliches Leben; den stärksten Beweis für ihre innere Unabhängigkeit liefert sie damit, daß sie erst an der Schwelle der Vierzig heiratet: Fabrizio Moncada, einen sizilianischen Edelmann. Der ganze spanische Adel erscheint zu der prachtvollen Hochzeitsfeier, die Monarchen persönlich erweisen ihr die Ehre und lassen es sich nicht nehmen, Sofonisba eine Mitgift auszusetzen.

Das Ehepaar lebt künftig in Palermo, doch die Verbindung ist von kurzer Dauer; knapp vier Jahre später stirbt Fabrizio. Sofonisba hält nichts mehr in Sizilien. Man ruft sie nach Spanien zurück, und sie begibt sich auf eine große Reise via Cremona, wo sie ihrer Familie einen Besuch abstattet. Mit vollen Segeln sticht das Schiff in See. Sein Kapitän, Orazio Lomellini, ist ein überaus charmanter Mann. Sofonisba, Witwe, in den Vierzigern – damals ein kanonisches Alter – verliebt sich, zweifellos zum ersten Mal. Die Malerin und der Kapitän heiraten in Genua – diesmal nur eine überstürzte, kurze Zeremonie, eine kühne Geste der Freiheit, nahezu skandalös.

Sofonisba kehrt nicht nach Spanien zurück, sondern hält

sich teils in Genua, teils in Palermo auf, wo der junge flämische Maler Anton van Dyck sie gelegentlich aufsucht.

In seinen Notizbüchern hat er ihre zahlreichen Ratschläge peinlich genau niedergeschrieben, was zweifellos für den großen Einfluß spricht, den sie auf ihn ausgeübt hat. Von der alten Frau, zu der sie inzwischen geworden ist, malt van Dyck ein Porträt: Sie ist erblindet, ihre Lebhaftigkeit ist jedoch unvermindert erhalten geblieben – *avendo ancora la memoria e il cervello prontissimo* (sie hat noch das Gedächtnis und den blitzschnellen Verstand). Wenn man sich vorstellt, daß er ehrerbietig, vielleicht sogar liebevoll lauscht, als sie ihm, nur um ihn zu schockieren, vorlügt, sie sei sechsundneunzig, meint man, sie lachen zu hören.

Trotz? Hang zur Angeberei? Beides steckte in Sofonisba. Ihre Arbeit galt dem Porträt und insbesondere dem Selbstporträt; sie hat mehr Selbstbildnisse hinterlassen als Dürer oder Rembrandt. In Ermangelung eines männlichen Erben, den er erst mit vierundfünfzig bekam, hatte ihr Vater Amilcare seine ganze Hoffnung auf sie gesetzt, verbunden mit einer starken Zuneigung und einer echten, aufrichtigen Bewunderung für ihr Talent.

Für ihren Vater waren Sofonisbas Selbstporträts besonders wichtig, weil er damit gleichzeitig für die Tochter, die schön war, und für ihr Werk, das Lob verdiente, warb. Er schickte eins an den Hof der Este, ein anderes an Papst Julius II. Der Archidiakon des Doms von Piacenza besaß zwei Gemälde von Sofonisba: sein Porträt und das Selbstbildnis der Malerin!

Wie die anderen Maler ihrer Zeit legt Sofonisba großen Wert auf Aussehen und Kleidung: Darin offenbart sich die gesellschaftliche Stellung der Person. So zeigt uns ihr «Porträt einer jungen Frau», das sie 1557 malte – und das heute in den Staatlichen Museen in Berlin hängt –, eine Figur in Nachmittagskleidung, nicht in Gala: Das Gewand aus schwerem, rotbraun kariertem Satin ist mit Bordüren verziert. Kragen und Ärmel sind aus Spitze, an der Schnur um die Taille hängt ein Geldbeutel, dessen Zeichnung an ein kleines Tier erinnert.

Die junge Frau trägt verschiedene Schmuckstücke: Ringe, Ketten, Ohrgehänge; die Frisur wirkt zugleich dezent und kunstvoll. Das Modell sitzt in einem Sessel, der in allen Einzelheiten – Holz, Form der Armlehnen, Kupfernägel – penibel wiedergegeben ist. Das gleiche gilt für das Porträt von Minerva, ihrer Schwester: Die zahlreichen aufwendigen Accessoires sind sorgfältig ausgearbeitet, zum Beispiel Ohrgehänge und Haarschmuck.

Diese materiellen, realistischen Elemente, die über den gesellschaftlichen Rang der Person Auskunft geben und somit ihrer Eitelkeit schmeicheln sollen, werden von der Künstlerin auch zu ästhetischen Zwecken in die Bildkomposition einbezogen: Drei rote Punkte – die Kette, die beiden Armbänder – bilden das Dreieck, um das die figürliche Wiedergabe aufgebaut wird. Über diesen drei roten Punkten sind Kopf und Hände die einzigen sichtbaren, nicht vom Kleid verdeckten Körperteile. Doch die Künstlerin informiert gleichermaßen über die Aktivitäten der Frauen innerhalb der aristokratischen oder bürgerlichen Klasse. Auf einem ihrer Selbstbildnisse hält Sofonisba ein aufgeschlagenes Buch, auf einem anderen spielt sie Spinett; auf dem Bild «Die drei Schwestern der Künstlerin beim Schachspiel» sieht man die drei jungen Mädchen mitten in einem Garten mit diesem beliebten Spiel beschäftigt, unter den wachsamen, liebevollen Blicken einer Gouvernante im Hintergrund.

Da eine junge Frau zu den Kunstakademien keinen Zutritt hatte, also Aktbilder von Männern oder selbst Frauen nicht ohne weiteres malen konnte, bot ihr die Porträtmalerei immerhin eine gewisse Möglichkeit, die Körperlichkeit auszudrücken.

Im Lauf ihrer Arbeit, insbesondere bei den Selbstbildnissen, benutzte Sofonisba den Spiegel als ganz natürliches Requisit. Diese Bilder sind echte Selbstbefragungen. Auf einem stellt sie sich Spinett spielend dar. Sie hebt dabei den Blick zu einem Spiegel – dem unsichtbaren Zuschauer also. Er nimmt die hochblickenden Augen einer jungen Frau wahr, die an einer Klaviatur sitzt. Alles andere ist in ein Helldunkel getaucht, aus dem nur der Blick und die im Spiel innehaltenden Hände heraustreten. Im Hintergrund, genau wie in dem Bild «Die drei Schwestern der Künstlerin beim Schachspiel», verliert sich ein altes, auf die Frau gerichtetes Gesicht fast im Dunkel. Vielleicht eine Bedienstete. Vielleicht auch ein Symbol des nahenden Alters, wie man es im «Jahrmarkt der Eitelkeiten» findet.

Von gleicher Intensität ist das Selbstporträt von 1554, auf dem Sofonisba sich mit einem Buch in der Hand darstellt; Gesicht und Buch sind dem Betrachter zugekehrt. Auf der linken Seite die Inschrift: *Sophonisba Anguissola Virgo se ipsam fecit 1554*. Also eine Botschaft anstelle der Signatur. Sie trägt keine Prachtgewänder: Eine schlichte Halskrause ziert das dunkle Kleid; das Gesicht wird von den geflochtenen, straff zurückgenommenen Haaren weder verborgen noch verhüllt. Durch diese Form von Nacktheit befreit sich die Künstlerin ohne jede Gewalt von den Fesseln der Epoche.

In dem Porträt, das sie von ihren drei Schwestern im Garten gemalt hat, erzählt sie ebenfalls viel über die Geschichte der Frau: Die eine, die jüngste mit dem kindlichen Gesicht, lacht; der Blick der anderen, der kaum Dreizehnjährigen, strahlt feierlichen Ernst aus, der ihre jungmädchenhaften Züge noch nicht erfaßt hat; die älteste schließlich, zur Frau gereift, vom Schachbrett der Porträtistin zugewandt, fragt sich, was für ein Bild von sich selbst sie wohl abgibt. Das Gesicht der weiblichen Aufsichtsperson drückt eine gewisse Müdigkeit aus, sie hat dunkle Ringe um die Augen. Die vier Lebensalter der Frau sind hier dargestellt.

Sofonisba benutzt den Spiegel wie zuvor die Prophetinnen und Seherinnen ihre Erleuchtungen; sie arrangiert ein der Magie verwandtes Ritual, das ihr Zugang zu befriedeten, jedoch nicht friedlichen Visionen verschafft. Die Augen der von Sofonisba gemalten Frauen sind – genauso wie ihre eigenen – immer voll unausgesprochener Gedanken, Trauer und zurückgehaltener Heftigkeit.

In der Renaissance wurde Sofonisba mit Tizian verglichen. Unsere Zeit wirft ihr eine gewisse Ungeschicktheit der Technik und Schwierigkeiten mit der Perspektive vor. Aber all das sind aus einer viel späteren Zeit geborene Kriterien.

Sofonisba schuf auch religiöse Werke – eine «Heilige Familie» 1559, eine «Madonna mit Kind» 1588. Doch in die Geschichte ist sie als Porträtmalerin eingegangen. Ein Talent, das bei ihr mit einem echten Sinn für Publizität einherging. Sie fertigte Kopien ihrer Selbstbildnisse an und verbreitete sie, wie das heute Stars mit ihren Hochglanzfotos tun. Welcher Energie entsprang wohl ihr Wunsch, Gesichter zu erfassen, und das Verlangen nach Anerkennung und Macht?

Auch ihre Schwestern versuchten sich in der Malerei, allerdings mit weniger Glück. Elena, die jüngste, ging ins Kloster und gab jede künstlerische Betätigung auf. Vielleicht ist sie es, die Sofonisba im «Bildnis der Ordensschwester» dargestellt hat. Europa und Minerva malten auch nach ihrer Heirat weiterhin Porträts und religiöse Bilder, ohne aber je Karriere zu machen wie die älteste Schwester. Lucia hingegen starb mit fünfundzwanzig. Ihre Begabung war ebenso vielversprechend wie die Sofonisbas. Abzulesen ist das am Porträt des Pietro Maria, Arzt zu Cremona. Es zeigt die für die Renaissance typische detailgetreue Wiedergabe der prunkvollen Kleidung: ein prächtiger dunkelblauer Mantel mit Pelzkragen. Bis auf den Sessel, der das Bemühen um realistische Darstellung verrät, bleibt die Umgebung ausgespart; die Figur, in Gelb und Okker gemalt, hebt sich scharf gegen einen grünen Hintergrund ab. Die Asymmetrie der Schultern – womit das Bild in die Nähe der Werke von Sofonisba gerückt wird – verleiht der Silhouette eine Art von Dynamik: Pietro Maria ist anscheinend gerade im Begriff aufzustehen. Auch hier treten nur die Hände, das Gesicht hervor; eine Schlange ringelt sich um einen Stock, eine Bezugnahme auf den Äskulapstab. Das Gesicht lächelt, die Augen jedoch nicht: die Gestalt des Gelehrten und des Vaters.

Lavinia Fontana

In Bologna war seit dem 13. Jahrhundert eine große Anzahl von Verboten, die Frauen generell betrafen, aufgehoben worden. Sie waren nun an der Universität zugelassen, konnten verschiedene Berufe wählen, darunter auch den der Künstlerin. Zwischen dem 16. und 17. Jahrhundert arbeiten in dieser liberalsten aller Städte dreiundzwanzig bekannte Malerinnen.

Das beste Beispiel für diese neue Freiheit liefert ohne Zweifel die Bologneserin Lavinia Fontana (1552–1614). Als Tochter des Prospero Fontana, eines namhaften Malers, der in Florenz und später in Rom arbeitete, erhält sie von ihm ihre Ausbildung. Aufgewachsen in einem Milieu, das schon sehr früh ihr Talent förderte, kommt sie bald in Berührung mit den Werken der großen Meister, darunter Raffael. Wie Sofonisba Anguissola widmet sie sich der Porträtmalerei, hat aber mit religiösen Sujets den größeren Erfolg. Auch behandelt sie mythologische Themen, bis dahin keineswegs Domäne der Frauen. Schließlich, und das ist sicher ein bemerkenswertes Detail, malt sie Akte beiderlei Geschlechts, natürlich im Rahmen religiöser oder mythologischer Thematik.

In ihren Selbstbildnissen stellt sich Lavinia Fontana als große Dame dar. Eines davon (Galleria dell'Academia Nazionale di S. Luca) zeigt sie hochelegant – die Kleidung gewinnt im täglichen Leben des Renaissance-Menschen die gleiche Bedeutung wie die Fassaden seiner Häuser – am Spinett; daneben eine zweite Figur, eine Bedienstete, die ihr die Noten reicht, Symbol gesellschaftlicher Rangordnung. Auf einem anderen Selbstbildnis sitzt Lavinia an ihrem Cembalo. Genau wie Sofonisba Anguissola ist sie darauf bedacht, sich durch ihre Beschäftigungen als feinsinniges, kultiviertes Geschöpf auszuweisen. Die von Lavinia gemalten Kleider sind prächtiger und übertreffen die Garderobe auf Sofonisbas Bildern bei weitem. Die eine legt in erster Linie Wert auf Konvention und Schicklichkeit, der anderen, die sich keiner adligen Herkunft rühmen kann, geht es darum, Eindruck zu machen, zu renommieren, wie das Porträt «Die Dame mit dem Hündchen» (Walters Art Gallery, Baltimore), um 1590 entstanden, beweist: die kunstvolle Spitzeneinfassung an Manschetten und Halskrause, der prächtige, damastartige Stoff und das braune moirierte Mieder, das wie gehämmertes Kupfer wirkt. Ob Perlenkette, Haube oder der kleine Hund, der einer Elfenbeinminiatur gleicht, die Manieriertheit ist ein Zeichen des guten Geschmacks, dem auch der offensichtliche Luxus des Mobiliars entspricht. Jedes Detail des Sessels wird sorgfältig wiedergegeben. Während die Darstellung des Schoßhündchens, zum Gegenstand reduziert und etwas auf Distanz gehalten, keineswegs realistisch ist, sind Gesicht und Hände der Frau überaus präzise ausgeführt.

Die psychologische Absicht ist augenfällig: Im Gesichtsausdruck mischen sich resignierte Traurigkeit, worauf der müde, verlorene Blick hindeutet, Hochmut, was die verächtlich gekräuselten Lippen zu verraten scheinen, willensstarke Intelligenz, die auf der breiten und faltenlosen Stirn geschrieben steht. Eine beunruhigende Zusammensetzung.

Die Porträts der vornehmen Damen von Bologna tragen Lavinia Fontana ihre ersten und auch ihre glänzendsten Erfolge ein. Sie arbeitet für zahlreiche Aristokraten, darunter den Herzog von Mantua, und bekommt einen Auftrag des Königs. Der Papst persönlich lädt sie nach Rom ein. Dort läßt sie sich nach dem Tod ihres Vaters 1563 nieder; sie wird offizielle Malerin am Hof von Klemens VIII., wo ihre sakralen und mythologischen Werke entstehen, darunter «Die Steinigung des hl. Stephanus», ein monumentales Gemälde von sechs Metern Höhe für die Basilika San Paolo fuori le Mura (1823 bei einem Brand zerstört). Damit markiert Lavinia Fontana einen entscheidenden Moment in der Geschichte der Malerei: Wie will man nach einer solchen Leistung die Behauptung aufrechterhalten, «Interieurs» seien das einzige der Frau angemessene Genre? Reich und geachtet, wird ihr als besondere Ehre die Prägung einer Münze mit ihrem Bild zuteil – auf der einen Seite die Malerin an ihrer Staffelei, auf der anderen

Fontana im Profil. Schließlich wurde sie auch in die römische Akademie aufgenommen.

In ihrem privaten Leben zeigt Lavinia ebensoviel Kühnheit wie in ihrem offiziellen beruflichen. Als hübsche junge Frau, vom Erfolg begünstigt, hat sie zahlreiche Bewerber. Sie entscheidet sich für einen Schüler ihres Vaters, den Maler Gian Paolo Zappi, der vermutlich nicht sonderlich mit Talent, dafür aber mit einem reellen Vermögen ausgestattet war. Zu Beginn ihres Ehelebens wohnten Lavinia und Gian Paolo bei Prospero Fontana und halfen ihm bei der Arbeit im Atelier. Doch die Aufgabenteilung kristallisierte sich sehr schnell heraus. In einer Epoche, in der die Rollen von Ehemann und Ehefrau genau definiert waren, akzeptierte es Zappi, angesichts des Erfolges seiner Frau, die häuslichen Pflichten zu übernehmen. Er verzichtete bald auf das eigene Schaffen, begnügte sich damit, die Grundierung für die Bilder seiner Frau vorzunehmen, sie nach Fertigstellung dann zu rahmen. Lavinia bekam nicht weniger als elf Kinder, von denen nur drei sie überlebten. Wie Lavinia mit diesem damals häufigen Schicksalsschlag, acht Kinder zu verlieren, fertig wurde, weiß man nicht, das Jahrhundert brachte für mütterliche Schmerzausbrüche wenig Verständnis auf.

Das Leben Lavinia Fontanas zeigt, daß sie ebenso auf die Gegenwart wie auf die Zukunft bedacht war; sie sicherte durch ihren Erfolg den materiellen Wohlstand ihrer Familie und erwies sich als erstklassige Geschäftsfrau: Ihr Vermögen wurde regelmäßig in den Ankauf von Antiquitäten investiert – unter den Schöngeistern der Renaissance eine gängige Praxis –, mit denen sie sich eine Sammlung von unschätzbarem Wert schuf.

In diesem blühenden 16. Jahrhundert wußten sich auch andere Frauen in Italien durchzusetzen, wenngleich sie bei weitem nicht die Berühmtheit einer Anguissola oder Fontana erreichten. Zu ihnen gehörte Barbara Longhi (1552–1638), jünger als die beiden, mit einigen bleibenden Werken, wie ihre «Madonna mit Kind und hl. Johannes» (Gemäldegalerie Dresden). Biographen und Kritiker erkannten das Talent dieser Frauen zwar notgedrungen an, aber nicht ohne vor allem ihre Schönheit, ihre Reize, ihre umfassende Bildung nachdrücklich hervorzuheben und sich dann um so ausgiebiger darüber zu verwundern, daß diese «weiblichen» Qualitäten mit Kreativität gepaart waren: eine für die Epoche typische Sicht. Die Künstlerbiographie erfreute sich im Italien der Renaissance großer Beliebtheit. Sofonisba Anguissola, Lavinia Fontana und andere konnten bereits zu ihren Lebzeiten Bücher über sich lesen.

So verfaßte Giorgio Vasari eine Biographie der Bildhauerin Properzia de Rossi, vielleicht die erste in der abendländischen Kunstgeschichte. Er schrieb beinahe zu enthusiastisch, was sich schon wieder als schädlich erwies: «Sie war nicht nur Expertin in den Aufgaben ihres Geschlechts, sondern auch auf vielen anderen Gebieten, so sehr, daß Männer wie Frauen Neid bekundeten. Sie war von großer Schönheit, sang und spielte besser als jede andere Frau ihrer Zeit.»

Die Bildhauerei rangierte hinter der Malerei: Dreidimensional, an Volumen und Relief gebunden, schien es ihr im Vergleich an Abstraktion zu fehlen. Das beeinträchtigte das Interesse der Frauen daran keineswegs, allen voran Properzia. Als Tochter eines Notars in Bologna geboren, studierte sie bei Raimondi, einem Graveur, von dem vor allem seine Reproduktionen Raffaels geblieben sind.

Mit Aprikosen-, Pfirsich- und Kirschkernen schuf Properzia ihre ersten «Skulpturen», die sofort Aufsehen erregten, besonders bei dem Kritiker und Biographen Vasari.

Properzia wird schnell berühmt durch ihre monumentalen Werke in Marmor, wie den Hochaltar von Santa Maria del Baraccano in Bologna. Eine Flut von öffentlichen Aufträgen folgt. Properzia gewinnt, ein wahres Wunder, den Wettbewerb für die Ausschmückung der Kirche San Pietro in Bologna. Verlangt wird die Ausführung von drei Sibyllen, zwei Engeln und zwei Flachreliefs, von denen eins Joseph und die Frau des Potiphar darstellen soll. Die Kritiker bewundern die Meisterschaft der Künstlerin, die «unter dem Faltenwurf den Körperbau erahnen läßt». Doch Properzia bewies dabei auch viel Humor: Der arme Joseph – der einem jener schönen, von Michelangelo so geschätzten griechischen Sklaven ähnelt –, angetan mit einer biblischen Zeiten wenig gemäßen Tunika, flieht außer sich vom Bett der Verführerin. Die hält ihn wütend an einem Zipfel seines Gewandes zurück, während er ihr bereits den Rücken zukehrt. Frau Potiphar, mit ihren stämmigen Beinen und nackten Brüsten, bringt die Rage der Enttäuschten, Zurückgewiesenen wunderbar zum Ausdruck. Joseph wirkt dagegen recht fade, ein ansehnlicher, aber langweiliger, keuscher Jüngling. Es könnte sich genauso um Phädra und Hippolytos handeln. Die Renaissance hat bekanntlich eine Vorliebe für die Antike. Vasari zufolge – dem man, wie uns scheint, mißtrauen muß – soll die Künstlerin zu dem Flachrelief durch eine unglückliche Liebe inspiriert worden sein, die sie dem jungen Adligen Antonio Galeazzo Malvasia entgegenbrachte. Der wies sie trotz ihres Ruhms ab und wählte eine «standesgemäßere» Gattin.

Properzia starb mit vierzig Jahren, von allen verlassen, von ihren Mäzenen und Gönnern aufgegeben, in bitterster Armut. Viele ihrer Zeitgenossen verunglimpften sie und ihr Talent. Vasari dagegen beweihräucherte sie weiterhin. Auf seine Art.

Die gleiche Art von Elogen wie an Properzia waren an Sofonisba Anguissola und an Lavinia Fontana gerichtet: Obzwar große Künstlerinnen, seien sie deshalb nicht weniger Frauen und sogar sehr kultivierte Frauen. Vasari versteigt sich über die Porträts von Anguissola zu dem Satz: «Es fehlt nur noch, daß sie sprechen.» (!) Dies, obwohl Sofonisba mit *diligenza* (Fleiß) arbeite und nicht mit der gewissen *disinvoltura* (Ungezwungenheit), die für ihn das einzige Kriterium für ein wahrhaft bedeutendes Talent sei.

So setzt sich, um den Kritikern neuen Stoff zu liefern, allmählich die Auffassung durch, Porträts seien, verglichen mit großen historischen Sujets, eher ein zweitrangiges Genre. Gehen Interieurs nicht Hand in Hand mit häuslichen Tätigkeiten?

Lavinia Fontana hingegen tragen ihre Altarbilder das Hosianna von Mazzolari ein: «Die Gemälde von Lavinia werden überall in Italien geschätzt, und falls es zutrifft, daß sie weder die hervorragende Qualität noch den Wert besitzen, die man im Schaffen großer Männer findet, so sind sie doch das Werk einer Frau, die von den gewohnten Pfaden abgewichen ist und von allem, womit Hände und Finger von ihresgleichen sich beschäftigen ... dafür gebührt ihnen nur um so mehr Lob.»

Im gleichen Ton – die Kunst der Kritiker hat sich, nebenbei bemerkt, seither kaum weiterentwickelt, der Lobeshymnen singende Meuchelmörder hält sich hartnäckig – äußert sich der Künstlerbiograph Cesare Malvasia über sakrale Gemälde: «Nicht weniger kostbar sind diese aus der Hand einer Frau stammenden ungewöhnlichen Altarbilder, die man in manchen unserer Kirchen sehen kann.» Selbst die Mäzene finden sich bereit, ihren Schützlingen in den Rücken zu fallen! So äußert sich einer der Gönner von Lavinia zu einer Auftragsarbeit für ihn, das Bild sei «besonders für eine Frau recht gewissenhaft ausgeführt».

Ende des 15. Jahrhunderts erscheint die Situation der Frauen im Norden anders als die ihrer Geschlechtsgenossinnen in den Mittelmeerländern. Die höheren Töchter erhalten eine gute Erziehung; häufig absolvieren sie ihre Studien in Italien. Zweifellos kommen ihnen die Grundsätze der Reformation dabei zugute. Die von ihnen erhaltenen Bilder bezeugen, daß sie weniger eitel, weniger um den äußerlichen Eindruck besorgt sind als die Italienerinnen. Man sieht sie beten, ihrem Mann bei der Arbeit helfen, sich im Haushalt betätigen, die Wäsche zählen, lauter Szenen aus dem bürgerlichen Leben, die sie für überliefernswert halten.

Im 16. Jahrhundert wird ihnen das Recht zuerkannt, von ihrem Ehemann und ihrem Vater zu erben, was ihnen größere wirtschaftliche Sicherheit garantiert als ihren lateinischen Schwestern. Gewiß, auch sie erlernten die Buchmalerei häufig im Kloster; aber nach 1400 gehörten zur Gilde der Maler von Brügge auch zahlreiche Frauen, für die demnach die Malerei nicht nur als «angenehmer Zeitvertreib» galt. Schließlich waren die Fläminnen keine Analphabetinnen wie die Mehrzahl der Italienerinnen. Auch da bewirkte die Reformation viel. Alle Gläubigen, Männer wie Frauen, waren gehalten, die Bibel zu lesen. Außerdem hatte die Eheerlaubnis für Geistliche zur Folge, daß eine Frau aus dem Volk es zu einem gewissen sozialen Rang bringen konnte.

Daß dennoch auch sie Schwierigkeiten hatten, daran besteht kein Zweifel. Der große Dürer – dem man (fast) alles verzeiht – schrieb in seinem «Tagebuch der niederländischen Reise», wie er 1521 den berühmten Buchmaler Gerhard Horenbout aufsuchte. «. . . Der hat ein Töchterlein bei 18 Jahren alt, die heißt Susanna, die hat ein Blättlein illuminiert, dafür hab ich ihr geben einen Gulden. Ist ein großes Wunder, daß ein Weibsbild also viel machen kann.» Wenigstens hat er dieses Werk gekauft. Wenigstens hat er dessen Wert erkannt . . .

Catharina van Hemessen und Levina Teerlink, zwei Frauen

aus Flandern, erlangten im 16. Jahrhundert einen hohen Bekanntheitsgrad. Jan Sanders van Hemessen war ein zu seiner Zeit berühmter manieristischer Maler. Er wohnte in Antwerpen, wo er seiner 1528 geborenen Tochter Unterricht erteilte. Trotz einiger sakraler Werke galt sie in erster Linie als renommierte Porträtmalerin. Catharina genoß die Privilegien, die berühmten Künstlern überall in Europa eingeräumt wurden. Ihre Mäzenin und Gönnerin war Königin Marie von Ungarn, Schwester König Karls I. von Spanien und Regentin der Niederlande. Der Lebensweg Catharinas gestaltet sich ähnlich wie bei den großen Italienerinnen: 1554 eine glanzvolle Hochzeit mit dem Organisten der Kathedrale von Antwerpen, Christian van Morien; dann, 1556, als die Königin abdankt und nach Spanien zurückkehrt, lädt sie das Ehepaar ein, ihr an den Hof zu folgen. Catharina und Marie halten einander die Treue bis zum Tod Maries im Jahre 1558. Die Malerin und der Organist, von ihrer Wohltäterin reich bedacht, kehren nun wieder nach Antwerpen zurück.

«Das Bildnis einer Dame» (National Gallery, London), 1551 von Catharina gemalt, behandelt genau das gleiche Thema wie Lavinia Fontanas Porträt «Dame mit dem Hündchen». Doch die flämische Künstlerin und der starke protestantische Einfluß sind deutlich erkennbar: Die Kleidung ist überaus einfach, der Hintergrund enthält keinerlei Anzeichen von irgendwelchem Mobiliar. Eine fast spartanische Strenge, in der auch das Kleid nur ein Element unauffälliger Eleganz bildet. Keinerlei Aufwand.

Dennoch fehlt es diesem Porträt nicht an Sinnlichkeit; die Nüchternheit des Ganzen macht sie sogar spürbarer. Das Dekolleté zeigt die runden Schultern, den Busenansatz, doch was vom Körper sichtbar wird, verhüllt ein durchsichtiger, mit zarter schwarzer Stickerei dekorierter Einsatz. Die Bänder der unauffälligen Haube umschmeicheln den Nacken. Alles bleibt der Phantasie überlassen. Andere Zugeständnisse an die Koketterie: der sorgfältige Schnitt des dunkelgrünen Rocks, der rote Stoff der Ärmel, die mit einer Spitzenborte gesäumt sind. In einer zweifellos üblichen Pose umfaßt die rechte Hand ein Stück der Kette – eine genaue Übereinstimmung mit den Porträts von Lavinia und Sofonisba. Die Dame hat einen Hund unter den Arm geklemmt, ein kleines Tier, mit einem Perlenhalsband geschmückt. Der Blick der Dame ist nicht dem Betrachter zugewandt. Gefühle werden darin nicht enthüllt, bleiben ebenso ausgespart wie irgendwelche psychologische Anhaltspunkte. Der Mund deutet ein Lächeln an. Die Pinselstriche sind markanter als auf den Bildern der Fontana: Ein Bedürfnis nach Glätte ist nicht zu entdecken. Die gespannte Unruhe, die Strenge sind wahrnehmbar im Dunkel des Hintergrunds, im Schwarz der Corsage, im Kontrast der dichten Schatten zur durchsichtigen Zartheit des Körpers.

Von sich selbst hat Catharina ein Porträt geschaffen, das nicht ohne weiteres zu enträtseln ist. Sie sieht uns an, eine kleine und schmächtige Person, auf dem Kopf eine einfache Haube, vor ihrer Staffelei sitzend. In der rechten Hand das Winkelmaß, in der linken den Pinsel, die Palette. Auf dem wie immer dunklen Untergrund folgende Worte in hellen Buchstaben: *Ego Catharina de Hemessen me pinxi 1548* («Ich, Catharina van Hemessen, habe mich 1548 gemalt»). Ein merkwürdiger und neuer Schritt: Catharina gibt exakt ihre Arbeitsutensilien wieder (man wird an Freimaurersymbole erinnert); sie bekräftigt ihr Leben als Malerin durch Worte; schließlich, und das ist nicht weniger erstaunlich, zeigt die Leinwand auf der Staffelei eine Skizze ihres Selbstporträts. Dreifache Sicht: Spiegel, vollendetes und im Entstehen begriffenes Bildnis. Verschlüsseltes Werk, Reflexion über die Vergänglichkeit des Menschen, seiner Arbeiten, aber auch über die zeitlichen Überlagerungen. Projektion in die Zukunft und Erforschung der Abgründe, aus denen jede menschliche Gestalt, jede existierende Form erwächst. Ein Werk, das die Identität des Individuums hinterfragt, sein vielfaches Erscheinungsbild.

In Flandern gab es keine Biographen wie in Italien. Der einzelne galt in der protestantischen Welt zwar nicht geringer als im Süden, aber dort wurde – prachtliebend und katholisch – der materiellen Existenz ein höherer Stellenwert beigemessen. So läßt sich über das Leben dieser Maler nur schwer Genaueres ausmachen. In manchen Werken der großen flämischen Maler wirkt Catharina van Hemessen dennoch spürbar nach.

Das Jahrhundert zeigte auch eine Passion für die Miniatur; kleinformatige Bilder mit verschiedenen Sujets, vor allem Porträts, wurden in Öl, Wasserfarben, Email ausgeführt, auf Unterlagen wie Holz, Kupfer, Velin, Pergament, Schiefer, Elfenbein. Sie dienten als Geschenke unter Liebenden, Eltern und Kindern, Künstlern und Mäzenen. Als Kunstwerke und Zeichen der Zuneigung, als Schmuckstücke getragen oder in Schatullen aufbewahrt, bildeten sie den Ausgangspunkt für eine ganze Literatur, waren mit einer Symbolik befrachtet, die bis zum Beginn des 20. Jahrhunderts andauerte. Urheber könnten Männer wie Frauen sein – doch nach allgemeiner Ansicht handelte es sich hier um eine weibliche Kunst. Denn kleine Dinge erfordern ja Fingerspitzengefühl und Delikatesse, was natürlich Sache der Frauen ist, während die Männer von Natur aus mehr zu monumentalen Kompositionen oder zum Malen an der Staffelei tendieren, was ebenso natürlich ihrem Schöpfergeist besser entspricht!

Im 17. Jahrhundert galten die Engländer als die größten Liebhaber dieser Kunstform. Deshalb trat auch Levina Teerlink, Malerin aus Brügge und dort berühmt, in den Dienst der Tudors und ging nach England. Wie viele andere Maler der Renaissance stammte Levina aus einer Künstlerfamilie, die sachkundig den Handel mit ihren eigenen Werken betrieb. Ihr Großvater war bereits Miniaturmaler, desgleichen ihr Vater, Simon Bening. Ihre jüngere Schwester befaßte sich mit dem Verkauf. Zuerst Schülerin ihres Vaters, dann seine Nachfolgerin, heiratete Levina später Georg Teerlink und lebte zusammen mit ihm in England. Bekannt von ihr ist neben anderem eine Miniatur der Lady Catherine Grey, eine mit feinem

Goldstaub versetzte Gouache auf Velin (Victoria and Albert Museum, London), das minuziöse Porträt eines Gesichts, das aus einer schwarzen Robe mit üppiger Spitzenhalskrause herauswächst.

Der Schatten des Abendmahls

In Frankreich beendet zur gleichen Zeit – genau im Jahr 1600 – Suzanne Court «Das Abendmahl», eine sehr kleinformatige Emailmalerei, ca. 25 × 20 cm (Herzog Anton Ulrich Museum, Braunschweig). Wie die anderen Malerinnen verdankt auch sie ihrem Vater Technik und Metier. Dieses «Abendmahl», zweifellos eine zweitrangige Arbeit, soll hier unsere Reise durch die Renaissance mit der Hinterfragung einer Künstlerin bei der Darstellung einer Männergesellschaft beschließen.

Suzanne Court malte die Füße der Apostel – die des späteren Verräters eingeschlossen – wie die von Tänzern. Ein eigentümliches Ballett um einen spärlich bestückten Tisch, wo die Speisen mehr symbolisch als real wirken, wo die Gesten des Staunens nur schwach angedeutet sind und jede Ausdruckskraft vermissen lassen. Jesus, mit Heiligenschein, zeichnet sich scharf ab gegen den Hintergrund schwerer Wandbehänge und mit Lorbeerzweigen bekränzter Säulen. Der Raum, in dem sich die Jünger um ihren Meister versammelt haben, wäre von der Umwelt völlig isoliert, wenn nicht im Hintergrund durch eine angedeutete Tür eine Frau einträte, in den Händen eine Schüssel, die unverkennbare Ähnlichkeit mit den in wohlhabenden Familien gebräuchlichen aufweist. Die Frau lächelt leicht und hält offenbar kurz inne, um diese edle Männergesellschaft zu beobachten. Ihre heitere Gelassenheit steht in krassem Gegensatz zur Erregtheit der übrigen Personen.

Die Zeichnung verrät mangelndes Können, die Perspektive ist falsch, doch durch diese Fehler und Ungeschicklichkeiten gerät der Tisch in Kipplage, während die Frau fest auf ihren Beinen steht.

Der Künstlerin hier einen gewollten Effekt zu unterstellen, erscheint jedoch gewagt.

17. Jahrhundert
Neuzeit

Während des Übergangs vom 16. zum 17. Jahrhundert herrschte unter dem einfachen Volk – und zweifellos ebenso unter der Oberschicht – jene Unruhe, wie sie von vermeintlichen großen Veränderungen hervorgerufen wird. Man wartete immer noch – freilich weniger inbrünstig als bei der Jahrtausendwende – auf Zeichen und Wunder, aber der Geschmack in den gebildeten Schichten wandelte sich rasant. Die Renaissance, reif geworden, das heißt zu einer realistischen Vision der Welt gelangt, demonstrierte Überschwang und mutierte zum Barock.

Die Künstler plädierten für dringend notwendige präzise Statuten. Mit Ausnahme jener, die berühmt wurden, blieben die anderen an die Kaste der Handwerker gebunden. Die Ausbildung in der Werkstatt eines Meisters hatte sie zu Malern gemacht. Jetzt aber forderten sie auch Kenntnisse in Mathematik, Perspektive oder Anatomie von Mensch und Tier; sie verlangten Bücher, Abhandlungen über Kunst und Erscheinungsbild der Antike; sie wollten eine künstlerische Tätigkeit frei und individuell ausüben. Frauen, auch wenn das als außergewöhnlich galt, schlossen sich dieser Richtung an.

Artemisia Gentileschi

Zu ihnen gehörte Artemisia Gentileschi (1597–1653). In Rom erfreute sich ihr Vater Orazio Gentileschi, Maler, Freund Caravaggios, der Gunst von Kardinal Camillo Borghese, dem späteren Papst Paul V. Zusammen mit einem seiner Freunde, Agostino Tassi, malt er Fresken im Casino delle Muse neben dem Palazzo Pallavicini-Rospigliosi. Artemisia wird als drittes Kind von Orazio Gentileschi und Prudenzia Monzone am 8. Juli 1597 in Rom geboren. Ihre Mutter stirbt kurz nach der schweren Geburt, der Vater bleibt verwitwet mit den drei Kindern zurück.

Das Haus, in dem Artemisia aufwächst, liegt zwischen Porta del Popolo und Trinità dei Monti. In Begleitung einer Dienerin spaziert sie oft durch die von kleinen Läden gesäumten Straßen, bestaunt die Pinsel und Paletten, die bunten Pulver und die weißen Farbtöpfe, die an eine Geheimwissenschaft erinnern. Aufregend duftende Flaschen enthalten Flüssigkeiten, die – das weiß sie – selbst Stahl angreifen, ätzen, Farbmassen zu einer Paste binden. Namen und Zweck der verschiedenen Produkte hat der Vater ihr seit langem beigebracht.

Sie sieht den Malern bei der Arbeit zu – alles Freunde ihres Vaters, die im gleichen Viertel wohnen. Einer von ihnen, der aus Frankfurt stammende Adam Elsheimer, hat sich in der Via Paolina niedergelassen, wo er Landschaften nach der Natur malt. Vielleicht fragt sich Artemisia, wann sie es ihm gleichtun kann, obzwar man noch nie eine Frau beobachtet hat, die ihre Staffelei aufstellt und allein bei Sonnenuntergang oder im Morgengrauen ausharrt, sei es in Rom oder in der ländlichen Umgebung.

Agostino Tassi, mit dem Spitznamen *smargiasso*, «Prahlhans», ist ebenso wie Carlo Saraceni, der in der Via Ripetto wohnt, Maler von Landschaften und Seestücken; letzteres ist ein für junge Mädchen noch unerreichbareres Genre, doch das Verbotene reizt ja bekanntlich nur um so mehr. Agostino ist zweifellos ein großer Künstler. Lehrer von Claude Lorrain, viel mit Lob bedacht und eitel, hat er seinen plebejischen Namen Buonamici gegen den seines adligen Gönners Tassi vertauscht.

Artemisia erkennt in ihm das genaue Gegenteil ihres Vaters: der eine Schönredner, Spaßvogel und Schürzenjäger; der andere bärbeißig und finster, legt Wert darauf, seiner Tochter die Kunst des Malens mit der gleichen unerbittlichen Strenge beizubringen wie einem Jungen. Seit ihrer frühesten

Kindheit hat sie ihm als Engelchen inmitten von komplizierten Arrangements Modell gestanden, Musikinstrumente, farbige Draperien zur Geltung gebracht oder durch Licht- und Schatteneffekte gedämpft. Als kleines Mädchen hat sie die atemberaubenden Perspektiven entdeckt, die verwirrenden Trompe-l'œil-Wirkungen. Ständig wechselnde Gehilfen bringen dem Meister ehrerbietig seinen Kittel, rühren emsig Farben an: Artemisia nahm teil am Leben dieser fröhlichen Gemeinschaft, wo die Malerfreunde den Tag mit einem Umtrunk ausklingen ließen. Sie spürte die Blicke der Männer auf sich ruhen; ihre Gesichtszüge sind mehrfach bei verschiedenen auf solchen Bildern dargestellten Personen zu finden, an denen auch Tassi seinen Anteil hatte. Mit vierzehn wird sie schließlich seine Schülerin. Er ist urwüchsig, betörend, zwielichtig, Witwer einer Frau, die er sehr wohl umgebracht haben könnte – eigenhändig oder durch einen Helfershelfer –, ein Verbrechen, dessen man ihn später auch anklagt, ebenso wie des Inzests mit seiner Schwägerin.

Artemisia ist eigenartig zumute als Schülerin dieses Mannes, den sie seit ihrer Kindheit kennt, dem sie, zweifellos überaus spärlich bekleidet, Modell gestanden hat. Zwischen der angehenden Malerin und dem undurchsichtigen Agostino entwickeln sich Beziehungen, über die keiner offen spricht.

Dann verschwindet aus dem Atelier von Gentileschi ein Bild, «eine recht großformatige Judith». Orazio verdächtigt seinen alten Freund Agostino; ihm traut er eine solche Infamie zu. Ein übel beleumundeter Komplize, Cosimo Quorli, Furier seines Zeichens, soll ihm dabei geholfen haben. Es kommt zum Skandal, allerdings anders als erwartet. Orazio richtet eine Petition an den Heiligen Vater, in der er behauptet, seine Tochter sei schon als Fünfzehnjährige von Agostino vergewaltigt worden. Inzwischen wird Cosimo Quorli tot aufgefunden.

Warum hat man so lange gewartet, ehe man Anzeige erstattete? Und weshalb dieser Vorwand? Es folgt ein aufsehenerregender Prozeß.

Daß eine Frau Malerin war, genügte damals, um sie zur Ausnahmeerscheinung zu stempeln. Doch daß diese so schöne und begehrenswerte Frau vor einem aus Männern bestehenden Tribunal öffentlich über eine Vergewaltigung berichtete, machte sie in ihrer Zeit einmalig. In dieses Gerichtsverfahren wurde Artemisia von ihrem Vater getrieben, dessen geheimste Beweggründe im dunkeln bleiben, da diese Vergewaltigung – wie er wiederholt erklärte – nichts als «eine Selbsttötung» gewesen sei. Doch seitdem weicht Artemisia vor nichts mehr zurück. Die Höllenmaschine ist von zwei Männern konstruiert worden, die sie liebt und achtet, ihrem Vater und dessen Freund, ihrem Lehrer. Gelassen schildert sie den Hergang haargenau. Als Opfer schreibt sie sich die Hauptrolle zu und entpuppt sich als wagemutig, ergreifend, theatralisch. Im Lauf der Vernehmung schildert sie die Szenen eines italienischen Dramas und bleibt von Anfang bis Ende gefaßt.

«Damit Sie über alles wohlunterrichtet sind, werde ich Ihnen im einzelnen schildern, wie die Dinge sich zugetragen haben.» So beginnt der komplizierte Bericht über Verleumdungen, geheime Treffen, Vermittlungen der Kupplerin Tuzia. Voll innerer Genugtuung und äußerer Entrüstung erzählt Artemisia, was der höchst ungehobelte Komplize Tassis, Cosimo Quorli, zu ihr gesagt hat: «Was Ihr so vielen anderen gewährt habt, könnt Ihr doch auch ihm zugestehen.» Als dann eines Tages Bauarbeiten im Hause Gentileschi stattfanden und die Maurer die Tür offenließen, stürzte der Verführer herein. Artemisia stand vor der Staffelei. «Malt nicht so viel!» sagt er, entreißt ihr die Pinsel und wirft sie wütend auf den Boden. Dann beruhigt er sich anscheinend, erheischt Vergebung, bettet den Kopf an der Brust seiner Schülerin. Er fordert sie auf, ein wenig mit ihm zu promenieren. Zum Herumlaufen fühlt sie sich «zu müde, vielleicht auch fiebrig». Darauf Agostino: «Ich habe höheres Fieber als Ihr.» Sie wird nicht mißtrauisch, außerdem spielt sich alles im Handumdrehen ab.

Das erzählt Artemisia den Richtern: «Nach zwei oder drei Runden durch den Saal kamen wir an der Tür zu meinem Zimmer vorbei, davor angelangt, stieß er mich nach drinnen und schloß ab. Danach drückte er mir eine Hand auf die Brust und warf mich aufs Bett, schob sein Knie zwischen meine Oberschenkel, damit ich sie nicht zusammenpressen konnte. Nachdem er, übrigens unter großen Schwierigkeiten, meine Röcke mit einer Hand hochgehoben hatte, drückte er mir ein Taschentuch auf den Mund, um mich am Schreien zu hindern, und ließ meine Hände los, die er mit seiner Linken hielt. Zuvor hatte er seine beiden Knie zwischen meine Beine gezwängt. Dann richtete er sein Glied auf meine Scham, begann zu stoßen und drang in mich ein. Das brannte heftig und tat mir sehr weh. Wegen des Taschentuchs, das er mir auf den Mund preßte, gelang es mir nicht zu schreien, ich versuchte es trotzdem nach besten Kräften und rief nach Tuzia. Und bevor er neuerlich in mich eindrang, preßte ich sein Glied so heftig, daß ich ein Stück Fleisch herausriß. Doch er kümmerte sich um all das überhaupt nicht und machte weiter. Er blieb lange auf mir liegen und beließ sein Glied in meiner Scham, bis er fertig war, dann zog er sich zurück.»

Es hat den Anschein, als beschreibe Artemisia mit jeder Einzelheit das große Werk, das sie bald malen wird: «Judith enthauptet Holofernes». Die Haltung ist minuziös angegeben: impulsive Gesten, das eine Gesicht von Schmerz, das andere von Lust gezeichnet. Fleisch und Blut: von der vergewaltigten Frau ebenso wie vom Mann, in einem Akt scheinbarer Verstümmelung. Und es drängt sich der Vergleich mit einer Tötung auf. «Als ich mich befreit sah», erklärt sie, «stürzte ich mich auf die Tischschublade, nahm ein Messer heraus, ging damit zu Agostino und sagte: ‹Ich werde dich mit diesem Messer töten, weil du mich entehrt hast.›» Mit dieser Waffe reproduziert sie an ihrem Vergewaltiger den männlichen Akt. Die Darstellung des Hergangs zeigt eine Serie von Symbolen: die zuvor zu Boden geworfenen Pinsel, das blutverschmierte männliche Glied, schließlich das Messer, das sie selber in die

Hand nimmt. Zugleich aber auch eine genaue Beschreibung des Malvorgangs: was er für eine Frau bedeutet, wie er ihr durch den Mann streitig gemacht wird, die Vitalität, die er verlangt.

Leben und Werk der Artemisia Gentileschi sind ein Kommentar zur Geschichte von Körper und Blut, von Schaffen und Blut. Sie zeigen auch, daß die kreative Fähigkeit der Frauen von den Männern wenn nicht als Verstümmelung, so doch zumindest als Infragestellung ihrer selbst begriffen wird.

«. . . Ich verletzte ihn ein wenig an der Brust, wobei freilich nur etwas Blut floß, denn ich hatte ihn kaum mit der Messerspitze gestreift.» Im übrigen läßt sich Agostino nicht so leicht schrecken. «Gebt mir die Hand.» (Diese Jungmädchenhand, die eben noch mit so viel Selbstsicherheit die Pinsel hielt.) «Ich verspreche Euch, Euch zu heiraten, sobald ich mich aus dem Labyrinth, in dem ich mich jetzt befinde, befreit habe.» Artemisia willigt ein, und das zu wiederholten Malen – selbst als sie erfährt, daß ihr Liebhaber bereits verheiratet ist. Doch die Fragen der Richter, die sich auf das verlorene Blut beziehen, werden dringlicher. «Als Agostino mich vergewaltigte, . . . hatte ich gerade meine Menstruation. Deshalb kann ich Euer Ehren nicht mit Sicherheit sagen, ob es an dem lag, was Agostino tat, daß aus meiner Scheide Blut floß, weil ich nicht genau wußte, wie diese Dinge vor sich gehen. Das Blut war tatsächlich röter als gewöhnlich, diese Feststellung trifft zu.» Merkwürdiges Detail, mit Maleraugen beobachtet. Faszination durch die Mysterien von Anatomie und Farbe.

Artemisia muß die gesamte Prozedur über sich ergehen lassen: Untersuchung durch die Hebammen Diambra und Caterina, die bestürzenden Zeugenaussagen, die ihr eine Menge unbekannter Tatsachen aus dem Leben ihres Liebhabers enthüllen. Durch Giovanni Battista Stiattesi aus Florenz erfährt sie mit den übrigen, was der verstorbene Furier Cosimo von ihr hielt: «Ich meinerseits hatte den Eindruck, daß Cosimo ebenfalls in Artemisia verliebt war; deshalb drang ich so lange in ihn, bis er mir von sich aus sagte: ‹Mischet Euch in die Geschichte nicht mehr ein, Stiattesi. Agostino ist ein überaus geschickter junger Mann; wenn der eine Frau haben will, braucht er nur zu wählen. Jene ist eine Nichtstuerin, frech und hirnlos, sie könnte ihn ruinieren.›»

Wie sollte man dieses Urteil nicht in Zusammenhang mit dem Beruf bringen, den Artemisia bereits als Siebzehnjährige ausübte? Sie ist keine Hausfrau. Im Atelier ihres Vaters trifft sie überdies mit anderen Malern zusammen. Unzweifelhaft hat sie auch zu anderen Männern Beziehungen gehabt, wie im Lauf des Prozesses überprüft wurde. Nichtstuerin durch ihren Beruf? Hirnlos durch ihr freies Auftreten? Stiattesi geht noch weiter. Er erinnert an den Abend im Karneval, an dem die Liebenden sich bei Cosimo einfinden, an das Tête-à-tête zwischen Artemisia und Agostino und was sie damals erfahren haben könnte: «... Agostino hatte eine Frau namens Maria ... sie ist mit einem Liebhaber durchgebrannt. Agostino hat mit viel Getöse nach ihr gesucht. Als ihm das mißlang, ist er dann, verzweifelt und gedemütigt, zu Schiff hergekommen in Begleitung der Schwester seiner Frau samt Ehemann. Sie haben ihre gesamte Habe mitgebracht und sich hier in Rom in einer gemeinsamen Wohnung einquartiert, wo sie miteinander lebten.» Da zeichnet sich der Verdacht auf ein Dreiecksverhältnis ab. «Wegen dieser Kohabitation wurde er des Inzests mit seiner Schwägerin beschuldigt ... Später habe ich von Agostino erfahren, daß er seine Frau hatte umbringen lassen, und auch die Antwortschreiben von Kaufleuten aus Lucca, Pisa und Livorno gesehen und darin mit eigenen Augen gelesen, daß seine Frau getötet worden ist.» So rundet sich das Bild des Mannes, von dem Artemisia trotz – oder wegen? – seiner schweren Vergehen nicht lassen kann.

Dieser Prozeß gleicht einem riesigen Gemälde, ins Räumliche übertragen. Alle Protagonisten sind auf ihrem Platz: die Schurken; der irgendeiner dunklen Mittäterschaft verdächtige Vater; die durch Bestechlichkeit oder Geltungssucht motivierten Zeugen; der Liebhaber, der Lehrer, der das Talent des Opfers förderte, Vergewaltiger mit dunkler, grauenerregender Vergangenheit, über die Geliebte gebeugter Mann, der sie nimmt, von einer blutigen Aureole umgeben. Und die deflorierte Jungfrau. Sie, die einst in paradiesischen Szenen posierte, für die ihr Vater, der Maler, Engelsflügel ersonnen hatte, durchlebt heute zitternd diese Zurschaustellung von lauter Schreckensbildern, die sie später detailliert in ihre sämtlichen Kompositionen übertragen wird.

«Ich weiß nicht, wer Maria getötet hat», fährt der Zeuge lakonisch fort, «aber nach den Worten Agostinos ist sie vor etwa drei Monaten in Mantua umgebracht worden.» Und Artemisia, die jenen Augenblick von Liebe und Gewalt mit Agostino ständig aufs neue durchlebt, erschauert insgeheim vor Freude, wenn sie von seiner verzehrenden Leidenschaft für sie erfährt. Er hat systematisch alle Heiratspläne mit jungen, ihrer würdigen Männern zum Scheitern gebracht: «Agostino ... hat mir im Vertrauen und ohne Scherz mehrfach gestanden, daß er keinen Bewerber ins Haus gelassen und dabei stets verkündet hat, Artemisia gehöre ihm und sonst niemand.» Grausamer Liebhaber und eifersüchtiger Dichter, hat er vor Artemisias Haus Wache halten lassen, hat sie mit Briefen und Sonetten überschüttet. In einem an Stiattesi gerichteten Schreiben bekennt er von Mann zu Mann seinen unermeßlichen Schmerz: «An meinem Leid trag ich allein die Schuld.»

Geschichte von Liebe, Verrat und Tod

Um den Wahrheitsbeweis für die Anklage anzutreten, willigt Artemisia ein, sich in Gegenwart von Agostino, der abstreitet, sie defloriert zu haben, den *sibilli* auszusetzen, einer damals gebräuchlichen Folterart, bei der die Finger immer fester abgeschnürt werden, bis die Gefolterten den Schmerz nicht mehr aushalten können und alles abschwören. Doch Artemisia bleibt stumm. Und Agostino, der sie gelehrt hat, in diesen nun malträtierten Fingern den Pinsel zu halten, wohnt der Folter bei: «... Der Kerkermeister, nachdem er Artemisia die Hände auf der Brust festgebunden hatte, justierte die Schnüre zwischen den Fingern gemäß den Sitten und Gebräuchen vor den Augen und angesichts des Beschuldigten ... als der Kerkermeister die Schnur immer fester anzog, sagte sie: ‹Es ist wahr! Es ist wahr! Es ist wahr!›» Artemisia wiederholt diese Worte dreimal. Und dann schleudert sie dem Verursacher ihrer Qual die Anklage einer Tragödin ins Gesicht: «Dies ist also der Ehering, den du mir schenkst, und das sind deine Versprechungen!»

Am Ende des sechs Monate dauernden Prozesses wird der Liebhaber 1612 verurteilt. Bald darauf heiratet Artemisia den florentinischen Maler Stiattesi, der als Zeuge gegen Agostino aufgetreten ist; dem sich beide Seiten voll anvertraut haben! Rätselhafte Artemisia! Welche Liebesgeständnisse konnte sie vom Freund ihres Vergewaltigers erwarten?

Artemisias Finger sind geheilt. Sie hat eine Tochter zur Welt gebracht. Sie ist berühmt. Seit 1619 steht sie in Verbindung mit Großherzog Cosimo II. von Medici, dem Kommandanten Cassiano del Pozzo, dem Herzog Francesco Este und richtet an sie die üblichen Briefe einer Künstlerin an ihre Gönner. Sie informiert sie über den Stand ihrer Arbeiten, überhäuft sie mit den obligaten Höflichkeitsfloskeln, die das Geschenk von ein oder zwei Bildern als Dankbarkeitsbeweis begleiten müssen, oder erbittet substantielle Beihilfe für die Weiterführung ihres Werks. So schreibt sie in einem Brief an Antonio Ruffo, einen bedeutenden Mäzen kalabrisch-sizilianischer Herkunft: «Zur Zeit fühle ich mich aus zwei Gründen behindert, einmal, weil ich Euer Bild schleunigst beenden muß, zum anderen, weil ich das dafür erforderliche Geld nicht auftreiben kann ... Die Kosten sind gewaltig wegen der unbedingt benötigten nackten Mädchen. Glaubt mir, Don Antonio, unter fünfzig, die sich entkleiden, findet sich kaum eine geeignete.»

Die Sprache Artemisias steht der ihrer männlichen Kollegen in nichts nach. Ihr persönliches Drama hat sie für die Situation der Frauen keineswegs sensibilisiert. In einem anderen Brief beklagt sie sich, daß sie sogar noch mehr Geld aufbringen muß, um ein männliches Aktmodell zu bezahlen. Für eine Frau ihres Jahrhunderts stellte es einen extremen Freiheitsbeweis dar, sich so weit vorzuwagen.

Artemisia kämpft unaufhörlich. Sie kämpft, um die Aufmerksamkeit der Mächtigen auf sich zu ziehen und sie zu behalten. Sie kämpft um die Gewährung einer Mitgift, mit deren Hilfe sie ihre Tochter verheiraten kann. Sie verläßt ihren Mann und kämpft, zumindest offiziell, darum, als Frau allein zu leben. Sie kämpft, um ihrer Familie, Vater und Brüder eingeschlossen, Wohlstand zu sichern. Sie kämpft schließlich darum, als bedeutende Malerin anerkannt zu werden, und schafft das alles mit Bravour.

Im Jahre 1635 folgt sie ihrem Vater nach England, um sich in den Dienst des Königs zu begeben. Sie bleibt dort bis zum Tod von Orazio Gentileschi. Diese verworrene Bindung, die zwischen ihnen besteht und die zweifellos den Ausgangspunkt für den Prozeß bildete, erneuert sich in diesem fernen Land, wo sie ihr «Selbstbildnis als Allegorie der Malerei» malt (Englische Privatsammlung). Aus der Vater-Tochter-Bindung entsteht dieses Bild der Frau, die geworden ist, was sie jetzt ist, durch denjenigen, der sie zweimal erschaffen hat: indem er sie zeugte und dadurch, daß er sie zur Malerin machte. Artemisia hat sich auf diesem Bild vor der Leinwand dargestellt, den Oberkörper geneigt, in der Linken die Palette, in der Rechten – der gefolterten Hand – den Pinsel. Der Ärmel des Kleides ist hochgestreift, der rechte Unterarm nackt. Das Gesicht spiegelt jugendliche Vitalität wider, das Haar fällt locker über Schläfen und Stirn. Um den Hals eine dünne Kette aus roten Perlen. Rotes Blut . . .

Im Gegensatz dazu zeigt Artemisia auf ihrem Bildnis der Kleopatra (Museum Genua) eine Gestalt in ihrer vollen Kraft und reifen Schönheit, die sich den Blicken preisgibt, wie zweifellos kurz zuvor ihrem Geliebten, wohlig erschöpft, schläfrig.

Zu den von ihr gemalten mythologischen Themen gehört auch «Venus und Cupido» (Privatsammlung Schweiz), ein vieldeutiges Bild, auf dem zu dem sehr weiblichen Körper der Venus ein sehr jugendliches, eher männliches Gesicht gehört; auf dem der Knabe Cupido sich in einer Umarmung an sie klammert, die den Gedanken an Inzest nicht nur nahelegt, sondern ihn bestätigt. Eine Mutter und ihr Sohn tauschen einen Kuß in den Draperien eines Bettes von düsterer Pracht, ihre beiden Gesichter einander so ähnlich, so nahe – zwei Spiegelbilder.

Die Themen aus dem Evangelium sind nicht minder zweideutig. So ihre beiden Darstellungen der «Maria Magdalena». Die eine, schöne Büßerin, Zeitgenossin Artemisias, präsentiert sich mit gesenkten Augen, aufgelösten roten Haaren, lässiger Handhaltung; auf den Lippen ein Lächeln, von dem sich nicht sagen ließe, ob es auf wiedergefundenem Seelenfrieden beruht oder durch die Erinnerung an unvergessene Sünden hervorgerufen wurde (Kunsthistorisches Museum, Wien). Die zweite, sorgfältig frisiert wie eine Dame von Stand, scheinbar in einem intimen Augenblick überrascht, konnte sich noch nicht wieder vollständig ankleiden und wendet sich dem Betrachter zu, eine Hand auf die üppige weiße Brust gelegt (Palazzo Pitti, Florenz). Verführerische Schamhaftigkeit oder Reue über den Hang zum Luxus, den Stoffe und Möbel zu bezeugen scheinen?

Unter den alttestamentarischen Motiven ist das Gemälde «Esther und Ahasveros» nicht minder vieldeutig (Metropolitan Museum, New York). Dem Zeitgeschmack entsprechend tragen die Figuren Kleidung des 17. Jahrhunderts. Artemisia befolgt stets die Regeln, die ihr das auszudrücken gestatten, was ihre Epoche sonst nicht verstehen könnte. Esther fällt vor dem verliebten König in Ohnmacht, von ihren Frauen gestützt und um so begehrenswerter und bereits um so siegreicher, da sie Schwäche zeigt. In einer angedeuteten Bewegung ist der König im Begriff herbeizueilen, um sie zu halten. Würde man nicht den Titel des Bildes kennen, könnte es sich bei der Art der Darstellung ebenso um die Präliminarien zu einer Vergewaltigung handeln.

«Susanna und die Greise» (Sammlung Schönborn, Pommersfelden) zeigt eine andere, weitaus häßlichere Szene in der Beziehung zwischen den Geschlechtern, wie Artemisia Gentileschi sie sieht. Die sitzende junge Frau stößt die beiden lüsternen Greise zurück, in düsteren Farben gemalte Gestalten, wobei das Geschlecht Susannas nur noch mit einem dünnen weißen Schleier verdeckt ist. Ihr angstverzerrtes Gesicht drückt Schmerz und Ekel aus; der Körper ist verletzlich durch seine Blöße, vor allem aber durch die Begierde, die er erweckt.

Hier handelt es sich unzweifelhaft um einen kritischen Aspekt. Gelehrte und Zeitgenossen der Gentileschi, etwa Ambroise Paré und Antoine Liebault, beginnen die flagranten Mißstände in Ehen mit eklatanten Alters- und Temperamentsunterschieden anzuprangern. Liebault, Wegbereiter der Gynäkologie und Geburtshilfe, ist verheiratet mit Olympe Estienne, Verfasserin von «Misères de la Femme mariée» («Leiden der verheirateten Frau»). Welche Leiden? Man denke beispielsweise an Jacques Ferrant, der 1625 «La Maladie d'Amour ou Mélancholie Erotique» («Liebeskrankheit oder erotische Melancholie») veröffentlichte. Ihm zufolge ist die Frau mehr als der Mann den «Seelenregungen, der Brutalität des Verlangens, der Gewalttätigkeit der Lust» ausgeliefert, doch ihr Genuß «besitzt nicht die gleiche Intensität wie der des Mannes». Keineswegs lediglich Illustrationen zu mythischen Szenen, sind diese Bilder der Gentileschi Kommentare und Stellungnahmen zu Sitten und Erotik ihrer Zeit.

Vollendete Rache

Von allen Heroinen, die Artemisia inspirierten, stand ihr die Judith des Alten Testaments zweifellos am nächsten. Die Bibel berichtet davon wie folgt: Alles begann im zwölften Regierungsjahr des Nebukadnezar, da er der «Herr der Welt» war und die Götter der Erde zunichte machen und selber als Gott angerufen werden wollte. Gegen die rebellischen Völker entsandte er sein gewaltiges Heer, an dessen Spitze der Feldhauptmann Holofernes stand. Die Söhne Israels leisteten Widerstand, bis Holofernes ihnen die Wasserzufuhr abschnitt und sie bald von Durst entkräftet waren.

Bei den Hebräern gab es damals eine junge Frau, schön und reich, die Witwe von Manasse, bekannt für ihre Frömmigkeit und Weisheit. Sie wies den Gedanken an Niederlage weit von sich und bat die Ältesten, das Handeln ihr zu überlassen. Sie griff zu einer verblüffenden Kriegslist.

Mit ihrer Magd, der sie einen Korb mit Früchten und Geschenken gefüllt hatte, begab sie sich, angetan mit ihrem schönsten Geschmeide, in das Feldlager des Holofernes. Mit ihrer Schönheit schlug sie die Soldaten in Bann, die sie zunächst anhielten, und gab vor, sich in den Willen Nebukadnezars fügen zu wollen. Man führte sie zu Holofernes, der ebenfalls von der Schönheit der jungen Frau hingerissen war und versprach, ihr Schutz zu gewähren.

Judith blieb drei Tage im Lager. «Und des Abends ging sie hinaus in das Tal vor Bethulia und wusch sich im Wasser.» In der vierten Nacht lud Holofernes sie in sein Zelt ein. «Und sie stand auf und schmückte sich und ging hinein vor ihn und stand vor ihm. Da wallte dem Holofernes sein Herz; denn er war entzündet mit Begierde nach ihr ... Und sie aß und trank vor ihm, was ihr ihre Magd bereitet hatte. Und Holofernes war fröhlich mit ihr und trank so viel, wie er nie getrunken hatte sein Leben lang. Da es nun sehr spät ward, gingen seine Diener hinweg in ihre Gezelte; und sie waren allesamt trunken.»

Holofernes lag berauscht auf seinem Lager. Da nahm Judith das Schwert des Holofernes, ergriff ihn am Schopf und «hieb zweimal in den Hals mit aller Kraft und schnitt ihm den Kopf ab». Danach ging sie hinaus und gab das Haupt des Holofernes ihrer Magd und hieß sie es in den Korb tun, der zuvor mit Lebensmitteln gefüllt war. Danach machten sie sich gemeinsam auf den Weg ins Tal, ohne von den Wachen belästigt zu werden.

Judith überbrachte den Hebräern ihre Trophäe, um sie an den Zinnen der Stadtmauer aufzuhängen. Beim Angriff sahen die feindlichen Soldaten voller Schrecken das Haupt ihres Feldherrn zur Schau gestellt. Markerschütternde Schreie des Kämmerers Bagoas ertönten, als er im Zelt den enthaupteten Leichnam seines Herrn entdeckte. Von panischer Angst erfaßt, ergriffen die Heerscharen des Nebukadnezar die Flucht. Der Sieg der Hebräer war gesichert.

Drei Bilder von Artemisia Gentileschi illustrieren diese dramatische Geschichte aus den apokryphischen Büchern. Das erste trägt den Titel «Judith und ihre Magd» (Palazzo Pitti, Florenz). Es zeigt zwei junge und schöne Frauen, beider Köpfe in die gleiche Richtung gewandt, sicherlich zum Lager des Holofernes. Judith hält das Schwert in ihrer Rechten. Auf dem Gemälde «Judith im Bade» (Nationales Photographisches Kabinett, Rom) ist das Gesicht zum Himmel erhoben. Das Bad erscheint hier als Reinigungsakt, den sich Judith auferlegt, weil sie gezwungenermaßen auf heidnischem Boden lebt. Sie hat gerade die befreiende Tat ausgeführt. In der einen Hand hält sie das Schwert, in der anderen das Haupt des Holofernes.

Auf diesen beiden Bildern ist Judith als Frau von großer Körperkraft dargestellt, mit kräftigem Hals, starken, festen Armen, eine reife, anziehende Erscheinung. Jedesmal hat sie gerade eine Tat ausgeführt, die in einer ausweglosen Lage die einzige Lösung zu sein schien. Das dritte Bild schließlich zeigt sie bei der Durchführung des Mordplans: «Judith enthauptet den Holofernes» (Uffizien, Florenz).

Judith ist noch mit den verführerischen Kleidern geschmückt, wie sie die Zeitgenossinnen der Gentileschi bei solchen Anlässen zu tragen pflegten – der Realismus legt keinen Wert auf historische Genauigkeit: goldenes Gewand mit aufgekrempelten Ärmeln, kunstvoll gearbeitetes Armband. Aus dem tiefen Dekolleté quillt ein üppiger Busen. Das Gesicht tritt voluminös und plastisch hervor, das Antlitz einer reifen Frau mit leicht derangierter Frisur. Die eine Hand hat die Haare gepackt, um den Kopf besser nach hinten ziehen zu können; in der anderen hält sie das Schwert, mit dem sie ihm die Kehle durchschneidet. Neben ihr die Magd, ihr Gesicht ist derber, aber auch jünger, sie bemüht sich angestrengt, den sich aufbäumenden Körper, den linken Arm, der sich zu wehren versucht, in Zaum zu halten. Von den Augen der drei Figuren sind nur die des Holofernes zu sehen: entsetzt, von blankem Haß erfüllt. Seine vom Laken und der purpurroten Decke kaum bedeckten Beine spreizen sich wie die einer Wöchnerin. Blut rinnt über das prunkvolle Lager, spritzt aus der durchschnittenen Kehle. Unreines Blut – unheilbringend? – wie das der Menstruation und diesmal aus dem Mann quellend?

Artemisia hat es offensichtlich genossen, als sie diese Szene mit einer Präzision, einer Detailgenauigkeit malte, die gleichermaßen für Kunstfertigkeit wie für Sadismus sprechen. Holofernes hat die Beine genau so gespreizt, wie Tassi die ihren auseinandergezwängt hatte. Wie er ihr den Mund zugedrückt hatte, um sie am Schreien zu hindern, so hält sie nun den Kopf ihres Opfers fest, ihre Faust unmittelbar neben seinem flehend aufgerissenen Mund. Keinerlei mystische Umsetzung in dieser Darstellung von zwei Frauen, die im Begriff sind, einen Mann zu ermorden. Die eine ist einfacher Herkunft, mit der Gestik eines Mädchens vom Land; die andere Aristokratin, mit der Akribie einer Uhrmacherin. Hier erfüllt sich die Rache der Artemisia, richtet sich gegen Tassi, gegen den sich erst irgendwie als Kuppler betätigenden und dann empörten Vater, gegen den gefälligen Zeugen und künftigen Ehemann. Sie beschwört nicht nur die Tortur der *sibilli* herauf, den mit der Angst vor abgestorbenen Fingern verknüpften Schmerz. Sie verrät vielmehr symbolisch, und das mitten im 17. Jahrhundert, die geheime Lust einer Malerin, der es geglückt ist, den Schaffensakt mit dem Tötungsverlangen zu verschmelzen. Während das Bild die beiden Komplizinnen einer Bluttat zeigt, liegt die Stärke der Gentileschi darin, sich unumwunden, ohne Scheinmanöver, über das Vergnügen zu äußern, das sie dabei empfinden. Dieses Werk illustriert eine Episode aus dem Alten Testament nur zu dem einen Zweck, sie sich anzueignen, ihr ungeahnte Deutung zu verleihen.

Artemisia Gentileschi erwirbt sich zu Recht in ganz Europa den Ruf einer außergewöhnlichen Malerin. Selbst Caravaggio hat es nicht vermocht, das Thema Judith mit der gleichen «Muskelkraft», wie man es nennen könnte, zu behandeln wie Artemisia.

Laut Roberto Longhi war sie «die einzige Frau in Italien, die gewußt hat, was Malerei ist» – Kritikerroutine, die darin besteht, sich in geschliffene Formulierungen zu flüchten und unter dem Vorwand, die eine gelobt zu haben, die anderen zu übergehen oder zu verkennen.

Dem Zeitgeschmack entsprechend beziehen die damaligen Malerinnen die Anregungen für ihre Bilder weitgehend aus der antiken Mythologie. Um freilich mit Vehemenz von Leben und Tod zu künden.

Elisabetta Sirani

Elisabetta Sirani (1638–1665), fast ein halbes Jahrhundert nach der Gentileschi geboren, läßt sich wohl als ihre Erbin bezeichnen. Als die Siebenundzwanzigjährige unter ungeklärten Umständen starb, gab dieser mysteriöse Tod postum Anlaß zu einem spektakulären Prozeß. Den Gedanken an einen «natürlichen» Tod lehnte ihr Vater kategorisch ab. Überzeugt, daß seine Tochter von einer der Mägde vergiftet wurde, stürzte er sich in ein endloses und aufreibendes Gerichtsverfahren. Die Dienerin wurde nach ungezählten Verhören schließlich freigesprochen, aus Mangel an Beweisen und eines Schuldgeständnisses. Trotzdem blieben die Zweifel bei Vater Sirani bestehen; er verlangte eine Autopsie, die einen vielfach durchlöcherten Magen ergab, vielleicht durch Geschwüre. Das Drama wurde nie aufgeklärt.

Elisabetta Sirani hat in der Geschichte der italienischen Malerei einen bleibenden Platz als eine Art Wunderkind. Anfangs hatte ihr Vater, ein bekannter Maler aus Bologna, keinerlei Absichten bekundet, sie in seinem Metier zu unterrichten. Als Älteste von vier Kindern hatte Elisabetta Harfe spielen gelernt, sie las und schrieb Gedichte, sang, studierte die Bibel und Mythologie und zeigte Zeichentalent. Carlo Cesare Malvasia, damals ein berühmter Schriftsteller und Freund ihres Vaters, drängte diesen, sie als Malerin auszubilden.

Als Siebzehnjährige führte sie Auftragsarbeiten und bedeutende Kompositionen aus. In zehn Schaffensjahren malte sie nicht weniger als hundertsiebzig Bilder. Ihr Talent erregte Bewunderung bei ihren Zeitgenossen, ihre Jugend verblüffte. Malvasia, der sie mit Elogen überschüttete, und mit ihm Mäzene und Sammler, die vor Begeisterung außer sich gerieten, bekamen schließlich Zweifel. Konnte denn eine so junge Frau ganz allein derart anspruchsvolle Werke geschaffen haben? Denn Elisabetta beschränkte sich nicht nur auf Porträts, sie malte auch Allegorien und religiöse Themen.

Elisabetta Sirani fehlte es nicht an berechtigtem Stolz und an Temperament. Sie war gerade sechsundzwanzig, als sie, durch die zweifelnden Anspielungen verärgert, Kunsthistoriker, Kritiker und Sammler in ihr Atelier bat, um ein für allemal mit ihren Verdächtigungen Schluß zu machen. Am 13. Mai 1664 fanden sie sich dort inmitten von Leinwänden, Pinseln und Staffeleien ein. Ein Modell war eigens herbeizitiert worden. In einer einzigen Sitzung malte Elisabetta das Porträt. Den Lästermäulern blieb nichts weiter übrig, als die Tatsachen hinzunehmen.

Ihr Vater, hocherfreut über den Ausgang und die Beseitigung sämtlicher Zweifel, zeigte nun sein wahres Gesicht. Nachdem Giovanni Andrea Sirani, ein echter Tyrann, den Beweis für Talent und Arbeitstempo seiner Tochter bekommen und den finanziellen Wert, den sie darstellte, erkannt hatte, drängte er sie unablässig, immer mehr und immer schneller zu produzieren. Elisabetta durfte nicht die kleinste Summe für sich behalten; ihr Vater nahm ihr alles weg, ein von der Gicht gekrümmter Greis, der seine Pinsel nicht mehr halten konnte. Er verbot ihr zu heiraten, als sie den Wunsch äußerte. Elisabetta wurde Familienoberhaupt. Das wirft ein trübes Licht auf die Motive, die ihn nach ihrem Tod dazu bewogen, einen Mordprozeß anzustrengen.

Elisabetta Sirani erwarb sich auch als Lehrerin einen guten Ruf. Der Erfolg ihrer «Schule der Malerei für Frauen» förderte bei ihren Zeitgenossinnen den Willen zu lernen und zu schaffen. Standespersonen frequentierten sie, die sich weder mit ihrem Adelstitel noch mit der Rolle der «großen Dame» zufriedengeben wollten, die sie innehatten oder die ihnen abverlangt wurde. Elisabetta gab ihre Kenntnisse auch an ihre beiden jüngeren Schwestern weiter, Anna Maria und Barbara, die später ebenfalls erfolgreich wurden.

Sie befaßte sich auch mit Kupferstecherei, fand aber trotz ihrer Vorliebe für diese künstlerische Ausdrucksform nicht genügend Zeit dafür. Die Porträtaufträge wurden immer zahlreicher, und ihr Vater überwachte gierig die «Produktion» seiner Tochter. Möglicherweise war der frühe Tod von Elisabetta Sirani lediglich auf totale Erschöpfung zurückzuführen.

Die Beisetzung fand unter großem Gepränge statt. Bolognas bedeutendste Persönlichkeiten hielten Grabreden. Ein einheimischer Künstler erhielt den Auftrag, einen Katafalk zu gestalten: In der Mitte eines Ruhmestempels sitzt die junge Frau malend an ihrer Staffelei.

Zu den bekanntesten Werken der Sirani zählt zweifellos eine Zeichnung; sie zeigt einen Jungen, der von einem Krebs gezwickt wird. Experten zufolge soll sie Caravaggio zu seinem «Knaben, von einem Krebs gebissen» inspiriert haben. Das heißt, der große italienische Maler ist mehr als einmal von Frauen beeinflußt worden: ob Artemisia Gentileschi oder Elisabetta Sirani – beide waren ihm nicht wesensfremd.

Zumindest ein Bild der Sirani rückt sie stark in die Nähe der Artemisia Gentileschi, nämlich «Porcia verwundet sich am Schenkel». Das Bild zeigt eine Episode aus «Das Leben des Brutus» von Plutarch. Brutus weigerte sich, seine Frau in seinen geheimen Plan, Julius Caesar zu ermorden, einzuweihen, mit der Begründung, Frauen könnten nicht den Mund halten. Porcia reagierte stoisch: Um ihrem Mann zu beweisen, daß er sie unterschätzte, ergriff sie einen Dolch und stieß ihn sich in den Oberschenkel; wenn sie, ohne mit der Wimper zu zucken, diesen Schmerz zu ertragen vermochte, dann konnte sie auch über eine Verschwörung Stillschweigen bewahren.

Wiederum wird auf dem Gemälde einer Frau eine Heroine dargestellt, die mit dem gleichen Mut handelt wie ein Mann und einen Gewaltakt begeht, der einer Selbstverstümmelung entspricht. Für welche heldenhafte Frauengestalt sich die Malerinnen im 17. Jahrhundert auch entscheiden, ob Judith oder Porcia, das Modell ist von einem körperlichen Gewaltakt gezeichnet. Daß Porcia sich den Schenkel durchbohrt, daß zwischen ihren Beinen Blut rinnt, ist keine naive Effekthascherei, sondern ein flammender Aufschrei.

Porcia hat den Fuß unbekümmert auf den Prunksessel gestellt, sie spreizt die Beine und hält den Arm hoch; der drohend geschwungene Dolch ist unverkennbar ein sexuelles Symbol. Obwohl sie sich gerade den Oberschenkel durchbohrt hat, bleibt ihr Gesicht unbewegt, ein schönes, geneigtes Antlitz, das, für sich allein genommen, zu einer Heimsuchung Mariä oder einer büßenden Maria Magdalena gehören könnte. Damit dominiert der Eindruck eines sakralen Zusammenhangs; es handelt sich weder um einen unmotivierten noch um einen impulsiven Akt, der die Wunde verursacht, sondern um eine Opfergeste; der Lustfaktor spielt ebenfalls eine Rolle.

Elisabetta Sirani, die nicht einmal dreißig Jahre alt wurde, hat mit dem strahlenden Glanz, der die ganze Person der Porcia leuchten läßt, das gesagt, was die Geschichte von Kunst und Frauen nie aufhört zum Ausdruck zu bringen.

Teamwork und Brotkunst

Während sich einige wenige herausragende Künstlerinnen emanzipieren, bleibt der Beruf für die überwiegende Mehrzahl ein Handwerk und wird häufig wie beim Drucker oder Goldschmied innerhalb des kleinen Familienbetriebs ausgeübt. Vater, Mutter, Söhne und Töchter, manchmal auch Schwiegersöhne und -töchter arbeiten im gleichen Atelier. Alle müssen produzieren, auch wenn die Töchter unter der mütterlichen oder väterlichen Aufsicht verbleiben, die Frau dem Ehemann untersteht.

Der Maler ist damals kein kreativer Einzelgänger, er arbeitet in der Gemeinschaft. Tizian, einer der Größten, zieht seine Töchter zur Mitarbeit heran. Man praktiziert Arbeitsteilung; der Meister behält sich die «erste Wahl» vor, die Teile des Bildes, welche die beste Technik erfordern; die Lehrlinge vollenden es, wobei sich jeder spezialisiert, der eine auf die Wiedergabe von Stoffen, der andere auf Tiere, wieder ein anderer auf dekorative Elemente, Mobiliar etc.

Nun verweist eine solche familiäre Beziehung die Frau nicht zwangsläufig in eine untergeordnete Position. Man denke zum Beispiel an Marie Bessemers, die als Malerin den Namen Mayken Verhulst führte, im 16. Jahrhundert lebte und die Lehrerin von Jan Bruegel war – dem sogenannten Samt-Bruegel! Oder auch an die Miniaturmalerin Justine Ayrer, Anfang des 18. Jahrhunderts geboren, Tante und Lehrerin von Daniel Nikolaus Chodowiecki (1726–1801).

Oft kopieren die Frauen auch bekannte Werke, machen Kupferstiche, ernähren damit die ganze Familie. So hatte im 17. Jahrhundert der Maler Jacques Stella drei Nichten, die Schwestern Bouzonnet, die seine Schülerinnen waren. Sie fertigten Stiche an nach den Werken ihres Onkels. Françoise und Antoinette Bouzonnet stellten vorwiegend Serien religiöser Stiche her, ihre Schwester Claudine wiederum reproducierte die Bilder von Poussin. Auf diese Weise wurden Kunstwerke, die den reichen Mäzenen gehörten, vervielfältigt und zu annehmbaren Preisen unter den großen Familien von Adel und Bourgeoisie verbreitet. Die Bouzonnets erwarben sich einen so guten Ruf, daß ihnen eine der Wohnungen im Louvre eingeräumt wurde. In ihrer Serie «Pastorale» signierte Claudine auch einen der Stiche, hergestellt nach einem Bild von Jacques Stella mit dem Titel «Brautzeit». Er zeigt die Verlobung von zwei jungen Leuten, die sich trotz des höchst offiziellen Charakters in der weiträumigen Küche eines stattlichen Bauernhofes abspielt. Ein Notar thront auf einer Bank und nimmt das ausgetauschte Gelöbnis zu Protokoll. Im Hintergrund sind die Mägde mit der Vorbereitung des anschließenden Festmahls beschäftigt. Üppige Obstkörbe bekunden die Wohlhabenheit der beiden Familien. Im Kamin brennt ein munter loderndes Feuer. Hier ist das Kunstwerk zugleich ein wertvolles Zeitdokument.

«Angewandte Kunst» war eine geläufige Praxis unter den Malern, die sich regelmäßige Einkünfte sichern mußten, während sie auf lohnendere Aufträge warteten. So konnte sich jeder, der die Technik der Reproduktion beherrschte, auf Porzellanmalerei und Glasschneiderei spezialisieren, wie etwa Anna Cecilia Hamerani (1642–1678). Sie gravierte biblische Darstellungen in Glas auf Kandelabern Gentilis in der Peterskirche in Rom. Ihre Schwester Beatrice war Medailleurin. Immer noch bleiben die Frauen in ihrer kreativen Tätigkeit weitgehend auf bestimmte Gebiete beschränkt.

Symbole kirchlicher und weltlicher Macht

Die berühmtesten Malerinnen wie Artemisia Gentileschi und Lavinia Fontana jedoch hatten sich nicht nur an mythologische, sondern auch an biblische Szenen gewagt, Gesichter aus dem Neuen Testament «wiedergegeben». Ihrem Beispiel folgte Barbara Longhi (1552–1638), die das Bild «Maria mit dem Kind und Johannes» malte (Staatliche Kunstsammlungen, Dresden). Von dieser Zeitgenossin Lavinia Fontanas ist lediglich bekannt, daß sie als Tochter von Luca Longhi in Ravenna geboren und dessen Schülerin wurde.

Fern von Italien malt die Niederländerin Susanna van Steenwyck Kircheninterieurs («Inneres einer gotischen Kirche», Gemäldegalerie Dessau). Ein weiterer Schritt ist getan; denn ihr Werk läßt sich weder als Interieur noch als symbolisch kategorisieren. Hier hat die Malerin Architekturformen umgesetzt: monumentale religiöse Kunst. Bisher den Männern vorbehalten, wird sie von einer Frau mit mathematischer Genauigkeit ausgeübt – der bezeichnende Wechsel von Mauerwerk und Vertiefungen, von massiven und luftigen Elementen, die ein Spiel von Licht und Schatten bilden, belegen dies.

Fortan verstehen sich die Frauen darauf, die Symbole der religiösen Macht ebenso zu meistern wie die der weltlichen. Als Porträtistin von Fürstlichkeiten schuf Maria van der Laeck ein umfangreiches Œuvre, das anfangs ihrem Vater zugeschrieben wurde. Das Bild, das sie von «Leopold von Anhalt-Dessau als Kind» malte (Gemäldegalerie Dessau), zeigt ihn in kindgemäßer Kleidung, aber mit dem Hut des künftigen Erwachsenen. Neben dem Jungen ein Hund, auf dessen Kopf die kleine Faust gebieterisch ruht. Die Darstellung der Macht erfordert malerisches Können, selbst wenn man verdeckt vorgeht.

In der Schweiz stellt Anna Waser (1678–1714), auch sie ein echtes Wunderkind, das auf ihre Art unter Beweis. Ihr mit zwölf Jahren geschaffenes Selbstbildnis ist berühmt (Kunsthaus, Zürich). Sie hat sich in einem gestickten Mieder, beim Malen des Porträts ihres ersten Lehrers, Johann Sulzer, dargestellt, wobei sie offenbar innehalten muß und sich in steifer, unnatürlicher Pose dem Betrachter zuwendet. Palette und Pinsel markieren deutlich den Stolz, den das Mädchen beim Malen empfindet: Sie sind gleichsam Attribute ihrer Macht. Später hat Anna Waser eine Silberstiftzeichnung geschaffen mit dem Titel «Das weibliche Ideal» (Staatliche Museen, Berlin). «So wie die Gesundheit das Paradies für den Körper ist, so ist die Liebe Gottes das Paradies für den Geist», schrieb sie über das im Profil gezeigte lächelnde Gesicht. Keinerlei Gemeinsamkeit zwischen dieser These einer Moralpredigerin und dem beunruhigenden Selbstporträt des braunhaarigen Kindes mit der enganliegenden schwarzen Kappe, dem durchdringenden Blick und dem zusammengebissenen Mund, das sie uns hinterlassen hat.

Anna Waser, depressiv geworden, stirbt mit dreiunddreißig Jahren an den Folgen eines Sturzes. Die Geschichte ihrer Melancholie steht in den Gesichtern dieser beiden gegensätzlichen Bildnisse geschrieben. Das eine verschlossen wie ein verbotener Raum, das andere «ideal» mit gewelltem Haar, geöffneten Lippen, vertrauensvoll erhobenen Augen.

Verbotene und verschlossene Räume: Frauen wie Männer behandeln jetzt fast alle Themen, wenn auch nicht unterschiedslos. Eines dieser Themen, das traditionell erscheinen könnte, ist zweifellos die Darstellung häuslicher Szenen. Ein Vergleich zwischen dem Ambiente eines ländlichen Familienfestes wie etwa auf dem Gemälde «Brautzeit» und einem der zahlreichen Selbstbildnisse zeigt, daß die Malerinnen sich nie als Hausfrau, Gattin oder Mutter darstellen, sondern eben als Malerin.

Wo die Angehörigen – Eltern, Brüder, Schwestern, Kinder – bei ihren verschiedenen Aktivitäten zu sehen sind, spielen sie Schach, musizieren, lesen, vergnügen sich mit ihrem Lieblingstier; die Frau aber, die sich als weiblich geltenden Arbeiten und Aufgaben widmet, stammt stets aus einer unteren sozialen Schicht. Die mit Kochen, mit Hausarbeiten befaßten Mägde unterscheiden sich nicht nur durch die Körperhaltung – vorzeitig abgenutzte, verkrümmte Gliedmaßen, kein stützendes Korsett, ausgelaugt vom mühseligen Einerlei –, sondern auch durch die zweckentsprechende Gebrauchskleidung.

Geertruydt Roghman ist vielleicht unter den Künstlerinnen ihrer Zeit diejenige, die diesen Frauentyp am schärfsten und gewagtesten dargestellt hat. Ihr «Küchenmädchen» (Kunstsammlungen Veste, Coburg) – ein Kupferstich – befindet sich in einer bürgerlichen Umgebung, hinter einem Fenster mit rechteckigen, gleichmäßig zugeschnittenen, nahezu undurchsichtigen dicken Scheiben; Licht dringt nur gedämpft herein, die Magd ist überdies zum Fenster gewandt, über einen Backtrog gebeugt, in dem sie einen Teig knetet, in angestrengter, krummer Haltung, das Haar in die Stirn hängend, die linke Hand auf den Tisch gestützt. Daß Geertruydt Roghman ihr Modell nicht en face zeigt, stellt für die damalige Zeit eine Neuerung dar. Die Künstlerin hat sich an heikle Körperpartien gewagt: den Rücken, das breite, müde Hinterteil eines Mädchens aus dem Volk. Handelte es sich nicht um eine Person von niederem Stand, würde man die Darstellung als indezent werten. Das Bild ist meilenweit entfernt von den eleganten allegorischen, ins Göttliche überhöhten Akten aus der griechischen Mythologie. Das «Küchenmädchen» repräsentiert lediglich einen Körper, beherrscht von physischer Arbeitskraft. Weder ihr Blick noch ihre Augen – «Sitz der Seele» – sind für die niederländische Künstlerin des 17. Jahrhunderts von Interesse.

Was die von Frauen selten behandelten Kriegs- und Schlachtenszenen betrifft, so bildet Johanna Sibylla Küsel (1650–1717) hier eine bemerkenswerte Ausnahme. Sie stammt aus einer Augsburger Graveurfamilie und heiratete einen Graveur namens Krauss – was ihr gelegentlich die Bezeichnung Kraussin eingetragen hat. Ihre Radierung «Die Schlacht von Barcan» (Kunstsammlungen Veste, Coburg) nach einem Gemälde von Le Clerc überrascht nur durch das Thema. Mehr Interesse verdient dagegen ihre Rötelzeichnung «Orientalischer Krieger» (Staatliche Museen, Berlin), die einen jungen und kampfbereiten Mann darstellt, mit Turban und sehr jugendlichem, femininen Gesicht. Es erhebt sich die Frage, was die Künstlerin zu solchen Werken bewogen haben mag, denn einer Frau wird doch gemeinhin unterstellt, daß sie den Krieg nur als Unglück beklagt.

Immer wieder taucht die Frage auf: Haben diese Malerinnen ihre Modelle mit anderen Augen gesehen als die Männer? Haben sie in den Ateliers, weit davon entfernt, ihre persönlichen Eigenarten ausleben zu können, den behandelten Sujets gegenüber eine andere Sensibilität an den Tag gelegt? Gewiß, es hat jene gegeben, die sich selbst, mit weiblichen Tätigkeiten beschäftigt, darstellten, auch jene, die perfekt und talentiert ihren Lehrmeistern nacheiferten, aber es gab keine entscheidenden Unterschiede.

Wie sollte damals auch eine Frau den weiblichen oder männlichen Akt studieren, erfassen? Man weiß, daß den meisten von ihnen keine männlichen Modelle zur Verfügung standen. Sich allein mit einem Mann im gleichen Raum zu befinden, geschweige denn mit einem nackten, konnte ihren Ruf ruinieren! Einige setzten sich unerschrocken über das Tabu hinweg, leisteten sich Aktmodelle – dank des Ruhms und der klingenden Münze, die ihnen ihr Talent einbrachte. Sie waren freilich dünn gesät, und die Mehrzahl verzichtete darauf. Und was ist über die Frauen zu sagen, die sie darstellten? Als Malerinnen kannten und anerkannten sie die von Männern definierten Schönheitsregeln und hielten sich daran.

Im 17. Jahrhundert kam die Üppigkeit wieder zu ihrem Recht, während im ganzen Mittelalter der ideale Frauentyp eher schmächtig war. Im Jahr 1536 stellt Morpugo in seinem *Costume delle donne* die Liste der dreiunddreißig Vorzüge auf, mit denen die Frau ausgestattet sein soll:

«Drei lange: die Haare, die Hände und die Beine
Drei kleine: die Zähne, die Ohren und die Brüste
Drei breite: die Stirn, der Oberkörper und die Hüften
Drei schmale: die Taille, die Knie und ‹die Stelle, wo die Natur alles, was süß und sanft ist, untergebracht hat›

Drei große (aber ‹wohlproportioniert›): die Statur, die Arme und die Oberschenkel
Drei dünne: die Brauen, die Finger, die Lippen
Drei runde: der Hals, die Arme und der . . .
Drei zarte: der Mund, das Kinn und die Füße
Drei weiße: die Zähne, die Kehle und die Hände
Drei rote: die Wangen, die Lippen und die Brustwarzen
Drei schwarze: die Brauen, die Augen und ‹ihr wißt schon› . . .»

Artemisia Gentileschi, Lavinia Fontana, Barbara Longhi haben alle diese Regeln beachtet. Mehr noch, sie haben sie bis in ihre Selbstbildnisse umgesetzt, unbeirrt von der Schärfe des Blicks, vom Anspruch der Ausführung. Die einzigen Frauen in ihren Bildern, die nicht diese perfekten Merkmale aufweisen, sind im allgemeinen Bäuerinnen und Mägde.

Hätten die Frauen den weiblichen Körper besser, realistischer darstellen müssen? Manche haben es versucht. Man denke an die kaum wahrnehmbare Erschlaffung der Hüftgegend bei dem Küchenmädchen, an die schweren Brüste der Madonna auf dem Bild der Barbara Longhi, Brüste einer stillenden Mutter, deren Bauch nach der Niederkunft noch angeschwollen ist. Man denke an den kräftigen Hals der Judith, während sie Holofernes enthauptet, an die Wut in den Augen der Anna Maria van Schuman auf ihrem Selbstporträt, einem Kupferstich. Die Sappho von Holland, wie sie damals genannt wurde, war als Verfasserin von lateinischen Gedichten, Gelehrte und Musikerin in ganz Europa berühmt. Was sagt sie uns unter der schönen Frisur, die makellos das ovale, volle Gesicht umrahmt, die einzige Partie des Körpers, auf die uns ein Blick gestattet ist, während der Rest von einem mit kostbaren Spitzen besetzten Gewand verhüllt wird? Was sagt der unverhohlene Blick, welche Forderung drückt er aus? («Porträt der Künstlerin», Kunstsammlungen Veste, Coburg). Johanna Sibylla Küsel zeichnete einen jungen Krieger mit weiblichen Reizen, Anna Maria van Schuman eine Frau von gezügelter Kraft, in ihrer Art eine Travestie. Die Geheimnisse der Menschen und ihrer verborgenen Suche sind hier mit einer Beredtheit dargestellt, die sich über Tabus und Regeln hinwegsetzt.

Stilleben

Das Stilleben birgt mehr Geheimnisse, als man sich vorstellen kann. Die Frauen des 17. Jahrhunderts brillierten darin.

Die Behauptung, das Stilleben stelle für jedermann sichtbare Gegenstände dar und errege allseits größte Bewunderung, weil das Objekt zu erkennen, unmißverständlich «echt» sei, liefe letztlich auf eine Verwechslung mit dem Trompe-l'œil hinaus. Nun hat das Stilleben von Anfang an über seine dekorative Funktion hinaus immer auch einen symbolischen Sinn gehabt. Schon in der Antike waren Schalen, Graburnen, Kultgegenstände, Fresken mit Motiven verziert, die aus dem Alltagsleben stammten: Gerätschaften, Blumen, Jagdszenen und Musikinstrumente.

In der Rangordnung der Bildgattungen erfuhr der Stillebenmaler im klassischen Zeitalter freilich nur geringe Wertschätzung. An erster Stelle rangierten historische, biblische oder mythologische Sujets sowie Darstellungen von Großtaten der Fürsten, der Monarchen. Die letzteren, repräsentativen, wenn sie ein bedeutendes Ereignis wiedergaben und ein begabter Maler diesem Werk die Idee von Macht und Glanz zu verleihen verstand, konnten sehr wohl einem historisch-politischen Kommentar gleichgestellt werden. Als nächstes rangierte die Porträtmalerei, gefolgt von der Tiermalerei, der Landschaftsmalerei und schließlich dem Stilleben, das nur Lebewesen aus dem Tierreich, also niedere Geschöpfe, oder unbelebte Natur zeigte.

Die große Tradition des Stillebens blühte bereits im Mittelalter erneut auf, als man feststellte, daß die Dinge nicht das sind, was sie sind, sondern sich ihr Wesen in verschiedener Art ausdrücken läßt, je nach Durchlaufen der Stadien des Wörtlichen zum Allegorischen. Diese aus der Exegese stammende Methode, Typologie und Ursprung einer authentischen Metaphysik, war natürlich für das Bild wie geschaffen. Man bezeichnet das als «versteckten Symbolismus». So finden sich auf zahlreichen sakralen Werken des 15. und 16. Jahrhunderts stillebenartige Kompositionen von Gerätschaften, Büchern, Schachteln, Pflanzen, daß man sie nicht nur als reine Dekoration, sondern als symbolisch bedeutsam in Verbindung mit dem Hauptgegenstand, zum Beispiel der Madonna, sehen muß. Die Stilleben mit Früchten, Blumen, Tieren, ohne erkennbare reale Bedeutung, fanden ihren Sinn wohl in der Symbolik eines größeren Zusammenhangs. Zum Beispiel mit dem Opfer Christi, der Süße seiner Menschwerdung oder der Liebe Christi zur Kirche. Nimmt man etwa eine geöffnete Nuß, an der gerade eine Maus knabbert (Symbol des Bösen), so symbolisieren die Nußschale das Holz des Kreuzes und der süße Kern die Unerschöpflichkeit des Gebens im Leben Christi, wie es Georg Flegel auf seinem Bild «Dessert» klar zum Ausdruck bringt.

Das 16. und 17. Jahrhundert, Übergangsperioden in der Geschichte des Stillebens, markieren das Aufkommen humanistischer Gelehrsamkeit, die den religiösen Symbolismus verdrängt. Zudem wandeln sich diese Themen zu «Emblemen», die «rätselhafte spirituelle Inhalte, größtenteils moralischer Natur» darstellen. Das Emblem, das Wahrzeichen, definiert sich als Komposition aus einer kurzen Devise, einem Bild und einem kurzen, deviseartigen Text. Aus dieser Tradition schöpften die Stillebenmaler, um ihren Bildern einen verschlüsselten Sinn zu geben. Je mehr Ansehen der Stillebenmaler zu erlangen wünschte, desto mehr näherte er sich dieser esoterischen Symbolik an, die der großen Masse unbekannt war. Sie vermittelte tatsächlich eine Botschaft moralischer, religiöser, sogar politischer oder kritischer Art.

Es drängt sich auf, zu vermuten, daß Frauen, die Orte und Gegenstände – Küchen, Zimmer, Bücher, Werkzeuge etc. –

malten, diese Symbolik benutzten, um das zu sagen, was für sie damals unaussprechlich war. Viele haben sich so offenbart.

Zeuginnen einer wirtschaftlichen und sozialen Realität, die sie anders wahrnahmen als die Männer, verschafften sich die Frauen durch diese Sprache der Eingeweihten Einlaß in eine Gesellschaft, die ihnen nun Gehör schenken mußte. Damit stellten sie überdies eine magische Beziehung zu Tieren, Pflanzen und Gegenständen her, ohne deswegen gegen das Verbot zu handeln, mit dem Magie oder gar Hexerei belegt waren. Eine souveräne Art, das von der Kirche verfügte Verdikt zu ignorieren und dabei auch noch Ehren und Achtung einzuheimsen!

Das Stilleben, keineswegs das zweitrangige Genre, für das es gehalten wurde, setzte sich auf diese Weise als gelehrte Kunstgattung durch. Es gibt Auskunft über die historischen Veränderungen, das tägliche Leben, die Sinnlichkeit, über die Spielarten der Todesfurcht, über die Entwicklung von Gegenständen und über die zunehmende Verbreitung wissenschaftlicher Erkenntnisse.

Fede Galizia (1578–1630) war fraglos die erste italienische Malerin, die, nach dem berühmten «Obstkorb» von Caravaggio, ein Stilleben signierte. Bisher war dieses Bestandteil eines Bildes, oft einer Marktszene. «Stilleben mit Quitten» von Fede Galizia (Privatsammlung, Bergamo), Öl auf Holz, hat den Charakter eines Interieurs: Früchte und Blätter liegen auf einer Schale in einem Wechselspiel von Licht und Schatten; auf dem Tisch eine einzelne heruntergefallene Quitte. Galizia ist eine Pionierin, vor allem durch die Einfachheit der Darstellung; keine Spur von raffiniert ausgearbeiteten Details oder dem damals sehr beliebten Trompe-l'œil. Ihre Arbeit tut klar und deutlich kund, daß diesem Arrangement von Früchten, auf denen das Licht spielt, eine Fülle, ein etwas herber Reiz innewohnt, vielschichtig wie in einem «Interieur», mit Hinweisen, die die Intimität eines Ortes, die Erinnerung an eine Person, eine Handbewegung heraufbeschwören.

Clara Peeters (1594–1657?) hat in der Geschichte des Stillebens ebenfalls eine entscheidende Rolle gespielt. 1594 in Antwerpen geboren, läßt sie sich später in Amsterdam nieder, dann in Haarlem. Vier ihrer Holztafeln hängen heute im Museo del Prado in Madrid, sie hat sie in ihrem sechzehnten Lebensjahr gemalt. Es handelt sich um Bilder in Öl auf Holz, 50 × 72 cm, die sowohl die ästhetischen Forderungen der Epoche wie den verschlüsselten Sinn dieser Sujets illustrieren.

Das erste ist mit «Fischplatte» betitelt. Die Fische sind auf Kupfertellern arrangiert, neben einem Krug, einem Sieb voller Gemüse und einem Leuchter mit brennender Kerze. Clara Peeters zeigt hier den Überfluß, der auf den Märkten und in den Heimen flämischer Bürger herrschte. Dennoch ist ihr Werk von christlicher Symbolik geprägt: der Fisch, der Wein, die Kerzenflamme. Hier wird also vom täglichen Leben in einem christlichen Haus berichtet.

Die zweite Holztafel zeigt eine Jagdszene; das Blut entspricht dem Wein, das Fleisch des Wilds dem des Fisches. Doch derartige Stilleben haben häufig auch einen politischen Sinn. Anfang des 17. Jahrhunderts hat noch niemand vergessen, daß die Jagdleidenschaft der Fürsten eine der zahlreichen Ursachen für die Bauernaufstände gewesen war. Der Landmann, getrieben von Hunger und frustriert von dem ihm erteilten Jagdverbot, wird zum Wilderer und proklamierte, daß «jedes Tier, Wild, Vogel oder Fisch» frei sein müsse. Für Clara Peeters, ebenso wie für alle ihre Zeitgenossen, ist also das Jagdstilleben auch ein Zeugnis von großer Aktualität.

Die dritte Holztafel gibt einen Tisch wieder mit einem Blumenstrauß, Nüssen, verstreutem Gebäck und einer Schüssel voller Oliven; die vierte zeigt ein aufgetischtes Mahl: Pastete, grüne Oliven, Rebhuhn in Bouillon.

Clara Peeters hat damit Motive gewählt, die fortan zu den gängigen Bildthemen zählen. Von Bruegel bis van Gogh inspiriert nun das Thema Mahlzeit Maler immer wieder. Rituell und symbolisch in unterschiedlichem Maße, ist es zugleich alltäglich und religiös. Peeters führte auch eine neue Technik ein, indem sie die ehernen Gesetze der Symmetrie in Frage stellte. Die Auswahl der Objekte ist nicht mehr proportional abgestimmt – wie etwa die Prachtbuketts aus Tulpen und anderen dekorativen Blumen –, sondern, im Gegenteil, variabel in verschiedenen Größen. Der Blick nähert sich ihnen, erfaßt sie wie in einer Großaufnahme. Lediglich der Hintergrund, der Tisch, die Tischdecke, zeigen noch übergroße Genauigkeit, mit dem Risiko, wie Trompe-l'œil zu wirken.

Ein anderes ihrer Werke, das «Stilleben mit Blumenvasen, Pokalen und Muscheln», läßt sich folgendermaßen entschlüsseln: Die Blumen, von Gottes Hand geschaffen, kontrastieren in ihrer zarten Vergänglichkeit mit den von Menschenhand geschaffenen robusten Gegenständen, den Früchten mühsamer Arbeit und der Lust am materiellen Wohlergehen, auch an der Käuflichkeit. Der Gegensatz zwischen Natur und Kultur zielt hier jedoch auf eine durchaus konkrete, vielschichtige Realität ab.

Im 17. Jahrhundert ist die Tulpe eine Neuheit im Gartenbau. Manche Sorten erzielen rasch schwindelerregende Preise. Um 1630 nimmt der Markt für Tulpen in Holland, dem für Gold vergleichbar, ein derartiges Ausmaß an, daß zu diesem Zweck eine eigene Börse gegründet wird. Doch die Ware ist leicht verderblich, allen möglichen Risiken ausgesetzt. Wer sich an diesen Spekulationen beteiligt, ist vom Ruin bedroht. Das Tulpenfieber erklärt, warum diese Blumen in den Stilleben zu Anfang des 17. Jahrhunderts eine solche Rolle spielen. Daß im Œuvre der Clara Peeters direkt neben einer Tulpe Geldmünzen liegen, hat also seinen guten Grund. Den Malern waren die Spekulationen an der Börse keineswegs fremd: *Ihre* Darstellungen von Tulpen «machten sichtbar», was aus den am Markt verkauften Zwiebeln wurde. Die Muscheln, geheimnisvoll, aus dem Meer hervorgegangen, symbolisieren Nachdenken über die Materie und ihr Verhältnis zum Immateriellen. Ganz wesentliches Detail dieses Stillebens aber ist das Selbstbildnis der Malerin, siebenfach wiedergegeben in den sieben Zierovalen des Pokals auf der rechten Seite des Bildes.

Von allen Frauen, die ihr Selbstbildnis gemalt haben, wird das von Clara Peeters so zweifellos am meisten reproduziert. Im Gegensatz zu ihren Vorgängerinnen stellt sie sich nicht in einem Spiegel eingefangen dar, sondern in einem Gegenstand, der zum Spiegel wird – hier ein Pokal, dort ein Zinnkrug. Damit kommt eine zufällige Reflexion des Gesichts ins Spiel.

Es dauerte lange, bis Clara Peeters Anerkennung bei Kritikern und Kunsthistorikern fand. Lange Zeit blieb sie gefangen in jenen Zonen des Schweigens, in denen sie sich mit verblüffender Voraussicht dargestellt hatte.

Die Sphärenharmonie

Das Arbeiten mit Spiegel und Spiegelbild war weit mehr als ein simples technisches Bravourstück. Zahlreiche Maler signierten ihre Werke, indem sie ihr Konterfei mehrfach einfügten und es außerdem mit magischem Schutz umgaben, wie man ihn beispielsweise Metall zuschrieb. Auf der «Madonna des Kanonikus Georg van der Paele» (1436) malte Jan van Eyck zum Beispiel sein Spiegelbild in die Rüstung des hl. Georg.

Rachel Ruysch und Maria van Oosterwyck, zu ihrer Zeit hochberühmte niederländische Malerinnen, begnügten sich damit, ihr Porträt in der Leinwand zu verewigen. Ihr Ruhm reichte dafür aus.

Rachel Ruysch (1664–1750) hatte das Metier früh bei ihrem Vater gelernt, einem Amateurmaler, hauptberuflich Lehrer für Botanik und Anatomie. Bereits als etwa Achtzehnjährige machte sie sich mit ihren außergewöhnlich kraftvollen Bildern von Blumen und Sträußen einen Namen. Mit dreißig heiratete sie den Maler Juriaen Pool, mit dem gemeinsam sie 1701 Mitglied der Gilde in Den Haag wurde. Sie brachte zehn Kinder zur Welt, schuf an die hundert Werke, wurde von Kurfürst Johann Wilhelm von der Pfalz zur Hofmalerin ernannt, blieb mit Ehemann und Kindern am Hof in Düsseldorf bis zum Tod des Kurfürsten und kehrte dann nach Amsterdam zurück. Bis zu ihrem Tod mit 86 Jahren hörte sie nie auf zu malen. Ein «Blumenstück» (1707) hängt im Museum der bildenden Künste, Leipzig, ein «Stilleben mit Blumen» im Toledo Museum, Ohio, USA.

Maria van Oosterwyck (1630–1693) war gleichfalls eine überaus energische Frau. Als ihr der Maler Willem van Aelst, Lehrer von Rachel Ruysch, den Hof machte, beschloß sie, ihn auf die Probe zu stellen; sie würde ihn heiraten, erklärte sie, falls er imstande wäre, ein Jahr lang täglich zehn Stunden zu malen. Der Verehrer zog es vor, sie sich aus dem Kopf zu schlagen. So blieb sie ledig und gab sich mit dem Erfolg zufrieden, den ihre Gönner ihr sicherten, darunter die Könige von Frankreich, England, Polen sowie Kaiser Leopold I. Ihre «Vase mit Tulpen, Rosen und anderen Blumen mit Insekten», datiert 1669, ist ein wahres Wunder (Sammlung Mrs. L. W. Scott Alter). Es heißt, sie habe sehr langsam und nur wenige Bilder gemalt, woraus sich erklärt, daß etwa nur zwei Dutzend ihrer Gemälde erhalten geblieben sind.

Merkwürdige und hartnäckige Amnesie der Geschichte im Hinblick auf fast alle diese Frauen! Man weiß heute nicht mehr viel über sie. Dennoch erreichten sie zu ihrer Zeit den Gipfel der Kunst, des Ruhms und stellten sogar diejenigen in den Schatten, die wir heutzutage als die Größten ansehen. Levina Teerlink zum Beispiel wurde am englischen Hof mehr geschätzt und folglich auch besser bezahlt als Holbein d. J. Rachel Ruysch bekam pro Bild 750 bis 1250 Gulden, während Rembrandt jeweils gerade 500 erhielt.

Judith Leyster (1609–1660) war in ganz Europa gefragt wegen ihrer Darstellungen von Musikern und ihren Instrumenten, zum Beispiel «Flötenspieler» (Nationalmuseum Stockholm) oder «Die Serenade» (Rijksmuseum Amsterdam). Als

Tochter eines Bierbrauers in Haarlem war sie nicht in einem Künstlermilieu aufgewachsen wie ihre Kolleginnen. Dennoch wurde sie mit siebzehn bereits anerkannt, mit vierundzwanzig das einzige weibliche Mitglied der städtischen Malergilde. Von großer Charakterstärke, akzeptierte sie lediglich drei Schüler – ausschließlich männliche. Sie selber war Schülerin von Frans Hals, und zahlreiche, dem Meister zugeschriebene Bilder scheinen nach Ansicht von Experten von der Schülerin zu stammen. Hier ist nicht die Rede von der üblichen Rolle der Schüler in den Ateliers der Maler, deren Aufgabe es war, das Bild zu «vollenden», nachdem der Meister das zentrale Sujet ausgeführt hatte, sondern vielmehr von der schöpferischen Arbeit selbst.

Der gleiche Frans Hals unterhielt mit Judith Leyster eine lange Beziehung, in der Augenblicke der Leidenschaft ständig mit durch Rivalität ausgelösten Eifersuchtsszenen wechselten. Der Bruch erfolgte 1635; Judith warf Frans Hals vor, ihr einen ihrer Schüler «gestohlen» zu haben. Der Streit eskalierte und endete mit einem Prozeß. Judith Leyster heiratete schließlich den Maler Jan Miense Molenaer (1610–1668), von dem sie – mindestens – fünf Kinder bekam. Sie hörte nach und nach auf zu malen.

In ihrem «Flötenspieler», einer überaus nüchternen Komposition, stellt Judith Leyster ein Kind beim Flötespielen dar, die Augen erhoben. Zu seinem Lehrer? Zu irgendeinem unsichtbaren, beruhigenden Dritten? An der ockerfarbenen Wand hängen eine Blockflöte, eine Geige. Die aristokratischen Liebhaber von Musikinstrumenten ließen von den Malern gern die seltensten und kostbarsten Exemplare abmalen.

In «Die Serenade» zeigt das Gesicht des jungen Mannes mit der Mandoline einen gänzlich anderen Ausdruck. Der Flötenspieler wirkt engelsgleich, dieser fast lasziv. Der verführerische Reiz läßt sich an der Pose ablesen – im Halbprofil, die Augen zum Fenster erhoben, wo die Schöne sich endlich zeigen sollte. Strahlendes Gesicht, spielerische Haltung. Zwischen den beiden Polen laviert das Jahrhundert.

Maria Sibylla Merian

Maria Sibylla Merian (1647–1717) wurde als Tochter des Schweizer Kupferstechers und Verlegers Matthäus Merian d. Ä. in Frankfurt am Main geboren. Sie war knapp drei Jahre alt, als ihr Vater 1650 starb. Schöpfer vieler Städtebilder und Autor des Kupferstichwerks «Theatrum Europaeum», hinterließ er auch ein Buch über Botanik, das er vor der Geburt seiner Tochter veröffentlicht hatte. Bereits als kleines Mädchen vertiefte sie sich in die Beobachtung von Pflanzen und entwikkelte eine Leidenschaft, die Natur zu studieren und zu zeichnen. Ihr Lehrer und Stiefvater, Jacob Marell, selbst Blumenmaler, drängte sie in diese Richtung. In seiner Gesellschaft, dann mit einem seiner Schüler, Abraham Mignon, studierte sie sieben Jahre lang Öl- und Aquarellmalerei und das Kupferstechen.

Mit achtzehn heiratet Maria Sibylla den Maler Johann Andreas Graff. Das Paar läßt sich in Nürnberg nieder, wo es sich zahlreiche Kunden erhofft, doch diese Hoffnungen werden enttäuscht. Maria Sibylla muß allein den Lebensunterhalt für die inzwischen um zwei Töchter angewachsene Familie verdienen. Sie beginnt Tischtücher und Seidenschals zu bemalen – drei Jahrhunderte später wird Sonia Delaunay-Terk das gleiche tun, um ihrem Mann Robert zu helfen. Sie hat damit solchen Erfolg, daß sie ein Atelier eröffnen und Schüler ausbilden kann.

Maria Sibylla ist eine Geschäftsfrau; sie treibt Handel, verkauft Farben und Lacke, begründet so etwas wie eine Malschule für Frauen, die sogenannte «Jungfern-Companie», und fertigt gleichzeitig Zeichnungen von der örtlichen Flora an, ihre eigentliche Berufung.

Zwischen 1675 und 1680 veröffentlicht sie ein dreibändiges Werk mit dem Titel «Neues Blumenbuch», eigentlich als «Übungsbuch» für ihre Malschule gedacht.

Bald darauf kommt es zum Bruch mit ihrem Mann. Maria Sibylla geht zurück zu ihrer Mutter nach Frankfurt am Main, dann zu ihrem Bruder nach Holland, der maßgeblichen Einfluß auf sie hat. Er ist Mitglied der von Jean de Labadie gegründeten mystischen Sekte, die sich die Missionierung von Niederländisch-Guayana, dem heutigen Surinam, zur Aufgabe gemacht hatte. Maria Sibylla teilt eine Zeitlang das Gemeinschaftsleben der Labadisten auf Schloß Bosch in Westfriesland. Der Halt, den sie in der Sekte findet, veranlaßt sie zu dem Entschluß, sich mit ihren beiden Töchtern in das neue Land der Verheißung einzuschiffen. Sie will dort die tropische Flora und Fauna studieren. Die Stadt Amsterdam finanziert das abenteuerliche Unternehmen. Maria Sibylla Merian war damals schon durch ihr 1679 erschienenes Buch «Der Raupen wunderbare Verwandlung und sonderbare Blumennahrung» bekannt. Sie hatte sich nicht damit begnügt, nach präparierten Tieren zu zeichnen, wie damals üblich, sondern mehr als achtzig lebende Arten beobachtet. Mit Präzision und wissenschaftlichem Anspruch hielt sie die verschiedenen Entwicklungsstadien fest.

Von ihrer Reise kehrte Maria Sibylla krank zurück. 1705 erschien ihre Arbeit «De Metamorphosis insectorum surinamensium», «Die Verwandlung der surinamesischen Insekten», sechzig nach ihren Aquarellen gestochene Kupferplatten und ein Kommentar. Das Werk erregte Aufsehen in Gelehrtenkreisen. Ihre Bildtafeln erinnern stark an das um 1503 entstandene «Große Rasenstück» von Dürer (Albertina, Wien). Sie stehen eindeutig in dieser Tradition: Die symbolischen Aspekte treten hinter der ethologischen Naturbeobachtung zurück. Ihre Gouache «Korallenbaum und Augenspinner» – die sich heute in der Bibliothek der Akademie der Wissenschaften in St. Petersburg befindet – stellt die verschiedenen Metamorphosen von der Puppe zur Raupe und dann zum Schmetterling dar, das Ganze auf einem Zweig mit absoluter Präzision wiedergegeben. Eine andere Gouache, «Kreiselschnecken-Turbo», zeigt eine Reihe verschiedener Schneckenhäuser in erlesenen Farben, mit Formen, die Juwelen gleichen. Magische Welt, wozu die Verwendung des

Latainischen beiträgt, das Maria Sibylla als Erwachsene erlernte, damals eine für jeden Forscher unentbehrliche Sprache.

Ein Schlaganfall hinterläßt Maria Sibylla gelähmt und hindert sie an der Fortsetzung ihres Hauptwerks. Sie stirbt 1717 in bitterster Not: Ihre Todesurkunde ist vom «Gerichtsschreiber für die Registrierung der Armen» unterzeichnet.

Von all diesen Frauen erscheint uns Maria Sibylla Merian wie eine Zeitgenossin: durch ihre Unabhängigkeit, ihre Wahl eines Männerberufs, ihre Vorurteilslosigkeit, die sie für den Unterhalt der Familie sorgen läßt, und durch die Zugehörigkeit zu einer Gemeinschaft, die ihr genauso wie einem Mann Macht und Schutz sichert. Über die Kunst der Beobachtung und der Wiedergabe hinaus vermochte ihr Talent dem Staunen des Gelehrten über seine Entdeckungen treffend Ausdruck zu verleihen.

Bei Betrachtung ihres Werks fallen einem die Gedanken von Leonardo da Vinci über den Wissensdrang ein, die ihn erfüllten und die er in seinem «Fragment einer Höhlenforschung» niederschrieb: «Schauer vor der düsteren, bedrohlichen Höhle und zugleich das Verlangen, zu ergründen, ob es im Innern irgend etwas gab, das des sprachlosen Staunens dort unten wert wäre.»

Louise Moillon

In Frankreich hatte die 1648 gegründete *Académie Royale de Peinture et de Sculpture* das Stilleben zum zweitrangigen Genre erklärt. Tatsächlich wurde diese Bildgattung in Frankreich sehr viel geringer geschätzt als etwa in Italien oder in den Niederlanden, und man betrachtete sie nur allzugern als den Frauen angemessene Domäne; die Akademie, dem weiblichen Geschlecht gegenüber sowieso recht distanziert, nahm nur vier Stillebenmalerinnen auf. Zu den bemerkenswertesten gehörte Louise Moillon (1610–1696), die dieses Genre in Frankreich erst populär machte.

Bereits als Zehnjährige verkaufte Louise ihre Arbeiten. Sie begann ihre Ausbildung bei ihrem Vater Nicolas Moillon, einem Maler und Kunsthändler, der aber bereits 1619 starb. Ihr Stiefvater François Garnier, der ebenfalls beide Berufe ausübte, wurde dann zu ihrem eigentlichen Lehrer.

Louise Moillon heiratete mit dreißig einen Pariser Holzhändler, brachte drei Kinder zur Welt, gab die Malerei auf und nahm sie erst dreißig Jahre später wieder auf. Als Protestantin war sie religiösen Verfolgungen ausgesetzt, und die materielle Situation ihrer Familie war prekär geworden. Dem schuf sie durch ihre Arbeit Abhilfe. Später trat sie zum Katholizismus über, um ihr Leben und ihr Vermögen zu retten.

Zu ihren erstaunlichsten Bildern gehört «Stilleben mit Kirschen, Erdbeeren und Stachelbeeren» (Norton Simon Foundation, Pasadena, Cal., USA). Es erregte die Bewunderung von Öffentlichkeit und Mäzenen durch die Wassertropfen auf dem Tisch, denen die Malerin vollendete Transparenz verliehen hat. Darauf beruht die gesamte Konzeption des Bildes: Es steigert sich schrittweise vom undurchsichtigen Rot der Erdbeeren zum glänzenden Rot der Kirschen, in denen sich die Lichtblitze widerspiegeln, über die kleine Johannisbeertraube zur Durchsichtigkeit der grünen Stachelbeeren und endet bei der absoluten Transparenz des Wassers.

Louise Moillon wurde eine Berühmtheit, und Ludwig XIV. förderte durch ihre Anerkennung auch alle anderen, die Talent bewiesen, ob Männer oder Frauen.

Die Zahl der Malerinnen im 17. Jahrhundert wuchs mehr und mehr. Als Familienmütter, oft selbständig und wirtschaftlich für ihre Familien verantwortlich, Ehefrauen und leidenschaftlich Liebende werden sie zu berühmten Künstlerinnen.

Die großen Malerinnen des Barock sind uns heute merkwürdigerweise gegenwärtiger und näher als ihre Nachfolgerinnen im 18. und 19. Jahrhundert.

18. Jahrhundert
Aufklärung

Man nennt dieses Jahrhundert das «Zeitalter der Aufklärung», zu Ehren seiner großen Männer; sein Himmel ist übersät mit Gedanken, mit Ideen, aber auch mit Blut besudelt. Da jetzt die bürgerliche Gesellschaft an die Macht kommt, werden traditionelle Werte und Tugenden hochgehalten. Wenn die Frauen im 17. Jahrhundert auch oft verspottet wurden, wie zum Beispiel in Molières Theaterstück «Die gelehrten Frauen», so hatten sie auf paradoxe Weise vielleicht doch mehr Unabhängigkeit erlangt als ihre Töchter, die zur Zeit der Revolution lebten (das gilt zumindest für die Französinnen). Die Philosophen der Aufklärung beschäftigten sich wenig mit weiblicher Kreativität. Rousseau zum Beispiel gab den Frauen Familienmütter zum Vorbild, die sich kaum mit Kunst befaßten. Alles, was im Verdacht stand, aristokratisch zu sein, wurde am Ende des Jahrhunderts geächtet. Daraus resultierte der Widerstand, den Politiker und Vertreter von Staat und Behörden den Künstlerinnen entgegensetzten. Doch trotz dieses Widerstands wuchs die Zahl berühmter Malerinnen jetzt mehr denn je, eine Entwicklung, die bis heute angehalten hat.

Zeichen der Zeit

Die Erziehung, die kleinen Mädchen zuteil wird, unterscheidet sich kaum von der ihrer Mütter und Großmütter, das Ziel bleibt das gleiche: sie zu mustergültigen Ehefrauen und Müttern zu formen. Aber der Familienbegriff ändert sich unter dem Einfluß der Philosophen; besonders in Frankreich, wo Jean-Jacques Rousseau zum Beispiel die Bedeutung hervorhebt, die das Stillen für die Beziehung zwischen Mutter und Kind hat. Er wird darin von zahlreichen Ärzten unterstützt und sogar noch übertroffen. Wenn die Familie nach und nach einen generellen Entwicklungsprozeß durchmacht, erfährt auch die Stellung der Frau eine völlig andere Einschätzung. Die gefühlsmäßigen Bindungen zwischen Mann und Frau, zwischen Vater, Mutter und Kindern manifestieren sich stärker. Emotionen werden nicht mehr verborgen: Bei Männern und Frauen des 18. Jahrhunderts ist das Gesicht oft «in Tränen gebadet», und wenn sie «ihren Ausbrüchen» freien Lauf lassen, hindert sie fortan daran nichts mehr.

Empfindsamkeit, Emotionen, Tränen, ja sogar Ohnmachtsanfälle und Unpäßlichkeiten, bislang Sache der Frauen, werden bei den Männern jetzt auch zu häufigen Manifestationen. Es ist eigenartig, indes nicht widersprüchlich, daß dieses Jahrhundert, das die Schleusen der Empfindsamkeit in männlichen Köpfen und Herzen öffnet, zugleich auch das von Blut und Tränen ist. In der Literatur reihen sich Herzensergüsse und Geständnisse unaufhörlich aneinander, Gefühle äußern sich im Übermaß.

Es könnte sehr wohl sein, daß dieses Bild eines larmoyanten oder sentimentalen 18. Jahrhunderts nur durch die Künstler so geprägt wurde, durch das, was sie im geschriebenen Wort inszenierten und was sie gemalt haben. Welche Spuren aber hat es in den Werken der Frauen dieser Zeit hinterlassen, die am revolutionären und präromantischen Denken mitgearbeitet haben?

Während die Zahl der «Salons» immer mehr wächst, in denen nur die großen Geister zu Wort kommen, werden alle, die bei solchen Höhenflügen nicht mithalten können, in den Hintergrund gedrängt. So sieht die Wirklichkeit aus. Und die Frauen, sofern sie nicht Madame Vigée-Lebrun oder Madame Roland heißen, bleiben weiterhin in der Küche. Das gleiche gilt für die Kinder: Sie werden Ammen überlassen und aufs Land geschickt, man beordert sie erst dann zurück, wenn man sich von ihnen einen gewissen Nutzen verspricht. Während man lauthals Moral und familiäre Tugenden preist und viele Tränen vergießt, herrschen im Alltag für alle rauhe Sitten, ohne Rücksicht auf Geschlecht, Charakter oder soziales Milieu.

Das 18. Jahrhundert ist jedoch auch die Zeit, in der privilegierte Frauen mehr Zugang zu Büchern bekommen. Es ist die Epoche, die eigens zur Lektüre bestimmte Möbel erfindet, die durch ihre Form häufig von Frauen bevorzugt werden: Liegen und Sessel, die den Lesegenuß bei der Elite erhöhen. Eine Besonderheit ist auf Hubert Roberts Bild «Das Frühstück der Madame Geoffrin» zu entdecken: Die Dame sitzt bei Tisch, während der hinter ihr stehende Diener ihr vorliest. Seinen Besen hat er zu dem Zweck auf einem Sessel abgelegt. Ein aufschlußreiches Detail: Der des Lesens kundige Bedienstete ist ein Mann, die Zeit der Kammerzofe, die sich zur Vorleserin wandelt, ist noch nicht angebrochen.

Doch Lektüre erscheint im Gegensatz zur Malerei, die sich vermeintlich allen Augen sofort erschließt, immer noch suspekt, zumal wenn eine Frau sich ihr widmet. Befaßt Literatur sich doch mit der gesamten «Intimsphäre» und verlangt deshalb vorsichtige, zurückhaltende Behandlung.

Ein Beispiel beweist dies klar: 1745 erhält Jean-Baptiste Siméon Chardin von Königin Luise Ulrike von Schweden den Auftrag für zwei Bilder mit den Themen: «Die strenge Erziehung» und «Die sanfte, liebevolle Erziehung». Der Maler jedoch entscheidet sich für zwei andere Sujets, beide mit einer Frau als Zentralgestalt. Das erste zeigt sie bei der Lektüre ertappt, das Buch ist mit einem farbigen Blatt Papier zugedeckt und liegt auf ihren Knien, als wolle sie es verstecken. Auf dem zweiten sieht man sie (eine andere!) beim Aufschreiben der Haushaltsausgaben. Das erste trägt den Titel «Die Annehmlichkeiten des Privatlebens», das andere «Die Sparsame».

Manchmal treffen sich Männer und Frauen zu Lesungen; das sind die großen Momente der literarischen Salons: Neue Werke, bereits vollendet oder noch im Entstehen begriffen, rufen stürmischen Beifall, Herzklopfen und Tränen bei den

Freunden (und Intimfeinden!) hervor. In ländlichen Familien hingegen liest der Vater mit lauter Stimme vor, und zwar Texte aus der Bibel und den Evangelien, wie zahlreiche Bilder bezeugen, darunter die von Jean-Baptiste Greuze. Ein Gemälde von Grimoux – zu sehen im Musée des Augustins in Toulouse – zeigt ein sehr junges, in ein Buch vertieftes Mädchen. Vertieft? Das Wort paßt überhaupt nicht; sie hält das Buch mit anmutiger Geste weit von sich gestreckt, die Gedanken sind mehr auf die elegante Pose gerichtet als auf den Sinn des Gedruckten. Das Buch dient offensichtlich zur sozialen Standortbestimmung des Modells, soll dem kindlichen Gesicht einen anrührenden Ausdruck der Nachdenklichkeit, man möchte fast sagen der Klugheit, verleihen. Helldunkel und Reinheit der Züge, alles soll zu verstehen geben, daß Geist und Seele der Leserin keusch und durch das Buch unberührt bleiben werden – sollte sie es je zu Ende lesen.

Welches Bild vermitteln die Malerinnen von ihrer Beziehung zum Buch? Das gleiche, das ihre Schwestern mit der Feder auf Papier anstatt mit dem Pinsel auf Leinwand festhalten? Sind diese Künstlerinnen im Jahrhundert der Umwälzungen revolutionär? Oder konformistisch? Oder stellt allein die Tatsache, Künstlerin zu sein, einen damals hinreichenden Akt des Wagemuts dar? Und malen die Frauen die Gemeinschaft der Familie ebenso wie die Männer?

Zahlreich sind die Werke von Männern, auf denen die versammelte Familie zu sehen ist: Sie haben eindeutig nicht die Absicht, die in diesem Bereich herrschende Ordnung in Frage zu stellen. Auch Marguerite Gérards (1761–1837) Bild «Die ersten Schritte der Kindheit» (Fogg Art Museum, Cambridge, Mass., USA) hält sich ganz an diese Regeln: Eine bezaubernde junge Mutter, hell gekleidet, beugt sich mit ausgestreckten Armen zu einem etwa einjährigen Kind herab, das vorsichtig auf sie zutrippelt. Die Gestalt der Mutter ist im gleichen Licht dargestellt wie die des Kindes und wie die Wäschestücke auf der Wiege. Im Hintergrund: die Dienerin und die Großmutter. Es handelt sich, genaugenommen, nicht um eine Familienszene, sondern um ein Interieur, fast aus dem Frauengemach. Eine Verschiebung vollzieht sich, im Zuge derer mehr Gewicht auf die geistige Entwicklung gelegt wird.

Nach seiner Geburt, einem öffentlichen Vorgang in Gegenwart der Nachbarn, wird das Kind von seiner Mutter, oft auch von der Amme, gestillt mit jener Milch, die als «gebleichtes Blut» gilt. Man betrachtet es als unfertiges Wesen. Kann man aus dem Bild von Marguerite Gérard vielleicht schließen, daß die ersten Schritte des Kindes an einem privaten Ort, von weiblicher Zärtlichkeit umgeben, stattfinden, weil dort die Frauen das Sagen haben? Und sollte das Weiß des mütterlichen Gewandes, der Kleider des Kindes, seiner Wäsche symbolisch sein für dieses gebleichte Blut, das von Körper zu Körper übertragen wird?

Den Körper zeigen uns die Maler des 18. Jahrhunderts gepudert, geschmückt, mit Federn und märchenhaften Stoffen dekoriert. Er ist Gegenstand pfleglicher Behandlung, die das Sichtbare verschönern soll: Hände, Gesicht, bei Frauen das Dekolleté. Der Rest bleibt verborgen unter üppigen Spitzen, blendendweißen Jabots. Was sich darunter versteckt, starrt vor Schmutz, vor allem in der ersten Jahrhunderthälfte; Wasser wird nie verwendet, es stellt eine Gefahr dar, weil Flüssigkeit ja überall eindringen kann. Die Toilette besteht in simplem Abwischen und verschwenderischem Gebrauch von Parfüm. Einläufe dagegen werden im Übermaß verabreicht!

In der zweiten Jahrhunderthälfte kommt unter dem Einfluß der neuen Hygienevorstellungen Wasser, warm und kalt, wieder zu Ehren, doch das Bad bleibt im Leben des einzelnen die Ausnahme und der Körper weiterhin unter der Kleidung verborgen. Für männliche wie weibliche Körper gelten zahlreiche Tabus, die «peinlichen Stellen» werden versteckt und nur widerwillig berührt. Daher ist der voyeuristische Blick durchs Schlüsselloch ein häufiges Thema der Malerei.

In ganz Europa gibt es zahlreiche Salons von Königinnen oder Fürstinnen, die Geisteswissenschaften und Künste fördern, denn sie sind selber gebildet. So zum Beispiel die Herzogin Anna Amalia von Sachsen-Weimar. Auch die Mätressen haben ihre Rolle zu spielen, wie in Frankreich die Pompadour. Damit es zu diesen Salons kommen konnte, mußte der Hof etwas von seiner Vormachtstellung zugunsten der Stadt einbüßen. Den Salon gibt es erst von dem Moment an, da die Kultur vom Hof abwandert, vom Schloß oder vom Palazzo, um sich in der Stadt bei Privatpersonen anzusiedeln. Denn es sind die Frauen, die dort regieren. Intellektuelle der Oberschicht, denen eine offizielle Machtausübung wegen ihres Geschlechts versagt ist, schaffen sich damit in ihrem eigenen Heim das Äquivalent für Höfe, Schlösser und Palazzi . . .

Doch während in Frankreich die sozialen und politischen Umwälzungen die Entwicklung der Salons begünstigen und sie zu Ideenschmieden des Jahrhunderts werden lassen, gilt dies nicht für alle Länder Europas: Spanien bleibt dafür unzugänglich, denn der Gedanke an eine pluralistische Gesellschaft ist für Kirche und Staat noch lange Zeit nicht akzeptabel. Trotzdem übt die spanische Zivilisation, wie man sie sich zumindest vorstellt, nämlich ritterlich und von ausgesuchter Höflichkeit, einen großen Einfluß auf die ersten Salons in den anderen Ländern aus. Nur scheinbar ein Widerspruch, denn die ritterliche und höfische Literatur macht die Frau zum unerreichbaren Symbol außerhalb des täglichen Lebens und bezieht sie nie in kämpferische Aktivitäten ein, seien diese auch nur intellektuell und spekulativ.

In England, wo die Sitten freier sind – man denke an die von Fielding, Richardson oder Congreve geschilderten Szenen –, erfolgt eine Trennung nach Geschlechtern nur bei bestimmten gesellschaftlichen Anlässen: Nach dem Essen ziehen sich die Männer zurück, um miteinander zu trinken und zu rauchen.

Die Salons, in denen an der Spitze der Rangordnung Königinnen präsidieren und am anderen Ende reiche, oft später geadelte Bürgerinnen, führen auch einen neuen Umgangston ein: Die Gegenwart von Damen verpflichtet die Männer, sich gesitteter zu benehmen, ihre lockeren Redensarten zu zügeln und sich bald auch an Geschliffenheit und Esprit zu überbieten, während man lässig eine Tasse Kaffee schlürft, das kürzlich entdeckte Getränk, das Furore macht.

Die Exotik hat die Innenausstattung erobert. Lebensgroße Statuen von Negerjungen, mit Bändern und Schleifen geschmückt, dienen als Kandelaber oder Tabletträger, aus den Kolonien importierte Jugendliche figurieren als kleine Diener und Spielzeuge, wegen ihres hübschen Äußeren und ihrer Gefügigkeit von dieser neuen Gruppe liberaler Denker gehätschelt und bewundert. Hinweise darauf findet man in Porträts von Zeitgenossen, in Landschaften oder Stilleben immer wieder.

Der Schöngeist ist sich durch alle Epochen hindurch treu geblieben: ein raffinierter Schmarotzer. Montesquieu schildert den Salon einer vornehmen Mailänderin, wo man «Konversation betreibt»: «Zu rühmen ist an den Konversationen in Mailand, daß man reichlich Schokolade und Erfrischungen gereicht bekommt und beim Kartenspiel nicht bezahlen muß.» Von diesen Kartenspielen berichtet die Malerei ausgiebig. Die Italienerinnen dulden sie in ihren Salons, im Gegensatz zu den Engländerinnen, die man «Blaustrümpfe» nennt.

Während der vorhergegangenen Jahrhunderte waren die Frauen eher durch ihre Schriften bekanntgeworden, im ganzen gesehen blieb ihre Anzahl jedoch gering. Die Herzogin von Newcastle vertrat in England als eine der ersten feministische Ideen: Sie endete verbannt auf ihren Ländereien. In Deutschland veröffentlichte Sophie von La Roche, die Großmutter von Clemens und Bettina Brentano, 1771 den erfolgreichen Briefroman «Geschichte des Fräuleins von Sternheim». Frau Aja, Goethes Mutter, erklärte das lauthals zu einem unsinnigen Unterfangen und prophezeite der Verfasserin, sie werde ihre Kinder ins Unglück stürzen. Wenn eine Frau sich schriftlich äußern wollte, tat sie das zumeist in Form von Briefen. Die waren zwangsläufig für wenige Leser bestimmt und im allgemeinen nicht zur Veröffentlichung gedacht. Sie sprachen persönliche Gefühle aus und paßten ins übereinstimmend gebilligte Bild von der zwar geistvollen, aber sonst anständigen Frau. Memoiren und persönliche Tagebücher wurden in der gleichen Art beurteilt und oft von ihren Verfasserinnen vernichtet.

So vertrat Lady Mary Wortley Montagu, die im geistigen Leben Englands im 18. Jahrhundert eine herausragende Rolle spielte, nachdrücklich die Auffassung, ein Mann oder eine Frau von Format sollten ihre privaten Aufzeichnungen nicht veröffentlichen. Ihre Tochter hielt sich an dieses Verdikt und verbrannte das Tagebuch ihrer Mutter nach deren Tod.

In der Malerei begegnet man solchen Überlegungen im allgemeinen nicht: Eine Frau, die malt und sich damit ihren Lebensunterhalt verdient, wird nicht diskreditiert. So reihen sich die Malerinnen in die Nachfolge der Handwerkerinnen ein, die sich einst hartnäckig Zutritt zu den Zünften verschafften.

Sie halten sich strikt an die für das ganze 18. Jahrhundert gültigen Normen und fertigen dekorative, ornamentale Arbeiten an; daß sie durch ihre Kunst in den Bereich der Ideen vorstoßen, ist kaum vorstellbar. Was sie schaffen, zählt zur Gattung des Sichtbaren, zur Materie; das zu meistern, gesteht man ihnen zu. Das geschriebene Wort hingegen erscheint abstrakter, subversiver, da es den Gedanken mit dem Zeichen verknüpft. Zu den Initiationsriten in der primitiven Gesellschaft dürfte zweifellos das Erlernen der Schrift gehört haben. Nun waren die Frauen zwar lange Zeit von dieser geheimen Gemeinschaft ausgeschlossen, drangen aber auf dem Umweg über die Stickerei und Weberei – jene berühmten «weiblichen Handarbeiten» – in die Welt der Formen und Zeichen und schließlich in die plastische Darstellung vor.

Schriftstellerin oder Künstlerin, beide haben etliches gemeinsam. Sie sind neben ihrer Kunst auch Haus- und Ehefrauen und Mütter. Madame de La Fayette schrieb an ihren Lehrer Ménage: «Manchmal bewundere ich mich ganz allein . . . Finden Sie mir eine andere, die eine Persönlichkeit wie die meine hat, dem Schöngeistigen zugewandt, wie Sie mir den Weg gewiesen haben, und die ebensogut für Haus und Familie geschaffen ist.» Diesen Brief schrieb sie gegen Ende ihres Schriftstellerinnenlebens. Doch im Gegensatz zu ihr waren die Frauen, die ihr Talent opfern mußten, Legion.

Für einen anderen Bereich steht der Fall der Luisa Bergali, der sich um 1750 in Venedig abspielte. Verfasserin von Dramen und Komödien, Begründerin einer Theatertruppe, befand sie sich in direkter Konkurrenz zu ihrem Schwager Carlo Gozzi, einem sehr bekannten Theatermann. Dem paßte diese Rivalität mit seiner Schwägerin gar nicht; er strengte einen Prozeß nach dem anderen gegen sie an, die er dank seines Renommees alle mühelos gewann. Verheiratet mit einem depressiven, selbstmordgefährdeten Mann, Mutter von fünf Kindern, zermürbt von dem Kampf gegen die offenen oder versteckten Anfeindungen derer, die sie mundtot machen wollten, resignierte Luisa Bergali schließlich. Damit hatte ihr Leben seinen Sinn verloren, sie starb wenige Jahre später. Das unabwendbare Schicksal zahlreicher kreativer Frauen, das anfangs Erfolg bringt, dann aber die Karriere vernichtet.

Es ist die Zeit, in der die Damen von Welt sich in Korsetts einzwängen, die ihnen den Magen zusammenquetschen, die Taille einschnüren, die Brüste aufblähen und sie bei der geringsten Kleinigkeit in Ohnmacht fallen lassen. Was mit Gemütsbewegung oft gar nichts zu tun hat, sondern einfach mit Luftmangel. Es ist außerdem die Zeit, in der die Frauen, gelegentlich auch Männer, häufig von einer mysteriösen Krankheit befallen werden, an der sie schließlich sterben, die man Melancholie nennt.

Warum litten Malerinnen nicht unter Symptomen dieses

Übels? Diejenigen, welche von vornherein vor dem übermenschlichen Kampf kapitulierten, den es zu führen galt, kennen wir nicht. Die, die wir kennen, waren stark und frühreif; sie alle schufen ihre Meisterwerke, darunter wahre Glanzleistungen, als sie kaum den Kinderschuhen entwachsen waren. So genossen sie häufig den bewundernden Schutz, den man Wunderkindern gewährt. Das Schreiben jedoch erfordert im allgemeinen einen längeren Reifeprozeß als die Malerei. Zwar mit dem Körper, nicht aber mit Bewegung verbunden, beruht es weniger auf Spontaneität. Im Gegensatz zur Malerei gibt es in der Literatur nur selten geniale, vollendete Jugendwerke. Wenn die Schriftstellerinnen das Alter erreichten, in dem sie im Vollbesitz ihrer Mittel hätten sein müssen, waren sie bereits verbraucht durch Zwänge, die das Leben ihnen auferlegte. Sahen sich dagegen gleichaltrige Malerinnen mit Entmutigung, Einsamkeit, Armut und körperlicher Schwäche konfrontiert, war zumindest ihr Werk bereits realisiert.

Jane Austen ist unter den Schriftstellerinnen jener Epoche ein Erfolgsbeispiel. Die englische Autorin, Vorläuferin von Virginia Woolf, schrieb im Eßzimmer der Familie, wo mehrere unter einem Dach lebende Generationen ein und aus gingen, an einer Tischecke, als sei das gar nichts. Denn wozu sollte sie die Aufmerksamkeit auf eine Arbeit lenken, die alle nur als schrulligen Zeitvertreib betrachtet hätten? Sie war für ihre Umgebung nichts als die alte Jungfer, die Familientante. Daß sie unverheiratet war, gewährte ihr die für kreatives Schaffen notwendige Freiheit. Wenn sie im Gemeinschaftsraum arbeitete, lief sie nicht Gefahr, von einem ungebetenen Gast gestört zu werden, der just in dem Moment die Tür zu ihrem Zimmer aufstieß, in dem sie sich bemühte, einen gerade im Kopf formulierten Satz festzuhalten und zu Papier zu bringen.

Die Malerin benötigte solche Abschirmung für ihr Schaffen nicht. Wenn sie bereits anerkannt war, hatte sie überdies meist ein eigenes Atelier, einen Ort, wo sie ungestört arbeiten konnte, der als Refugium respektiert wurde.

Wenige Maler und noch weniger Malerinnen wurden in die Salons des 17. und 18. Jahrhunderts eingeladen, obwohl manche von ihnen von Fürsten und Königen glanzvoll empfangen wurden. Künstler lebten damals am Rand der geistigen Zentren.

Weshalb haben die Malerinnen nie einen eigenen Salon gegründet? Weil sie es nicht nötig hatten, sich im Licht der anderen zu sonnen. Sie waren selber kreativ. Darin lag der wesentliche, erhebliche Unterschied. «Sie wissen nicht», schrieb die Marquise du Deffand an Voltaire, «in welcher Verfassung sich diejenigen befinden, die denken, die überlegen, die einige Aktivität entfalten und die zugleich ohne Talent, ohne Beschäftigung, ohne Aufmunterung sind . . .» Dieser Brief sagt alles über das Dilemma jener aufgeklärten Damen. Es liefert auch eine Erklärung dafür, daß Künstlerinnen einen Teil ihres Lebens in Zurückgezogenheit verbringen.

Das Europa der Akademien

Eine dieser Frauen fand die Verwirklichung, die den Frauen Anfang des 18. Jahrhunderts versagt blieb, in ihrer Tochter. Suzanne Necker, Waadtländerin und Pastorentochter, zeichnete sich in einer kleinen literarischen Akademie in Lausanne bald durch ihre Talente aus. Sie heiratete den Bankier Jacques Necker, der später Finanzminister am Hof Ludwigs XVI. wurde und sich mit Leib und Seele seiner Karriere widmete. In Paris verhilft Neckers Vermögen seiner Frau zu einem eigenen Salon. Ihre Tochter Germaine, 1766 geboren, zeigt sich schon früh als besonders aufgeweckt und erhält im Salon der Mutter ihre erste Bildung; 1786 heiratet sie den schwedischen Gesandten in Paris und wird Madame de Staël. Was für eine bedeutende Schriftstellerin sie war, ist bekannt. Weniger bekannt ist dagegen, daß sie nicht glücklich war, was sie auch einmal unverblümt eingestand: «Der Ruhm ist für eine Frau nur der traurige Abglanz von Glück.»

Was sagen die Malerinnen darüber, die das Jahrhundert auf ihre Weise darstellen und kommentieren? Für sie bedeutet die Zulassung zu einer Akademie den Königsweg, auch wenn sie dort nicht die gleichen Privilegien genießen wie die Männer. Sie sind nicht berechtigt, an Zeichenkursen teilzunehmen – und wie soll man seinen Strich verbessern ohne Übung und fachliche Anleitung? Sie haben nicht das Recht, zu unterrichten, sich an Wettbewerben zu beteiligen oder irgendeine Funktion auszuüben. Zudem werden sie nur unter großen Schwierigkeiten aufgenommen und in erheblich geringerer Anzahl als die Männer.

Man fragt sich, welchen Nutzen die Frauen damals aus dieser Aufnahme ziehen konnten. Nun, die Tatsache, gewählt worden zu sein, stellte an sich bereits eine Auszeichnung dar. Aber kann sich die Malerin dann mit der Rolle der stummen, dankbaren Zuschauerin zufriedengeben? Eine Art freie Kandidatin ohne jede Verpflichtung zur Aktivität, aber durch diverse Hindernisse eingeengt?

Die Académie Royale in Paris ist in diesem Jahrhundert der Aufklärung keine junge Institution mehr; sie existiert seit Ludwig XIV. Mit einer seiner großzügigen Gesten, die ihm den Ruf eines Mäzens eintrugen, hatte er sich für die Aufnahme aller talentierten Künstler ausgesprochen, unabhängig vom Geschlecht. Marie-Geneviève und Madeleine Boulogne (1646–1710) waren die Pionierinnen. Im Jahre 1682 zählte die Académie sieben weibliche Mitglieder. Dann aber änderte sich plötzlich das Klima, Frauen wurden immer seltener zugelassen und schließlich gar nicht mehr. Ab 1706 wurde ihnen der Zugang verwehrt. Der Historiker sieht zwei Gründe für diesen Rückschritt: Für manche Mitglieder bedeutete die Anwesenheit von Frauen eine Diskreditierung der Académie Royale. Der alternde König wiederum geriet zunehmend unter konservative Einflüsse, wie den der Marquise de Maintenon, und tendierte zur Rückkehr zur alten Ordnung.

Ein Skandal löste den anderen ab. Als Sophie Chéron

(«Selbstbildnis», Louvre, Paris) 1711 starb, verfaßte ihr Freund Fermel'huis den Nachruf. Er wollte ihn bei einer Sitzung der Académie vortragen, erfuhr jedoch eine schroffe Zurückweisung: Es sei nicht die Gepflogenheit des Hauses, für einen Mann die Grabrede zu halten. Sollte man das nun für eine Frau einführen?

Eine weitere eklatante Ungerechtigkeit, die ans Lächerliche grenzt, für die Beteiligten jedoch schrecklich gewesen sein muß: Margareta Haverman, Blumenmalerin (Bilder von ihr hängen in New York und Kopenhagen), war 1722 in die Académie gewählt worden. Ein Jahr später wurde das Gerücht verbreitet, die «Probearbeit» für die Aufnahme stamme gar nicht von ihr, sondern von ihrem Lehrer Jan van Huysum. Hätte man sich informieren wollen, hätte man festgestellt, daß van Huysum die Geheimnisse seiner Kunst eifersüchtig hütete und aus Angst vor Konkurrenz nur eine einzige Schülerin aufgenommen hatte, nämlich Margareta; er dachte also gar nicht daran, sich für etwas herzugeben, was eine Schülerin vielleicht ebenso berühmt gemacht hätte wie ihn selbst. Verleumdung und Gehässigkeit triumphierten: Margareta wurde aus der Académie ausgeschlossen, ohne daß eine ernsthafte Untersuchung stattgefunden hätte. Sie verkaufte zwar weiterhin ihre Bilder, aber im Verlauf einer sowieso schon durch ausschließlich männliche Verhaltensweisen belasteten Karriere war dieser weitere Schlag für sie schwer zu verkraften.

Unter den in die Académie aufgenommenen Frauen figuriert eine Ausländerin, Rosalba Carriera (1675–1757), deren Talent das vieler ihrer Zeitgenossinnen in den Schatten stellte. Sie wurde ohne Schwierigkeiten 1720 zum Mitglied gewählt. Für die bereits an sämtlichen europäischen Höfen hochgeschätzte Künstlerin stellte dieser Akt nur eine weitere Ehrung dar, die diesmal Frankreich ihr erwies.

Bis zum Jahr 1757, nachdem die Carriera nach Venedig zurückgekehrt war, wurde keine Frau mehr aufgenommen. Es verstrichen also fast vier Jahrzehnte, ehe die Miniaturmalerin Marie-Thérèse Reboul den Vorstoß schaffte. Und dennoch war es das Jahrhundert der großen, fortschrittlichen Ideen, die bald nicht nur Frankreich, sondern ganz Europa und schließlich die Welt in den Grundfesten erschüttern sollten.

Zehn Jahre später, 1767, wurde eine Berlinerin, Dorothea Liwieska-Therbusch, gewählt, 1770 wurden zwei weitere Frauen aufgenommen. Die Männerwelt ist beunruhigt, fürchtet, überrollt zu werden, und wieder einmal setzen sich Restriktionen durch: Eine Verordnung begrenzt die Toleranzschwelle auf *vier* Frauen.

Lange danach, erst 1783, wird Elisabeth-Louise Vigée-Lebrun aufgenommen: Sie war bereits auf dem Gipfel ihres Ruhms angelangt.

Nach der Revolution wird die in ihren Strukturen ziemlich ins Wanken geratene Académie Royale zum Institut de France. Der eigentliche Malunterricht wird nun in einer École des Beaux-Arts erteilt.

Adélaïde Labille-Guiard spielte eine entscheidende Rolle beim Umdenkungsprozeß. Im Jahre 1781 hielt sie eine hervorragende Rede, in der sie mit überzeugenden Argumenten darlegte, daß sich eine akzeptable Zahl für Frauen nur dann festsetzen ließe, wenn man gar keine festsetzte. Weiterhin forderte sie für sich und ihre Geschlechtsgenossinnen eine andere Bezeichnung, um jede Verwechslung mit Funktionen und Aufgabenbereichen der Männer auszuschließen: Sie würden als «Beraterinnen» fungieren. Das Ganze wird akzeptiert. Von nun an können die Frauen freier in den «Salons» (regelmäßige offizielle Kunstausstellungen) ausstellen . . . Von nun an aber haben die Akademiemitglieder auch das Mittel gefunden, sie auf sehr lange Zeit aus ihrem erlauchten Kreis auszugrenzen.

Eine andere Akademie in Paris war Frauen gegenüber zugänglicher und damit auch weniger glanzvoll: die Académie de Saint-Luc. Vigée-Lebrun, Labille-Guiard hatten sie besucht und auch ihre Arbeiten ausstellen können. So wenig liberal die Académie Royale auch erscheint, zählt sie, im Vergleich zur English Royal Academy, doch immer noch zu den toleranteren. Deren erster Präsident wurde 1768 der Maler Joshua Reynolds. Nur zwei Frauen fanden dort Aufnahme: Angelika Kauffmann und Mary Moser. Und das bis zum 20. Jahrhundert!

Gewiß haben die Akademien in der Provinz Frauen leichter aufgenommen als die Académie Royale, wobei diese freilich riskierten, als Amateurmalerinnen zu gelten. Da die Malerei ebenso wie die Musik nicht als seriöse Kunstausübung, sondern als angenehmer Zeitvertreib angesehen wurde, erwartete auch niemand, daß eine Frau darin ihren Lebensinhalt sehen könnte.

Frauenzeitschriften

In der Privatsphäre konnten sich Frauen innerhalb streng gezogener Grenzen gewissen Aktivitäten hingeben. Im öffentlichen Bereich aber, der zum Bekanntwerden für einen Künstler unerläßlich ist, blieb der Zugang schwierig. Für die Malerinnen, ebenso wie die Musikerinnen, Bildhauerinnen, Schriftstellerinnen, war es oft notwendig, mit ihrem Beruf den Lebensunterhalt zu bestreiten; das galt insbesondere für Bildhauerinnen, die ja auf Aufträge warten müssen. Das bedeutet für sie, sich gegen den allgemeinen Trend durchzusetzen, ihm ihr Werk – und auch ihren Willen unterzuordnen. Diejenigen, die zu Ruhm gelangen, müssen zuerst der männlichen Zustimmung sicher sein, wie man es bei den Akademien gesehen hat.

Konnten die Frauen in diesem Jahrhundert, in dem sich die großen politischen Umwälzungen anbahnten und vollzogen, mit der Solidarität ihrer Kolleginnen rechnen? Selten. Unter derart schwierigen Bedingungen wurden sie häufig zu Rivalinnen. Wer sprach schon von ihnen? Gab es eine weibliche Presse, die sie unterstützen konnte? Sie steckte noch in den Kinderschuhen und fand kaum Beachtung.

In den protestantischen Ländern – zum Beispiel in Teilen

der Schweiz, den Niederlanden, den nördlichen deutschen Kleinstaaten, Preußen – hatten es Frauen häufig leichter als in den katholischen Ländern. Vielleicht ist das auf eine liberalere Tradition zurückzuführen, zumindest in den Texten des Protestantismus? Vielleicht schlug die Idee von Staatsbürgern und Gleichheit in einem Denken, wie es der Aufschwung von Kapital und Technik mit sich bringt, zwangsläufig Wurzeln? Was die Presse betrifft, so befanden sich die protestantischen Länder, insbesondere England, an der Spitze der Bewegungen, die für weibliche Meinungsäußerung eintraten.

Seit dem 17. Jahrhundert haben *Tatler, Spectator* und *Guardian* Leser beiderlei Geschlechts. Im Jahre 1709 wurde *Female Tatler* von Mary de La Rivière Manley gegründet. Unter dem Pseudonym Mrs. Carckenthorpe stürzte sich diese Frau, die ihrem Vater eine gründliche Erziehung und umfassende Bildung zu verdanken hatte, in den politischen Kampf und zog als Anhängerin von «Theorien» vehement gegen die Whigs zu Felde. Mary erlebt daraufhin das anscheinend übliche Schicksal jener Frauen, die damals nach Selbstbestätigung trachteten: Sie wird zum Opfer von Verleumdungen. Ihre Zeitung muß sie «einer Gesellschaft zurückhaltender Damen» überlassen. Sie macht Bekanntschaft mit dem Gefängnis, bleibt aber kämpferisch. Nach ihrer Freilassung vertraut Jonathan Swift ihr seine Zeitschrift *The Examiner* an, in der sie politische Pamphlete veröffentlicht. Umkehrung der Situation, die jedoch zu den gleichen Konsequenzen führt: Jetzt wird sie fast nach jeder Ausgabe wegen Verleumdung belangt. Schließlich gewinnen die Vorurteile die Oberhand: Zum Schweigen gebracht, vor die Notwendigkeit gestellt, sich mit Schreiben ihren Lebensunterhalt zu verdienen, erklärt sie bei Regierungsübernahme der Whigs scheinbar resigniert, Politik sei Männersache, und schreibt von nun an nur noch belanglose Romane.

Wo ist hier der Zusammenhang mit den Malerinnen? Er ist klar. «Niemand ist eine Insel», schrieb John Donne. Die Künstler brauchten die Journalisten, und die Journalisten waren den gleichen schweren Prüfungen ausgesetzt wie die Künstler.

Im Jahre 1721 wird Anne Dodd, die Herausgeberin des *London Journal*, ebenfalls von der Justiz verfolgt und muß Krankheit vorschützen, um freigelassen zu werden. Im gegnerischen Lager bringt eine Tory-Lady, Mary Wortley Montagu, «The Nonsense of Commonsense» heraus. Lady Montagu signiert ihre Artikel nicht, weil ihr das mit ihrer Position als Aristokratin nicht vereinbar erscheint, aber sie freundet sich mit der ersten Feministin, Mary Astell, an, die für die Gründung einer Frauenuniversität plädiert. Recht auf Arbeit, Recht auf «höhere» Bildung und Wissen, Recht auf freies Schaffen: Die revolutionären Ideen gedeihen nicht nur im Umfeld einer Guillotine.

Eliza Haywood leitet den *Female Spectator* von 1744 bis 1746. Die Zeitschrift genießt die gleiche Gunst wie die Bilder einer Vigée-Lebrun oder einer Rosalba Carriera: Sie wird in den amerikanischen Kolonien gelesen, in New York, in Connecticut, in Pennsylvania. Einige Jahre später gründet dieselbe Eliza die *Epistles for the Ladies*, ein Journal, in dem sie die Frauen zu wissenschaftlichen Studien ermuntert, ein Anliegen, das sie mit den Künstlerinnen ihrer Zeit teilt. Sie möchte erreichen, daß die Mütter ihren Töchtern das Recht zu studieren zugestehen. Ebenso nachdrücklich setzt sie sich dafür ein, daß ihnen vom Mikroskop zum Teleskop alles zugänglich gemacht werde, um die Wunder der Natur zu erforschen.

Die Pforten der ehrwürdigsten Stätten öffnen sich für Frauen: Charlotte Lennox, eine Freundin von Samuel Johnson, gründet 1760 das «Lady's Museum». Kraft, Intelligenz, das Schöne dürfen den Frauen nicht länger fremd bleiben, selbst wenn sie dafür einen sehr hohen Preis zahlen müssen: Bespitzelung, Verfolgung durch die Behörden, sogar Gefängnis.

In Frankreich haben sich die Frauen zur Zeit der Fronde erstmals dem Journalismus zugewandt, zwangsläufig militant, da es sich ja um das Werk von Frauen handelt und sich an Frauen richtet. Daß sie in Erscheinung treten, als der königliche Absolutismus in Frage gestellt wird, verwundert keineswegs; sie kennen den männlichen Absolutismus zur Genüge und sehen da keinen nennenswerten Unterschied.

Die damaligen Zeitungen, *La Gazette des Halles, Le Babillard* und *La Gazette de la Place Maubert*, sprechen von einer mysteriösen Madame Denise – Seele dieser Revolution der Frauen, Parallele der politischen Revolution und ihr vielleicht teilweise verwandt? Häufig im Volksjargon abgefaßt, werden sie Bäuerinnen, Marktweibern, allen, die schwerste, niedrigste Arbeiten verrichten, laut vorgelesen.

Diese Frauen, von den zeitgenössischen Künstlern so in ihrer Küche gemalt, wie die Gesellschaft sie zu sehen wünscht – Bauernmädchen, verheiratete Frauen vom Land, über die ersten Schritte ihres Jüngsten gerührte Mütter –, plagen sich entweder selbst mit der Lektüre herum oder lassen sich die Artikel vorlesen, die sämtlich gegen die Obrigkeit aufbegehren, an der bestehenden Ordnung rütteln.

Zwischen diesen Frauen, diesmal von Frauen gemalt, herrscht eine Art Komplizenschaft, deren konkrete Bestätigung in den Bildern zu erwarten jedoch sinnlos wäre. Aber beide, die Malerin wie ihr Modell, sind über diese Zeitungen informiert, die im Land zirkulieren, die sie manchmal auch selber lesen. Das genügt für einen unterschiedlichen Zugang zu Porträts von Männern und Frauen, die Frauen jener Zeit malen. Was für Zeichen tauchen hier und da in der bildlichen Darstellung auf, die darauf hindeuten, daß eine Veränderung im Gange ist?

Im Jahr 1703, als die Fronde noch in den Köpfen herumspukt, plant Marie-Jeanne l'Héritier eine Publikation mit dem Titel «L'Erudition enjouée ou Nouvelles satiriques et galantes écrites à une dame française qui est à Madrid» («Die fröhliche Gelehrsamkeit oder Satirische und galante Nachrichten an eine Französin, die in Madrid weilt»). Das Projekt kommt nicht zustande, doch von den Zielen, die sich die Autorin gesetzt hatte, bleiben einige Spuren zurück. Laut Marie-Jeanne l'Héritier benutzt die literarische Kritik, die reine Männersache ist, ein hochgestochenes, für die Mehrzahl der Leser und insbesondere für die meisten Frauen unverständliches Vokabular. Ihr schwebt eine direktere, subjektivere Kritik vor, in der die Frauen sich ausdrücken können.

Auch hier besteht ein deutlicher Zusammenhang mit den Künstlern. Der Ehrgeiz von Marie-Jeanne l'Héritier beschränkt sich nicht auf die Kritik an sich; ihre Nachrichten wollen auch «satirisch» sein ... Die weibliche Perspektive, konfrontiert mit den von Männern geschaffenen Werken, würde die Gesellschaft in neuem Licht zeigen. Die Malerinnen ihrerseits haben nicht den Mut aufgebracht – aber hatten sie dazu überhaupt die Möglichkeit? –, diese persönliche Sicht auf ihre Umgebung zu vermitteln. Kein Zweifel jedoch, daß sie sich mit Marie-Jeanne in einem anderen Punkt getroffen hätten. Ihre Nachrichten sollten «galant» sein, aber in der Version von Galanterie aus weiblicher Perspektive, was den Freuden von Sexualität, Liebe, Frivolität und Ausschweifung einen ganz verschiedenen Ausdruck verleihen würde.

Anne-Marguerite Dunoyer wiederum wurde nach der Veröffentlichung der «Lettres historiques et galantes» («Historische und galante Briefe») Herausgeberin der Gazette *La Quintessence des nouvelles historiques, critiques, politiques, morales et galantes* («Die Quintessenz historischer, kritischer, politischer, moralischer und galanter Nachrichten»), die zweimal wöchentlich erschien. Wie alle Frauen, die damals von sich reden machten und dort erfolgreich waren, wo man sie am wenigsten erwartete, war auch Anne-Marguerite Dunoyer eine Ausnahmeerscheinung mit einem Leben voller romanhafter Zickzackkurven: Protestantin aus Nîmes, ließ sie sich nach Aufhebung des Edikts von Nantes und dem Scheitern ihrer Ehe mit einem französischen Katholiken in Holland nieder. Dort verheiratete sie ihre Töchter. Die Schwiegersöhne, die sie sich ausgesucht hatte, brachten das Familienvermögen durch, betrogen ihre Frauen, einer beging sogar einen Mordversuch. 1713 hielt sich Voltaire in Den Haag auf und hatte eine Liaison mit einer der Dunoyer-Töchter, bevor er sich zufällig mit dem geschiedenen Mann von Anne-Marguerite anfreundete. Gemeinsam überboten sich die beiden nun in übler Nachrede, vor allem, als sie im gleichen Jahr das als skandalös geltende Werk der Engländerin Mary de La Rivière Manley «Secret Memoirs from the New Atlantis» («Geheime Memoiren aus dem Neuen Atlantis») veröffentlichte.

Unter anderen bemerkenswerten Experimenten darf das berühmte *Journal des Dames* nicht unerwähnt bleiben, das von 1759 bis 1778 erschien. Obwohl von einem Mann, Sébastien Mercier, mit dem Ziel konzipiert, den Damen der guten Gesellschaft unverbindliche Unterhaltung zu bieten, so hatten doch drei Frauen nacheinander die Verantwortung dafür und veränderten die Linie des Blattes in ihrem Sinne.

Die Zeitschrift wurde abonniert, veröffentlichte Kleinanzeigen, Leserbriefe. Die Chefredakteurinnen äußerten sich, jede in einer eigenen Rubrik, strikt feministisch – was schließlich ihre eigenen Leserinnen abschreckte!

Dies sind die Gründe, warum uns die Malerinnen Frauen, Männer, Kinder und selbst Küchen und Gärten meist so präsentierten, wie männliches Denken sie, bewußt oder unbewußt, wahrgenommen haben wollte.

Rosalba Carriera

Die Venezianerin Rosalba Carriera (1675–1757) gehört nicht zu den Frauen, die sich einsperren lassen. Sie gehört zu den Malerinnen, die in ganz Europa berühmt sind. Ihr Vater ist Hausverwalter, ihre Mutter Spitzenklöpplerin. Rosalba erlernt dieses Handwerk nicht nur sehr früh, sondern erfindet und entwirft auch neue Muster. In ihrer Kindheit sind venezianische Spitzen sehr in Mode; mit ihrer Arbeit sorgt Mutter Carriera für den Lebensunterhalt der nicht sehr begüterten Familie. Später fallen auf den Bildern Rosalbas die mit äußerster Präzision gemalten Spitzen an Kragen und Manschetten auf.

Als venezianische Spitzen aus der Mode kommen, wird Rosalba zu einem befreundeten Maler in die Lehre gegeben und bemalt Fächer und Dosen, die an Reisende verkauft werden. Sie erlernt die Technik der Miniaturmalerei und beherrscht sie meisterhaft. Sie wird Schülerin von Antonio Balestra, Giuseppe Diamantini, und auch ihr Schwager Giovanni Antonio Pellegrini beeinflußt sie stark. Gemeinsam mit ihren beiden jüngeren Schwestern Angela und Giovanna studiert sie Musik und Fremdsprachen. Die drei Schwestern gehören zu jener Klasse bürgerlicher Handwerker, die, ohne reich zu sein, ihren Töchtern eine umfassende Ausbildung ermöglichen. Weise Voraussicht der Eltern! Als ob sie geahnt hätten, daß ihre Töchter in Zukunft von den aus allen Ecken Europas kommenden Aufträgen der Mäzene leben würden.

Rosalba findet sehr schnell Beachtung als Miniaturmalerin. 1703 bietet sie dem Grafen Ferdinando Nicoli von Bologna ein Frauenporträt in Pastell an. Als bereits berühmte Dreißigjährige wird sie 1705 zum Ehrenmitglied der römischen Accademia di San Luca ernannt. Giovanna und Angela werden ihre Gehilfinnen, später beschäftigt sie einen ganzen Stab junger Malerinnen.

Rosalba wendet sich der Pastellmalerei zu, die zwar schon seit dem 15. Jahrhundert bekannt war, die der Künstlerin jetzt aber zu hohem Rang verhilft.

Zur führenden Porträtistin Venedigs geworden, erhält sie Berge von Aufträgen. Wer in Italien oder im Ausland Rang und Namen hat, ist es sich schuldig, sich von ihr malen zu lassen. Jung, bezaubernd, kultiviert, ein perfektes Beispiel für das Jahrhundert der Aufklärung und die venezianische Tradition, wird sie zum Mittelpunkt eines Kreises von Schriftstellern, Politikern und Denkern, die aus ganz Europa in ihr Atelier kommen. König August III. von Polen und Kurfürst von Sachsen verliebt sich in die Künstlerin – und in ihr Talent. Er überhäuft sie mit Aufträgen, und so gelangen über hundert ihrer Bildnisse in die Dresdner Gemäldegalerie. Jetzt wird sie auch von den Akademien in Bologna und Florenz zum Mitglied gewählt. Einen Höhepunkt bildet der Erwerb ihres Selbstporträts durch den Großherzog von Como für seine Sammlung. Wie alle, die vor ihr Erfolg hatten, wird auch sie mit Ehrungen überhäuft.

Doch der plötzliche Tod ihres Vaters im Jahre 1719 verändert Rosalbas Leben grundlegend. Bisher hat sie Italien noch nie verlassen. Der Schmerz veranlaßt sie, die Einladung des Pariser Bankiers Crozat anzunehmen; der Sammler und bedeutende Mäzen hatte sich auf einer Italienreise für die brillante Künstlerin begeistert. Sie begibt sich also nach Paris, begleitet von ihrer Mutter, ihrer Schwester Angela und deren Mann, dem Maler Pellegrini, sowie ihrem Freund Zanetti, einem namhaften Kunsthändler.

Von ihrem Aufenthalt in Frankreich möchte Rosalba nichts vergessen und hält die Fülle der Ereignisse in ihrem Tagebuch fest. Man schreibt das Jahr 1720, als sie sich in einem Atelier in der Rue de Rivoli einquartiert und die Hauptstadt sie zur «Königin des Pastells» kürt. Ganz Paris sieht Rosalba mit den Augen Crozats. Die Feste, die ihr zu Ehren stattfinden, suchen sich gegenseitig an Pracht und Glanz zu überbieten. Vor ihrem mittlerweile stadtbekannten Wohnhaus stehen reihenweise Equipagen, deren Insassinnen um jeden Preis ihr Inkognito wahren wollen, um sich dann dem Blick und Pinsel der berühmten Italienerin auszuliefern.

Wie viele andere Maler entdeckt auch Maurice Quentin de La Tour, welch große Meisterin Rosalba ist, und diese Begegnung beeinflußt seinen eigenen Stil. Watteau beeilt sich, ihr seine Bewunderung kundzutun, und läßt sich sogar von ihr porträtieren.

Eines ihrer ersten Pariser Porträts ist das von Ludwig XV. als Kind. Die «Königin des Pastells» wird zur «Porträtistin des

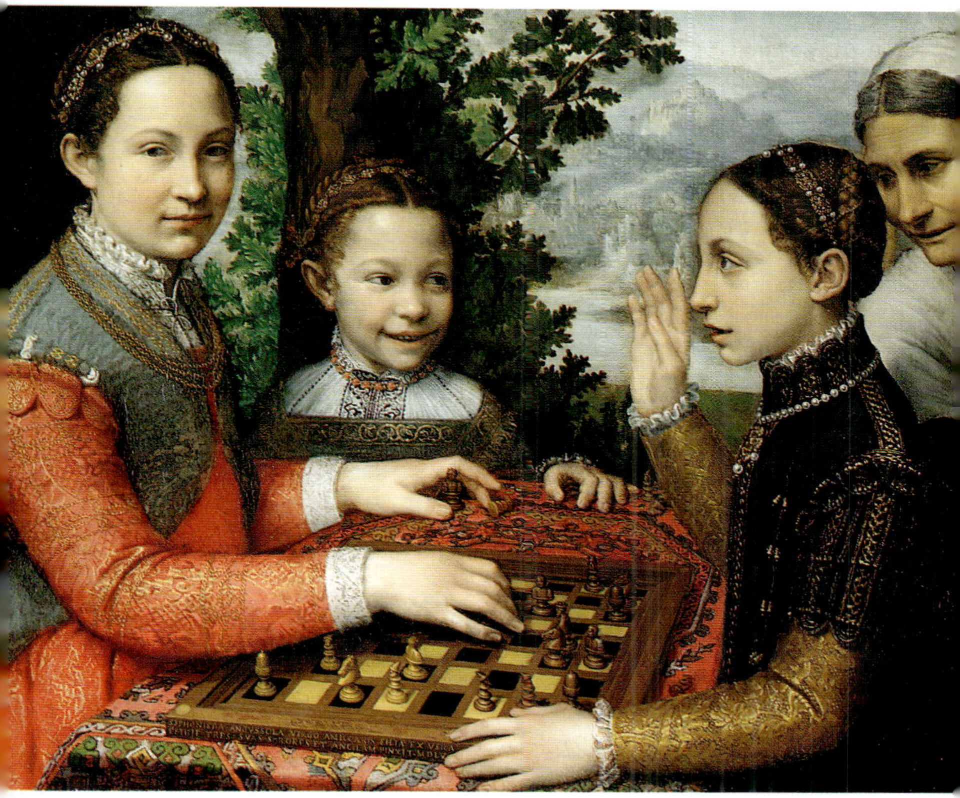

Sofonisba Anguissola
«Die drei Schwestern der Künstlerin beim Schachspiel» (1555)
Nationalmuseum Posen

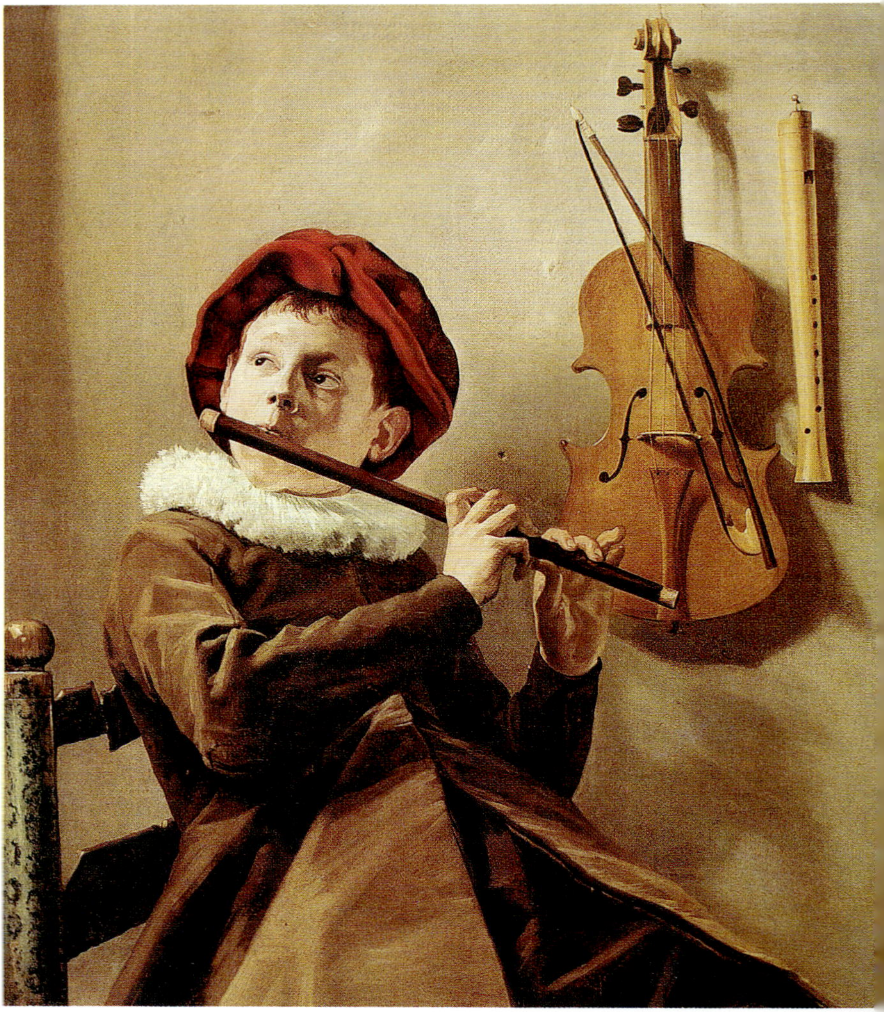

Judith Leyster, «Der Flötenspieler» (undatiert)
Nationalmuseum Stockholm

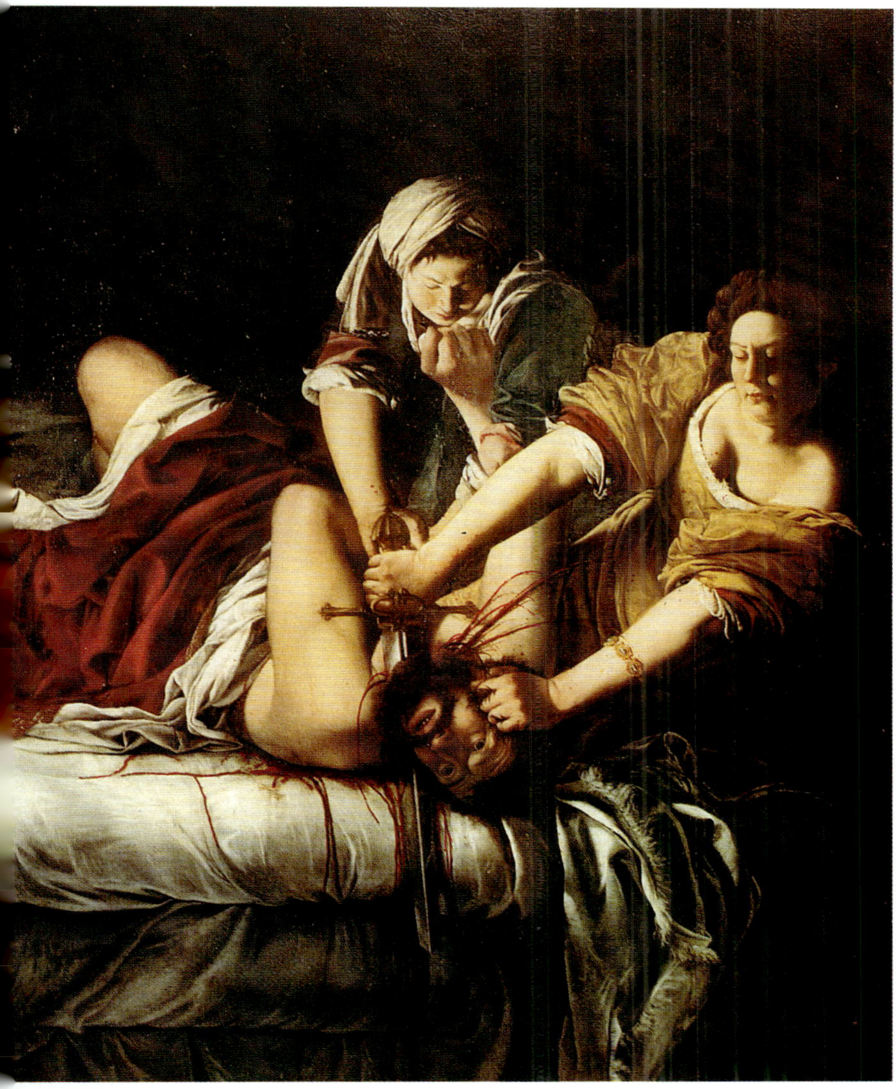

Artemisia Gentileschi, «Judith enthauptet Holofernes» (undatiert)
Uffizien Florenz

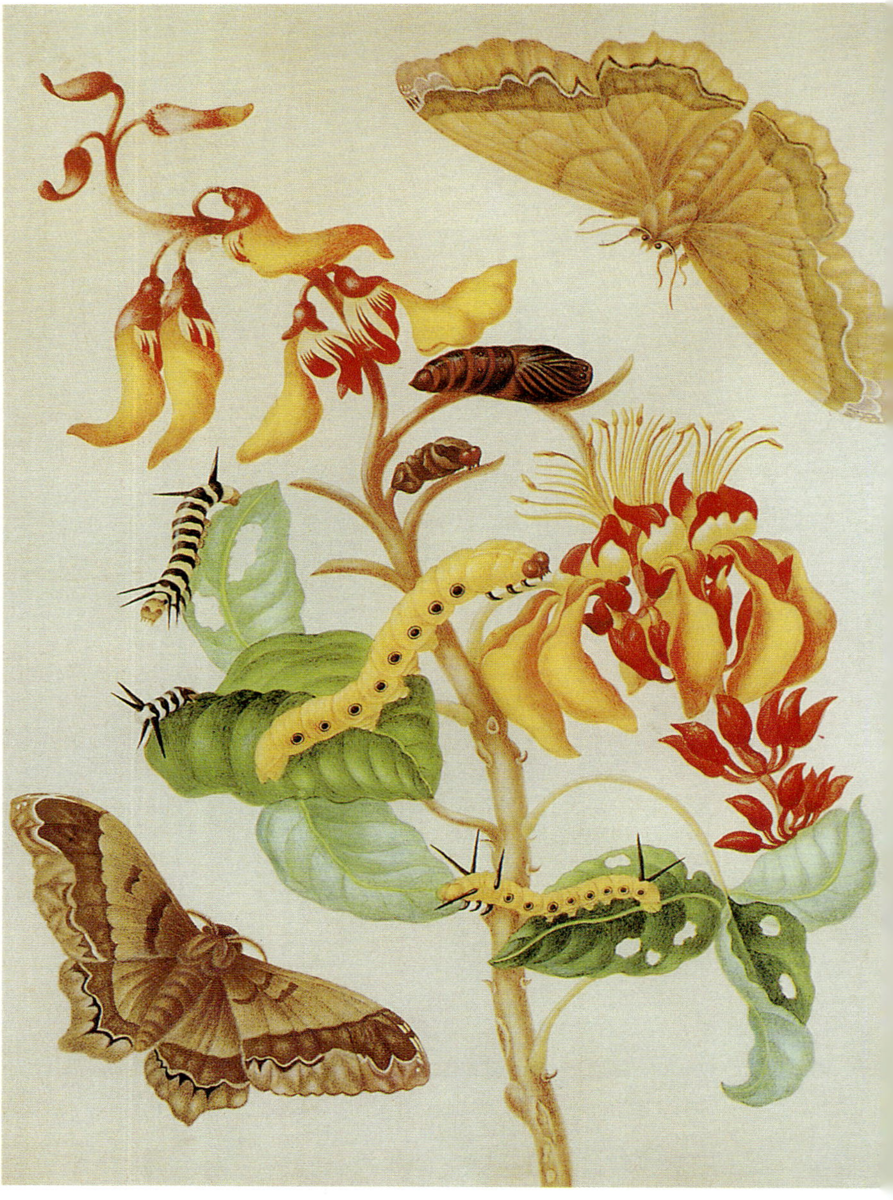

Maria Sibylla Merian, «Korallenbaum und Augenspinner» (undatiert)
Bibliothek der Akademie der Wissenschaften St. Petersburg

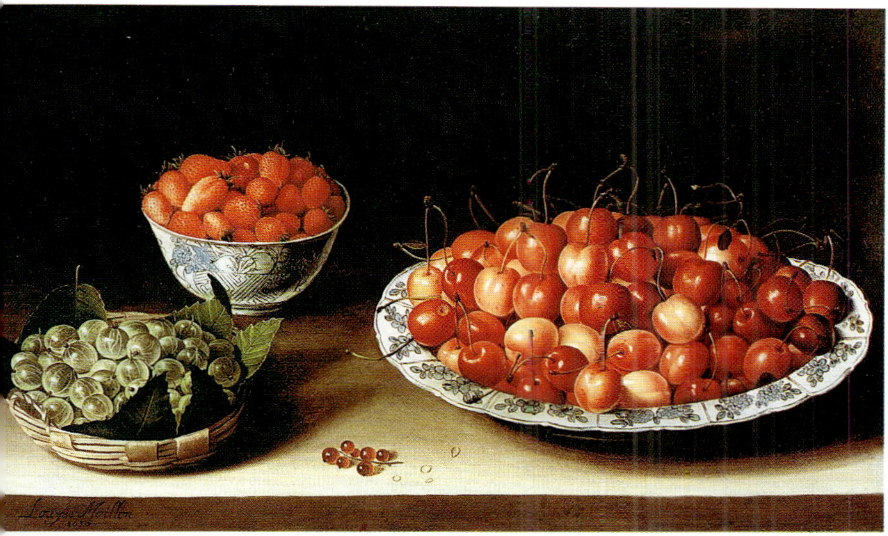

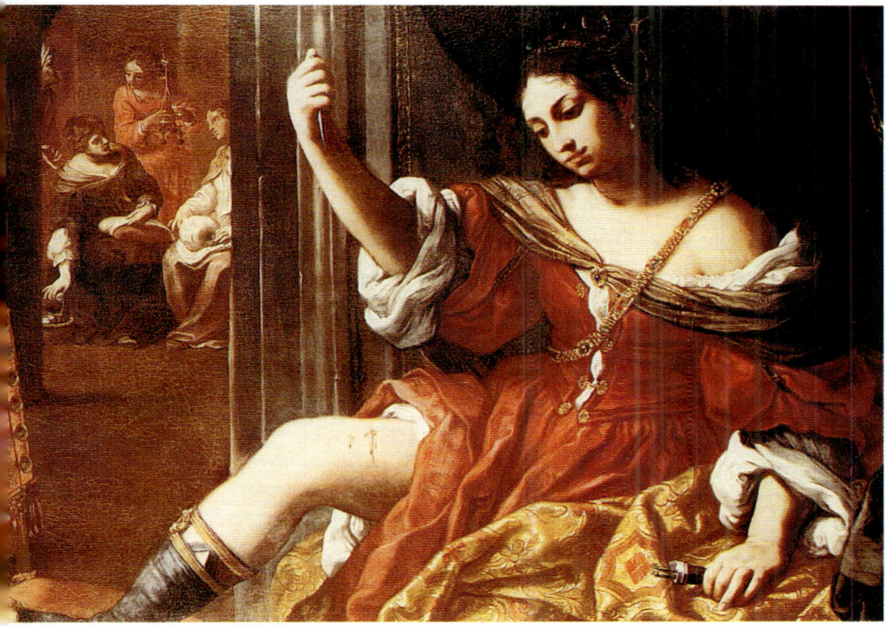

Louise Moillon, «Stilleben mit Kirschen, Erdbeeren und Stachelbeeren» (1630)
The Norton Simon Foundation, Pasadena, Kalifornien

Elisabetta Sirani, «Porcia verwundet sich am Schenkel» (1664)
Spencer A. Samuels & Company, New York

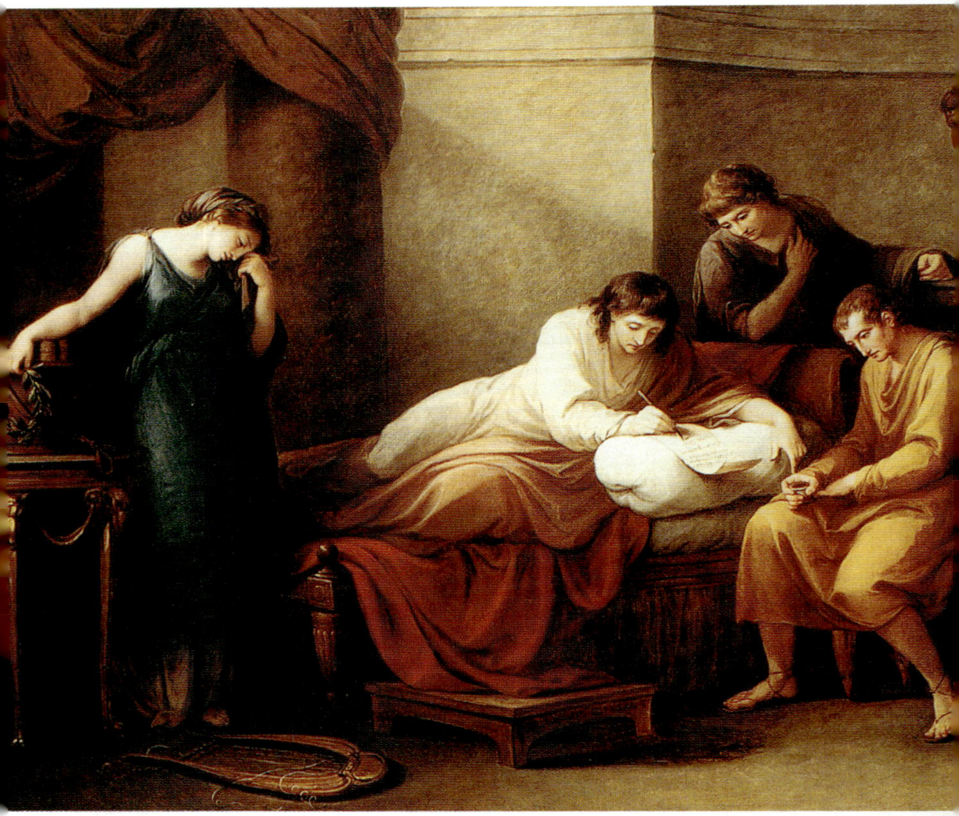

Angelika Kauffmann
«Virgil verfaßt sein eigenes Epitaph in Brundisium» (1785)
Peter Walch

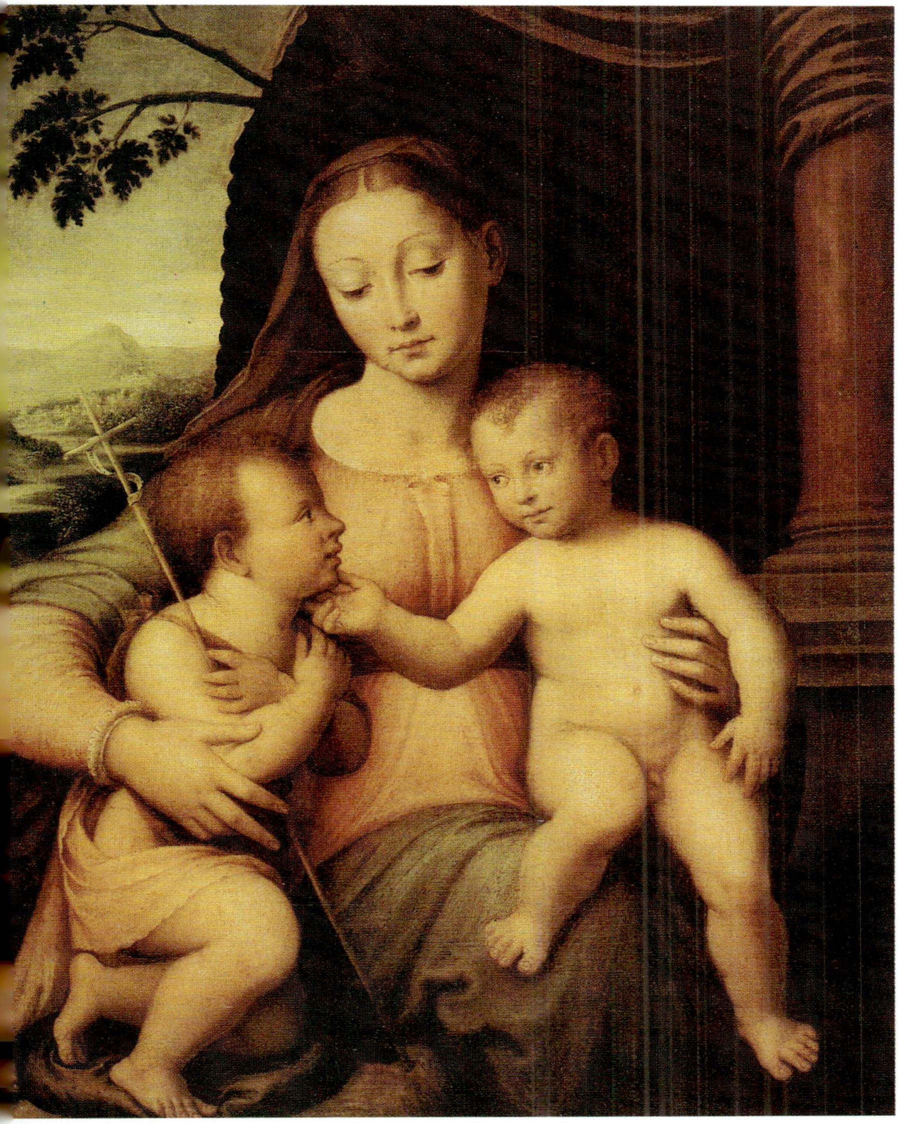

Barbara Longhi, «Maria mit dem Kind und Johannes» (undatiert)
Staatliche Kunstsammlungen Dresden

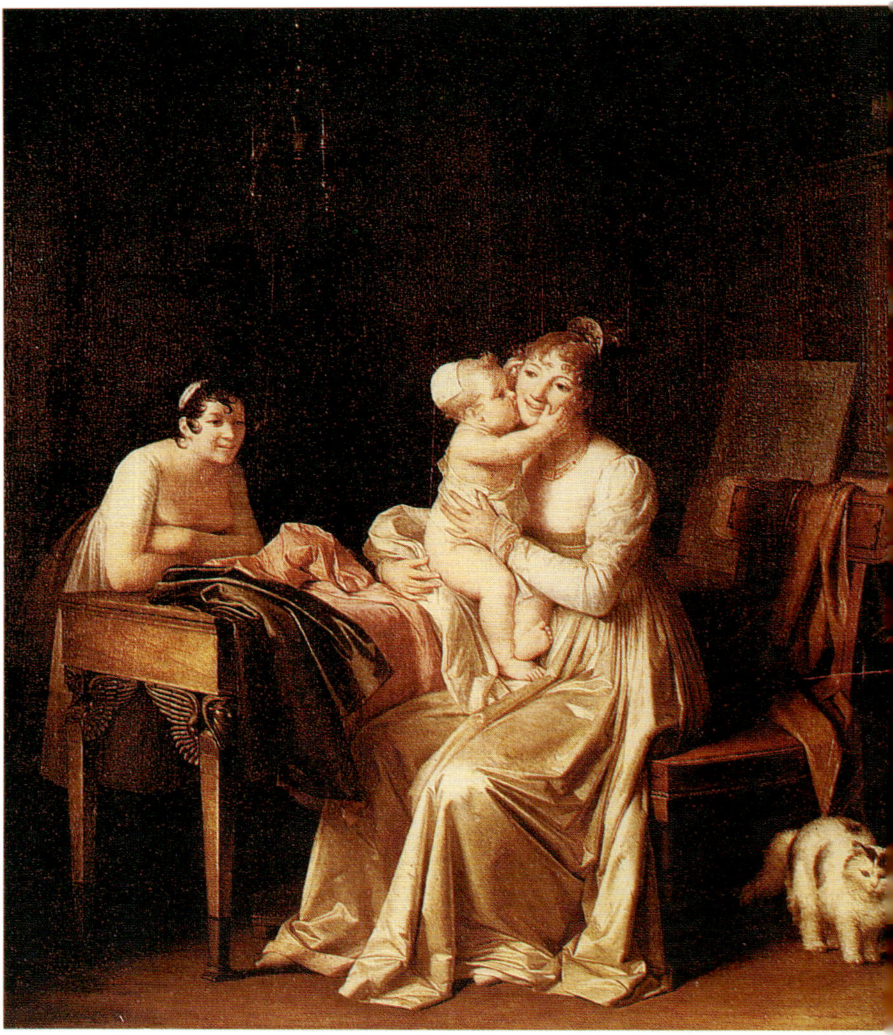

Marguerite Gérard, «Mutterschaft» (undatiert)
The Baltimore Museum of Art

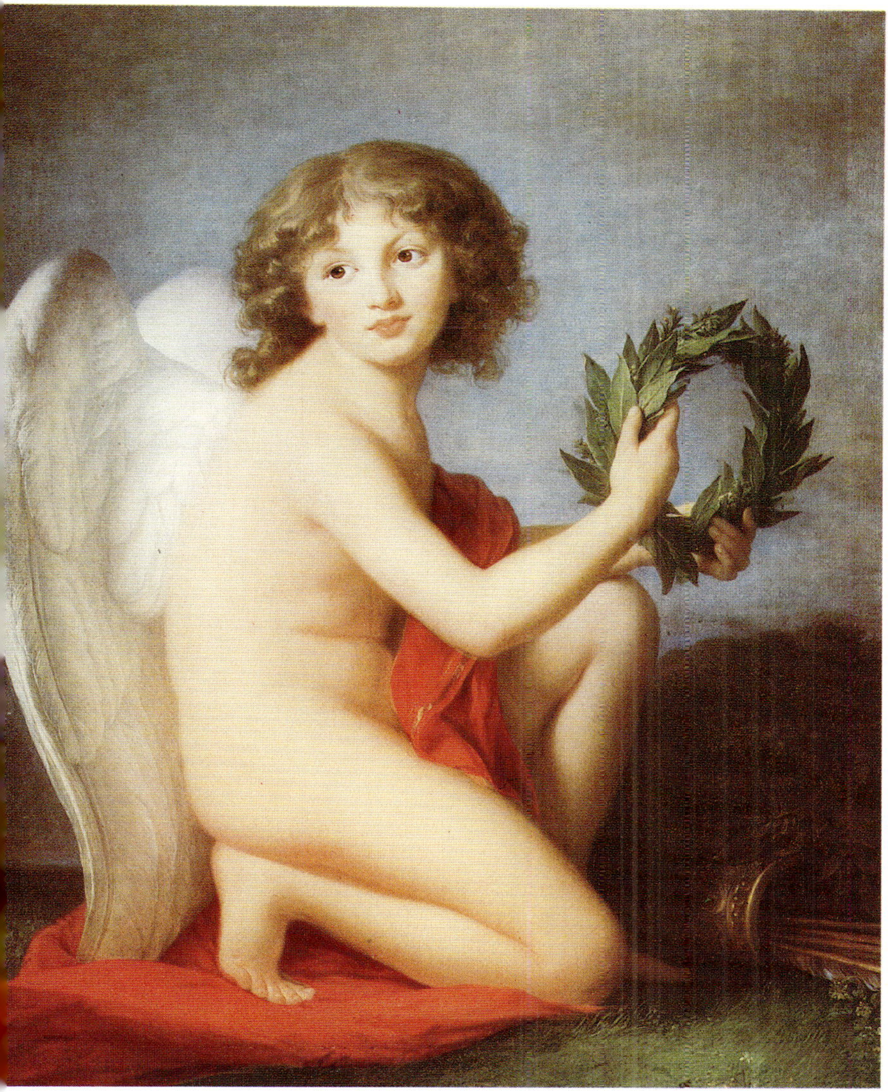

Elisabeth Vigée-Lebrun
«Bildnis Prinz Heinrich Lubomirski als Genius des Ruhms» (1789)
Staatliche Museen/Preußischer Kulturbesitz Berlin

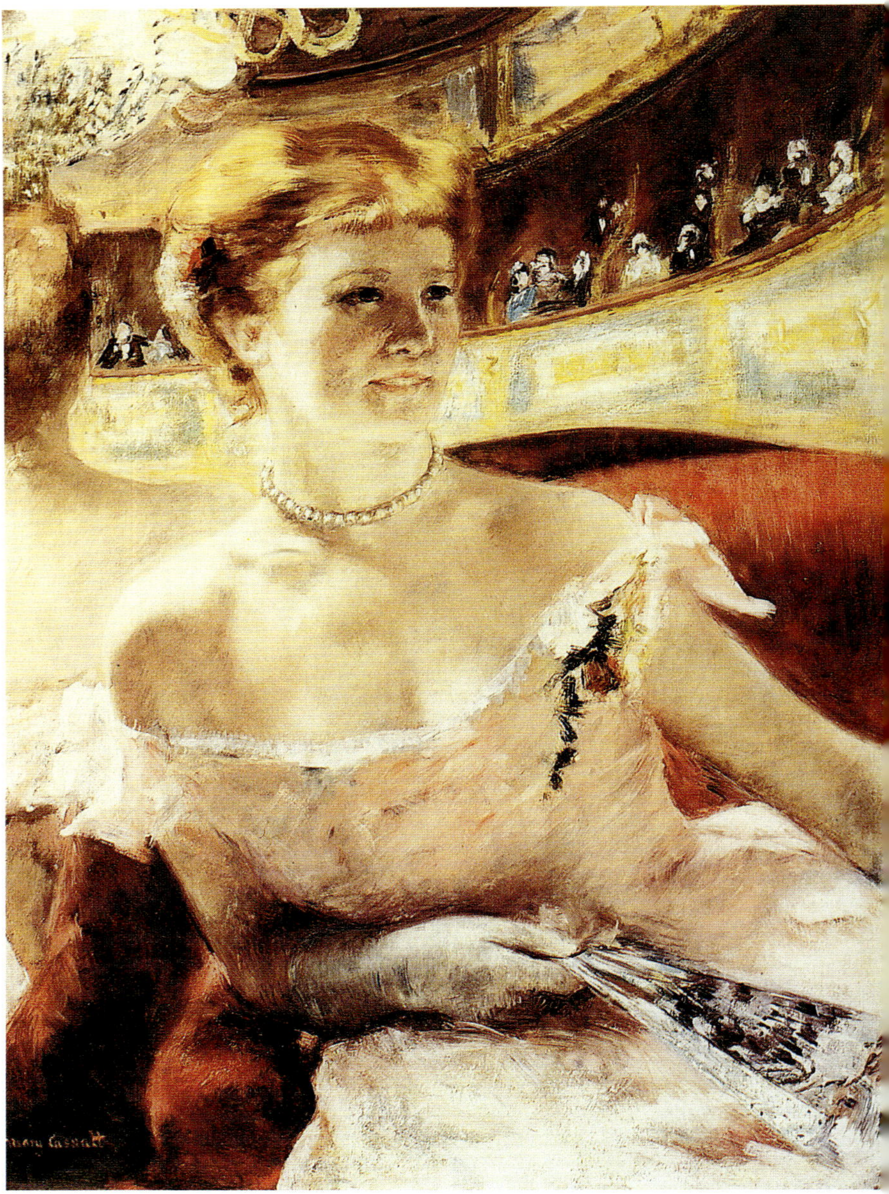

Mary Cassatt, «Lydia in einer Loge mit Perlenkette» (1879)
Philadelphia Museum of Art

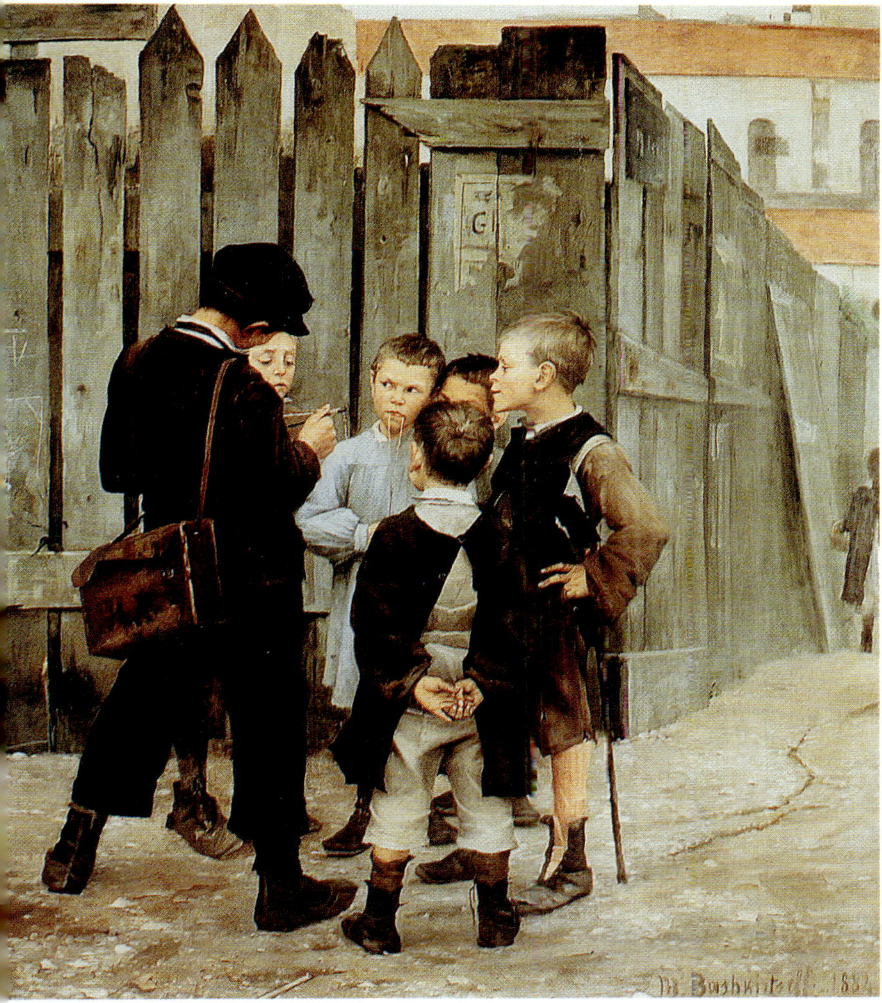

Marie Baschkirtscheff, «Eine Begegnung» (undatiert)
Musée d'Orsay, Paris

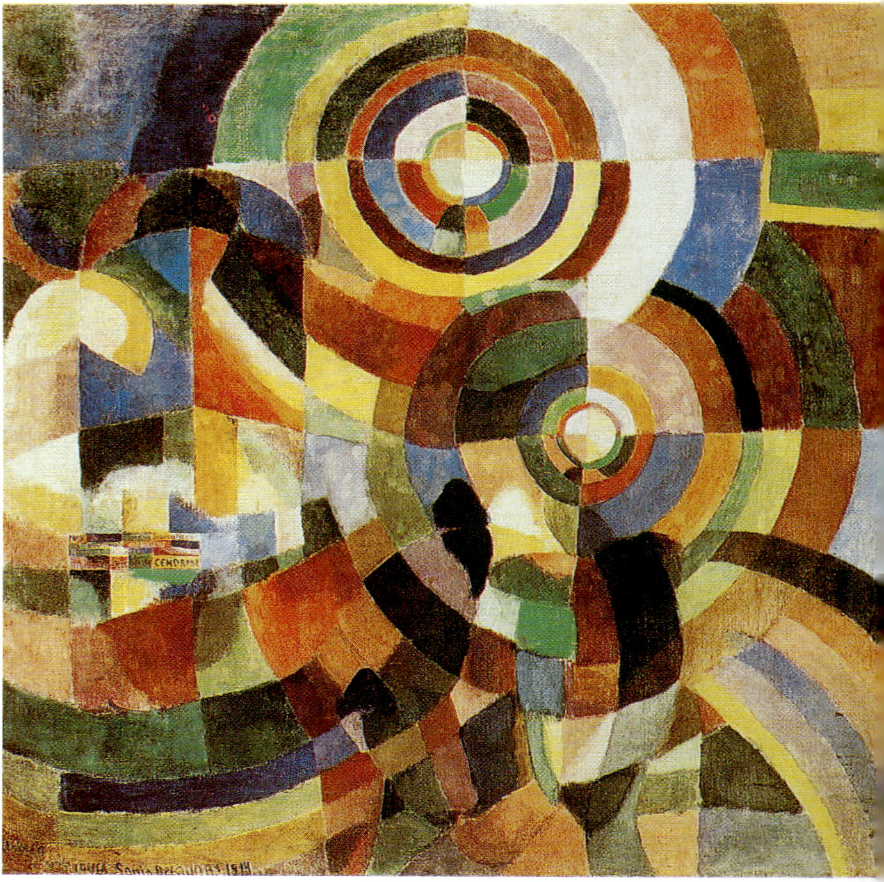

Sonia Delaunay-Terk, «Elektrische Prismen« (1914)
Musée National d'Art Moderne, Centre Georges Pompidou, Paris

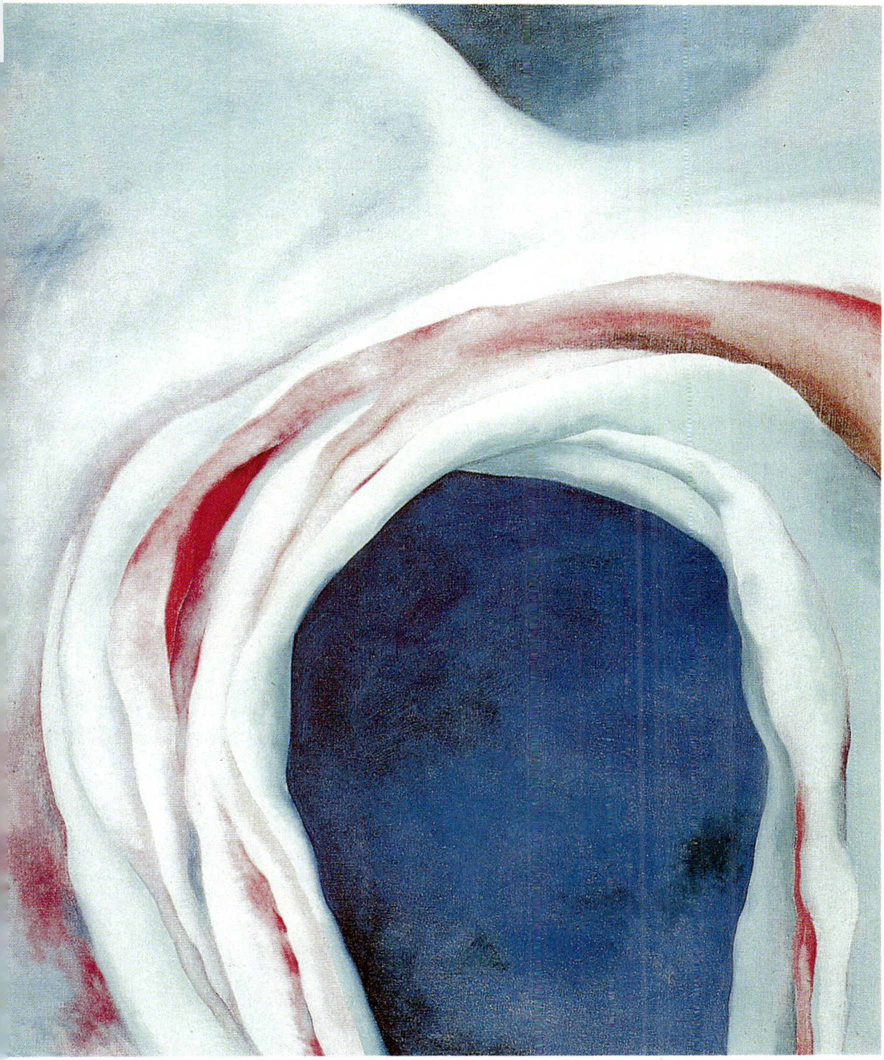

Georgia O'Keeffe, «Musik: Rosa und Blau» (1919)
Mr. und Mrs. Barney A. Ebsworth

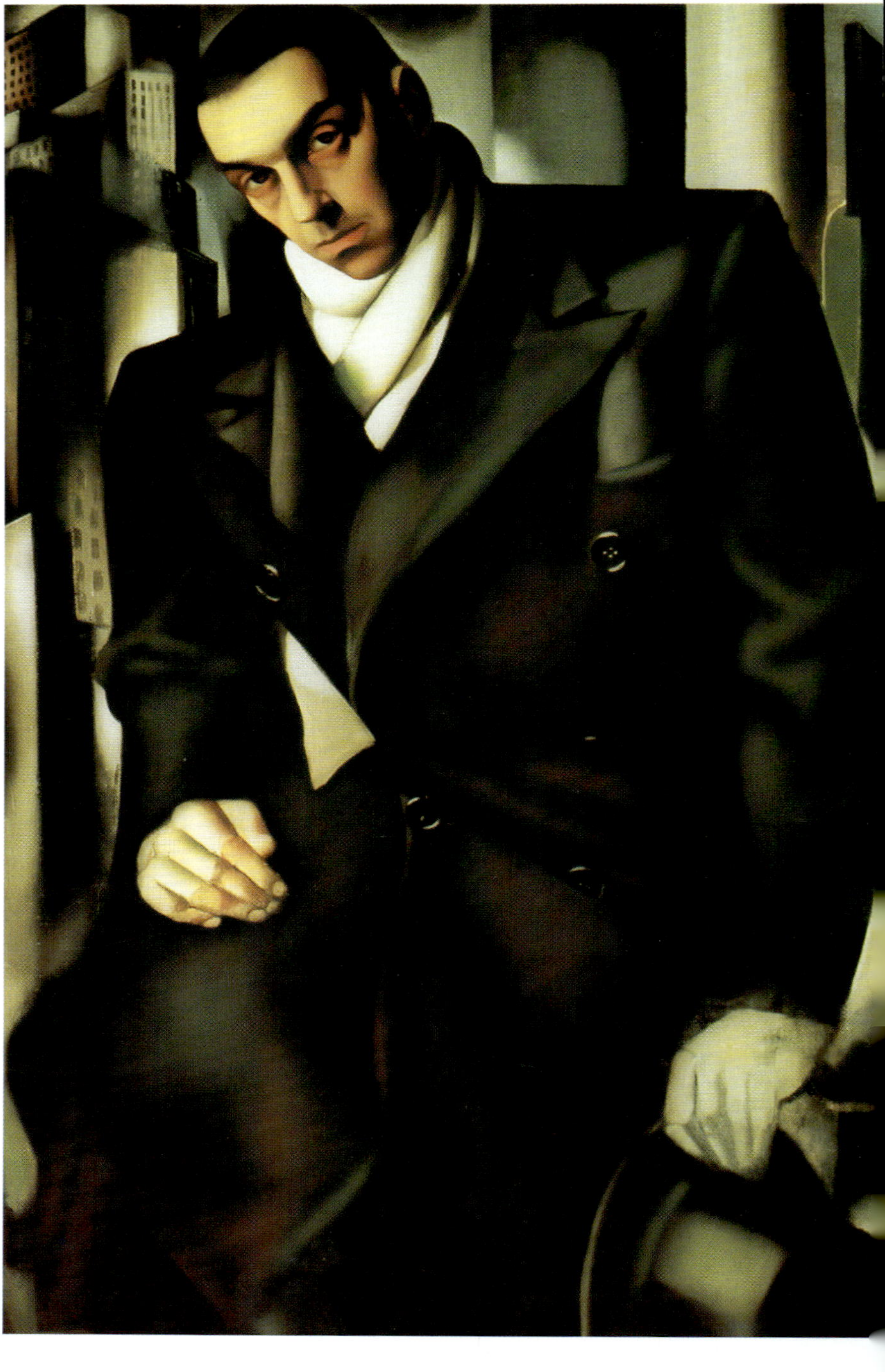

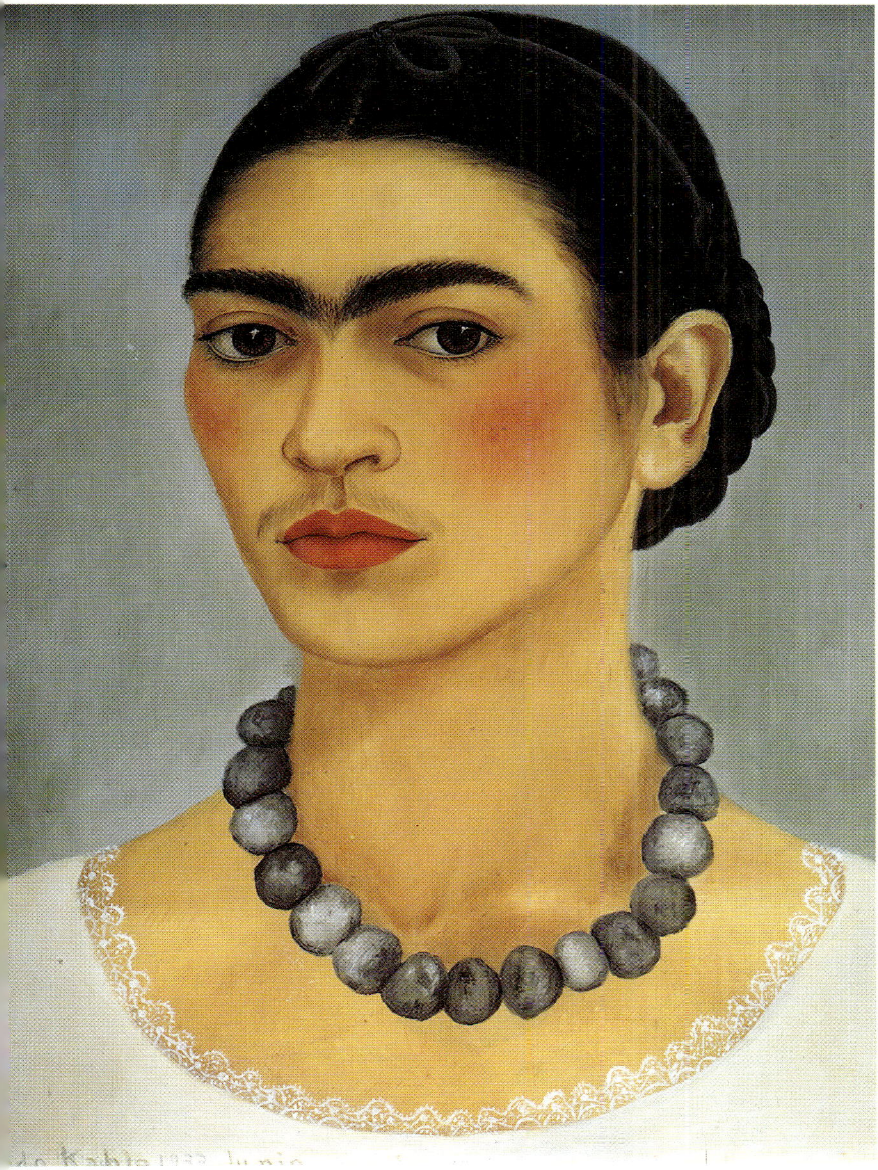

◁ Tamara de Lempicka, «Unvollendetes Männerbildnis» (1928)
Musée d'Art Moderne, Centre Georges Pompidou, Paris

△ Frida Kahlo, «Selbstbildnis mit Halskette» (1933)
Col. Jacques & Natasha Gelman, Mexico City

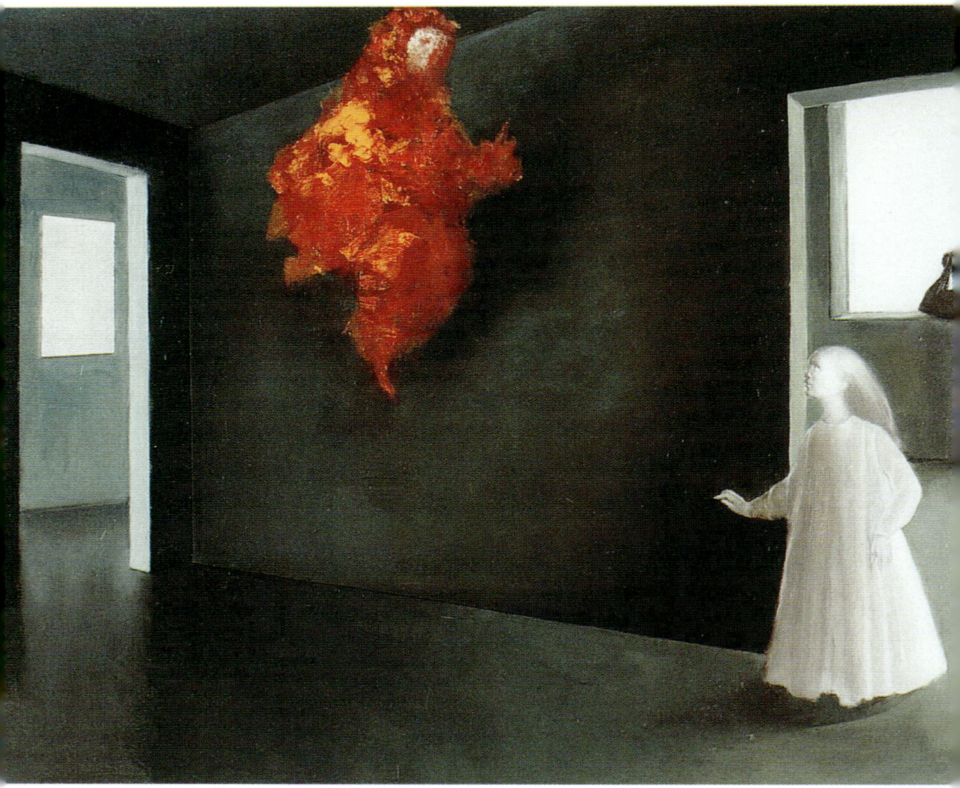

Leonor Fini, «Rote Vision» (1984)
Privatsammlung

Königs». Was für ein Aufstieg für die kleine Spitzenklöpplerin! In ihrem Atelier treffen sich die verschiedensten bedeutenden Persönlichkeiten, die sich nicht damit begnügen, ihre Werke zu bewundern und ihr gelegentlich Modell zu stehen, sondern sich ebenso an ihrem Geigenspiel erfreuen. Bei Rosalba umschmeichelt ein «Zusammenspiel von Farben, Düften und Tönen» die Auserwählten, die sie als vollendete Gastgeberin empfängt.

Doch auch nach Skandal duftete es zeitweilig in ihrem Atelier. Man sagte, daß sich in der Verschwiegenheit dieses Ateliers, hinter den schweren heruntergelassenen Vorhängen, die Hofdamen entkleideten, die, eingehüllt in weite Umhänge, das Gesicht von schwarzen Halbmasken bedeckt, in ihren Karossen vorfuhren. Die Liebhaber boten der Künstlerin Unsummen, damit sie das Porträt ihrer vornehmen Mätressen hüllenlos malte. Was war schon dabei, sich vor einer Geschlechtsgenossin zu entkleiden, die mit ihren zarten Pastellfarben den flüchtigen, rosigen Schimmer nackter Leiber für immer festhielt? Seltsame Rosalba, die hier ihr subtiles Spiel mit den ausgeklügelten Nuancen der Wollust treibt! Ihr Talent, im Verein mit dem genüßlichen Wissen um verborgene Sinnlichkeit, bringt ihr eine ganz besondere Auszeichnung ein; sie wird in die Académie Royale gewählt, obwohl die 1706 erlassene Verordnung die Aufnahme einer zusätzlichen Frau untersagte.

Doch Rosalba kann dieses Leben fern von ihrer Lagune, von den Palazzi auf die Dauer nicht ertragen. 1721 kehrt sie nach Venedig zurück, wo sie schon ungeduldig erwartet wird; Aufträge in Hülle und Fülle, ihre Schwestern arbeiten weiterhin als ihre Gehilfinnen. Wie alle großen Meister damals überläßt Rosalba es ihren Hilfskräften oder Lehrlingen, den Hintergrund auszufüllen, die Draperien zu malen, und behält sich das Wesentliche vor: das Porträt selbst.

Nach ihrer Rückkehr bleibt Rosalba in Venedig, mit Ausnahme einer Reise nach Wien, wohin Kaiser Karl VI. sie persönlich einlud. Er wollte sich, wie er sagte, «von dem gleichen

Stift malen lassen, der König Ludwig XV. porträtiert hat». Die Kaiserin, vom Talent der Italienerin begeistert, bat um die Ehre, ihre Schülerin zu werden!

Vom Erfolg verwöhnt, ist Rosalba dennoch eine einsame Frau. Ihre Umgebung besteht nur aus Schülern und Schülerinnen, die sie ausbildet, darunter Felicita Sartori, die später in Deutschland Ruhm erntet. In ihrem Leben gibt es keinen Platz für Ehe und Familie. 1738 stirbt ihre Schwester Giovanna an Tuberkulose, ein Jahr darauf verliert sie ihre Mutter. Durch diese Todesfälle und die zunehmende Isolation spürt Rosalba die fahlen Vorboten des Alters herannahen; fast zur gleichen Zeit, um 1740, trüben sich ihre Augen, ebenso ihre Seele; die Meisterin des Pastells, der Halbtöne und der strahlenden Lichteffekte droht zu erblinden. Die Ärzte wagen eine Operation, die jedoch nur vorübergehend Erleichterung bringt. 1750 steht fest, daß es für sie keine Hoffnung mehr gibt, je wieder sehen zu können.

Rosalba ist jetzt fünfundsechzig, eine alte und blinde Frau. Sie verbringt ihre letzten Tage in ihrem Haus im Stadtviertel Dorsoduro und stirbt am 15. April 1757 zur Frühlingszeit in Venedig.

Die Freundin Goethes: Angelika Kauffmann

Angelika Kauffmann, am 30. 10. 1741 in Chur geboren, hat das Metier bei ihrem Vater, dem Maler Joseph-Johann Kauffmann, erlernt. Diese Vater-Tochter-Beziehung, die sich in der Geschichte der Malerei ständig wiederholt, transponiert in den Bereich künstlerischen Schaffens das, was die Vater-Sohn-Beziehung in der dynastischen Erbfolge darstellt. Die Kontinuität des Familiennamens bleibt durch den Sohn gewahrt, das Erbe des Künstlernamens führt die Tochter weiter, in der sich die Essenz väterlichen Denkens und Fühlens als schöpferische Kraft bestätigt findet.

Im Fall von Angelika und Joseph-Johann verstärkt sich die emotionale Bindung noch durch den frühen Tod der Mutter, als Angelika gerade sechzehn ist. Vater und Tochter verlassen ihr Heimatland und leben gemeinsam erst in Österreich, dann in Italien, wo Kauffmann zahlreiche Gönner findet. Die Aufträge verschaffen ihnen eine sorgenfreie, großzügige Existenz. Der Vater malt religiöse Bilder, die Tochter porträtiert Standespersonen und deren Angehörige.

Schon als Kind geht Angelika ihrem Vater beim Ausmalen von Kirchen zur Hand. Wie viele ihrer Vorläuferinnen ist auch sie überaus frühreif: Als Elfjährige führt sie ihren ersten Porträtauftrag aus, mit dreizehn ein Selbstbildnis. Und bei der Ankunft im Ausland kann man sie bereits als fertige Künstlerin bezeichnen. Begünstigt durch die Liebe, die ihr der Vater entgegenbringt, durch das Interesse, das er an ihrer Karriere nimmt, zeichnet sich Angelika auch durch andere Talente und Fähigkeiten aus. Diese bezaubernde junge Frau, wegen ihrer geistreichen Konversation und ihrer musikalischen Talente geschätzt, ist ein vollkommenes Produkt der europäischen Elite. Sie spielt mehrere Instrumente und soll eine Zeitlang zwischen Musik und Malerei geschwankt haben. Außerdem beherrscht sie diverse Sprachen, darunter Französisch, Deutsch, Italienisch und Englisch.

Angelika hat keineswegs unter den Behinderungen zu leiden, die für ihre Geschlechtsgenossinnen gelten. Sie reist, trifft mit klassizistischen Theoretikern und Künstlern zusammen, die erheblichen Einfluß auf sie ausüben – unter anderen der amerikanische Maler Benjamin West (1738–1820) und der deutsche Archäologe und Kunsthistoriker Johann Joachim Winckelmann (1717–1768).

Sie begnügt sich nicht damit, Porträts zu malen, die einer Frau zugebilligte Ausdrucksform, sondern wagt sich an mythologische und historische Motive, ein wahrhaft mutiger Schritt. In der Hierarchie der Themen waren die von ihr behandelten bisher Männersache: «Die verlassene Ariadne», «Hektor erblickt Paris in der Schlacht» oder «Ganymed tränkt

Jupiters Adler» und «Abélard und Héloïse». In solchen Bildern stellt Angelika nicht nur ihr Talent, sondern auch ihre jedem Mann ebenbürtige klassische Bildung unter Beweis und überdies ihre Fähigkeit, diese zeitlosen Symbole zu meistern. Trotz der «realistischen» Art der Darstellung dokumentiert die Malerin zugleich Annäherung an abstraktes Denken. Denn die in Florenz verbrachten Jahre 1762/63 sind von der Begegnung mit den Vertretern einer neuen Stilrichtung in der Malerei geprägt: dem Klassizismus. Es finden dort häufig Kunstdebatten statt, in denen die Theorien Gestalt annehmen, die der Bewegung Grundlagen und Stabilität geben. So lernt Angelika Kauffmann, die Malerei auch geistig zu begreifen.

Im Jahre 1766 läßt sie sich auf Einladung einer Freundin, Lady Wentworth, in London nieder. Ihr Talent ist jetzt weithin berühmt und anerkannt. Sie legt sich keinerlei Einschränkungen auf, packt immer mehr historische Sujets an, die bisher ausschließlich Domäne der Männer waren. In dem 1785 entstandenen Ölgemälde «Vergil verfaßt sein eigenes Epitaph in Brundisium», einem ihrer charakteristischsten, bedeutsamsten Werke, wird der römische Dichter zum Zeitgenossen der Kauffmann, den Revolutionären zu Ende des Jahrhunderts stark angenähert. Sein Gesicht trägt die Züge eines jungen Mannes, während er feierlich seine testamentarischen Gedanken niederlegt. Die Haltung der übrigen Protagonisten, der Purpur der Bettdecke, das Spiel der ockerfarbenen Töne in Schatten und Licht, die Nebeneinanderstellung von Zeichen, die auf verschiedene Epochen verweisen und der Szene Fortbestand verleihen, rücken dieses Werk in unmittelbare Nähe bestimmter Bilder von Delacroix – und das, obwohl die Kritik eher den Interieurs der Kauffmann den Vorzug gibt, in erster Linie ihren Porträts.

Als Verfechterin der Rechte der Künstlerinnen engagiert sich Angelika aktiv im sozialen Bereich. Zusammen mit Mary Moser und Joshua Reynolds gründet sie die British Royal Academy. Nach nur einem Jahr in London führt sie ein Leben in

Reichtum und Überfluß, erwirbt eine prachtvolle Residenz am Golden Square, wo sie ihren Vater einquartiert.

Ähnlich wie zahlreiche Frauen nach ihr betätigt sich Angelika Kauffmann auch auf dem Gebiet der angewandten Kunst: Sie übernimmt dekorative Arbeiten im klassizistischen Stil für den berühmtesten Architekten der Epoche, Robert Adam. Zu ihren Hauptwerken gehört das Ensemble der ovalen Deckengemälde im Sitzungssaal der Royal Academy, eine allegorische Serie über Farbe, Form und Genie. Hier halten sich das eigentliche Anliegen der Kauffmann und ihre schöpferische Kraft und ihr Talent die Waage.

Ihr Haus wird – wie seinerzeit das der Rosalba Carriera – zum Treffpunkt der Londoner Elite. Mit ihrem Privatleben als große Verführerin macht sie von sich reden; zu ihren Liebhabern zählt sie eine Anzahl berühmter Männer, darunter Marat, der sich gern damit brüstete, sie erobert zu haben. Joshua Reynolds bittet sie um ihre Hand. Vergebens. Angelika hat sich unsterblich in einen geheimnisumwitterten schwedischen Adligen verliebt, der die kluge Frau, die berühmte, reiche Künstlerin um den Verstand zu bringen droht. Sie heiratet ihren schönen Grafen Horn. Nur um bald zu entdecken, daß er weder Schwede noch Graf und zu allem Überfluß bereits verheiratet ist.

Angelika widerfährt diese Demütigung, als sie den Gipfel ihres Ruhms erreicht hat. Die Geschichte wird noch kompliziert durch eine von ihrem dubiosen Ehemann organisierte Entführung; sein richtiger Name ist Brandt, und er trachtet danach, sich seinen Anteil am Vermögen Angelikas zu sichern. Ihr Vater muß Lösegeld zahlen, um seine Tochter freizukaufen. Eine Annullierung lehnt die katholische Kirche ab, so leicht kann Angelika den Betrüger nicht loswerden.

Als er schließlich stirbt, ist sie neunundddreißig und heiratet in zweiter Ehe den venezianischen Maler Antonio Zucchi. Das Paar geht nach Venedig, dann nach Rom. Zucchi ist fünfzehn Jahre älter als seine immer noch jugendliche, immer noch schöne und von Kunstliebhabern umworbene Frau. Sie malt ununterbrochen, er organisiert ihre Karriere und verwaltet das gemeinsame Vermögen. Wie in London wird ihr Haus auch in Rom Mittelpunkt des gesellschaftlichen und geistigen Lebens. Mit großer Klarsicht preist Goethe, ein Intimus Angelikas, das Talent seiner brillanten Freundin und beklagt diese Ehe, die in Langeweile und Gleichgültigkeit versinkt, im Gegensatz zu der ersten Verbindung, die für sie zumindest den Reiz des Abenteuers gehabt hatte.

Angelika, diese außergewöhnliche Frau und Künstlerin, ist außerstande, sich der Habgier ihrer Ehemänner zu erwehren. Sie rackert sich ab. Ihr Freund Goethe bemerkt das sehr wohl und schreibt in einem Brief nach Weimar: «Sie ist müde, auf den Kauf zu malen, und doch findet ihr alter Gatte es gar zu schön, daß so schweres Geld für oft leichte Arbeit einkommt.» Und er fügt hinzu: «Sie ist nicht glücklich, wie sie es zu sein verdiente bei dem wirklich großen Talent . . . Sie möchte nun sich selbst zur Freude mit mehr Muße, Sorgfalt und Studium arbeiten und könnte es.» Liebevolle Zärtlichkeit des Dichters gegenüber einer Frau, deren Verletzungen er kennt, und einer Künstlerin, die ihn häufig in ästhetische Fragen eingeführt hat. Die Worte, mit denen er von ihr spricht, erinnern unweigerlich an die «Wahlverwandtschaften».

Ihr Leben hat Angelika zur echten romantischen Heldin gemacht, geprägt von ihren vielfältigen Leidenschaften.

In ihrem Selbstbildnis mit dem Titel «Porträt der Künstlerin an der Staffelei», einer 1797, das heißt, kurz vor ihrem Tod fertiggestellten Zeichnung, hinterläßt uns Angelika ihr Konterfei: Weit entfernt von jedem Mythos, jeder Überhöhung zeigt sie uns wie als letztes Lebenszeichen das Gesicht einer alten Frau, der Rücken krumm, der Körper abgemagert. Die Striche des Stifts verwischen sich, als sie die Spuren der Zeit nachzeichnen. Vor ihr die Staffelei, das Papier – oder die Leinwand –, eine Hand erhoben, einziges und letztes Symbol der Kraft.

Auf dieser Zeichnung von 12 × 18 cm – aufbewahrt in den Staatlichen Museen von Berlin –, die man in Anbetracht ihres

Formats, ihres Genres kaum bemerkt, deuten sich die charakteristischen Merkmale des Impressionismus im nächsten Jahrhundert an, mit einer noch tiefergehenden Abstraktion.

Angelika Kauffmann, von der Geschichte kategorisch lange Zeit in die zweite Reihe verwiesen, hatte zu ihrer Zeit die Bewunderung der Größten, unter ihnen der spätere Zar Paul I. von Rußland, Kronprinz Ludwig von Bayern und Kaiser Joseph II. Dank ihres Ruhms konnte sie den Posten als Hofmalerin ablehnen, den ihr König Ferdinand und Königin Caroline von Neapel anboten.

Sie stirbt 1807. Das 18. Jahrhundert hat schwerste Erschütterungen erfahren, die Welt verändert sich und erinnert sich dennoch. Die römischen Künstler stellen 1808 ihre Büste im Pantheon auf. Wie ließe sich ihre Bedeutung für ihre Zeitgenossen besser vermitteln als durch eine Schilderung ihrer Beisetzung? Sie wurde mit dem gleichen Gepränge zu Grabe getragen wie Raffael; große Künstler, aus ganz Europa herbeigeeilt, nahmen daran teil, und zwei ihrer Bilder wurden im Leichenzug mitgeführt.

Herder hat mehrfach seine Bewunderung und Verehrung für Angelika Kauffmann ausgesprochen: «Bei aller demütigen Engelsklarheit und Unschuld ist sie vielleicht die kultivierteste Frau in Europa . . .» Über ihre Kunst urteilte er: «In der Komposition ist die ihr eingeborene Grazie der Charakter ihrer Menschen. Mit einem schönen Verstand, der das Ganze aufs leiseste umfaßt und jeden Teil wie eine Blume entsprießen läßt, hat sie alles harmonisch sanft geordnet.» Und er verteidigte Angelikas Malerei «in ihrer Harmonie von Kolorit und Beleuchtung» gegen Angriffe der jüngeren Maler und fragte: «Warum wollen wir der Natur widerstreben und nicht jede Kunst tun lassen, was sie allein und am besten tun kann?»

Die Freundin der Königin: Elisabeth-Louise Vigée-Lebrun

In Frankreich berauschten sich Aristokratie und Bourgeoisie am Raffinement. Heraufziehende Dramen wurden ignoriert, drohende Gefahren vertuscht, furchterregende Gerüchte erstickt. Der Schein regierte.

Vor diesem Hintergrund entsteht das gewollt beruhigende Werk von Elisabeth-Louise Vigée-Lebrun (1755–1842). Auch bei ihr kommt der Anstoß durch den Vater. In ihren 1835 veröffentlichten Erinnerungen berichtet sie von dessen Reaktion auf einen «Mann mit Bart», den sie mit sieben oder acht Jahren gezeichnet hatte; er rief außer sich vor Freude: «Du wirst Malerin, mein Kind, du bist dafür geschaffen wie niemand sonst!»

Ein geschätzter Pastellmaler, unterrichtet er seine Tochter in dieser Kunst, macht sie mit den zarten Farbschattierungen, den sanft gerundeten Formen vertraut. Elisabeth verhehlt ihre Bewunderung für den verführerischen, überaus geistvollen Mann nicht. Da er zugleich Lehrer an der Académie Saint-Luc ist, die Frauen aufnimmt, lernt sie bereits als Kind männliche und weibliche Kunststudenten kennen. Für ihre Erziehung sorgen außerdem die Schwestern in einem Kloster, wo der kleine Zögling sich als nicht eben eifrige Schülerin entpuppt; sie kritzelt lieber Zeichnungen auf ihre Hefte.

Sie ist zwölf, als ihr Vater stirbt. Ein verwandtes Ehepaar nimmt sich ihrer an und verhilft ihr zur Ausbildung als Porträtistin. Elisabeth ist ein lebhaftes junges Mädchen mit scharfer Beobachtungsgabe. Sobald sie sich die Grundlagen angeeignet hat und sicher ist, keine Unterweisung mehr zu benötigen, sieht sie sich oft in Begleitung ihrer Mutter ausgestellte Bilder an, die sie mit größter Sorgfalt kopiert. «Ich habe eigentlich nie einen Lehrer gehabt», schreibt sie später, um damit ihre geistige Unabhängigkeit zu unterstreichen.

Elisabeth und ihre Mutter sind nach dem Tod des Vaters völlig mittellos; das junge Mädchen übernimmt also die Rolle des Familienoberhaupts und macht sich als Porträtmalerin selbständig. Sie sorgt für den Unterhalt ihrer Mutter und ihres kleinen Bruders.

Bald darauf heiratet ihre Mutter wieder, einen Goldschmied, der, nicht ohne Habgier, beschließt, die Einkünfte seiner Stieftochter zu verwalten, die als zu jung gilt, um das selbst zu tun. Von dem Geld, das sie verdient, sieht sie nichts. Als sie 1776 zwanzig wird, sucht die Mutter für sie nach einer guten Partie, die sie in der Person eines Kunsthändlers namens Lebrun gefunden zu haben glaubt.

Lebrun ist ohne Zweifel ein brillanter Mensch. Er macht seine junge Frau mit den Meisterwerken der Kunst aus den Privatsammlungen hochgestellter Persönlichkeiten bekannt, bei denen er verkehrt. Elisabeth betritt eine neue Welt, die aus einem komplizierten Beziehungs- und Intrigengeflecht besteht. Nun ist Lebrun ein besessener Spieler, ein Wüstling, den seine Leidenschaft für Frauen zu allen erdenklichen Schurkereien treibt. Elisabeth kann noch so unermüdlich an den zahlreich eingehenden Porträtaufträgen arbeiten, der Ehevertrag garantiert ihrem Mann das alleinige Verfügungsrecht; der bringt das Geld durch und schafft es, sie zu ruinieren.

1794 wird die Ehe geschieden. Elisabeth ist seit 1779 eine Vertraute der Königin Marie-Antoinette, deren Porträt sie malte: «Die Befangenheit, die mir der erste Anblick der Königin eingeflößt hatte, wurde von der liebreizenden Güte, die sie mir stets bezeigte, völlig zum Verschwinden gebracht.» Sie bleibt der Königin in unwandelbarer Treue und Ergebenheit verbunden. Geheimes Einverständnis, zärtliche Zuneigung zweier Frauen in den Wirren der Zeit. Die Werke der Vigée-Lebrun verraten, was diese Beziehung, diese Schicksalsgemeinschaft ausmachte: Beide nehmen eine Sonderstellung ein, die eine durch Geburt, die andere durch Talent; beide haben im emotionalen und privaten Bereich Verletzungen davongetragen, haben erlebt, wie ihre Jungmädchenträume von verdrossenen Ehemännern zunichte gemacht wurden;

beide werden sich der kalten Nüchternheit und Brutalität, die sie umgeben, nicht bewußt, denen sie weiter nichts entgegensetzen können als eine selbstgebastelte, gefährliche Scheinwelt, mit Pracht und Glanz, rauschenden Festen und viel affektiertem Getue.

Das Porträt von Fürst Heinrich Lubomirski im Glorienschein des Ruhms, im Revolutionsjahr 1789 gemalt, bezeugt diese realitätsferne Unerschütterlichkeit. Der junge, etwa achtjährige Pole ist als nackter Engel im Profil dargestellt. Das Gesicht des Kindes ist zwar zweifellos ähnlich, aber ganz dem Zeitgeschmack entsprechend wiedergegeben: die Haut einer «zarten Rose», die Wangen «lieblich gerötet», die Lippen «wie zwei rote Rosenblätter». Das kurze, lockige hellbraune Haar umrahmt das makellose Oval des Gesichts, der Hals ist «anmutig geneigt», um das gängige Vokabular zu benutzen. Das Kind hält einen Lorbeerkranz in den Händen. In diesem Bild finden sich sämtliche Elemente eines unumstößlichen Kodex wieder. Bei aller einwandfreien Technik sieht man doch genau, in welchem Maße sich die Vigée-Lebrun durch diese Vermengung von echtem Realismus (die Ähnlichkeit mit dem Modell) mit einer Mythologie, die ebenso Anleihen bei der jüdisch-christlichen Tradition wie bei der griechischen und römischen Antike macht, dem Geist der Zeit anpaßt, was sie zur Hofmalerin geradezu prädestiniert.

Doch wir sollten uns nicht täuschen lassen. Elisabeth-Louise Vigée-Lebrun zeigt in ihren «Ratschlägen für die Porträtmalerei», daß sie sich von der glatten Gefälligkeit, die der Zeitgeist von ihrem Werk verlangt, nicht täuschen läßt: «. . . Man muß das (Modell) ausruhen lassen und ihm möglichst viel Abwechslung bieten. All dies beruht auf Erfahrung mit Frauen; man muß ihnen schmeicheln, ihnen sagen, daß sie schön sind, daß sie einen frischen Teint haben etc., etc.» Kurz gesagt heißt das: Beherrschung des Metiers, verbunden mit sicherem Instinkt für die soziale Ordnung.

Außer der königlichen Freundschaft bringt ihr diese Gabe zahlreiche offizielle Aufträge ein, und Marie-Antoinette macht sie zu ihrer favorisierten Porträtistin. Dank der Königin wird Elisabeth-Louise Vigée-Lebrun Mitglied der Académie Royale.

Der Salon Elisabeth Vigée-Lebruns wird von den erlesensten Schöngeistern des Hofes frequentiert, und da sie außerdem musikalisch ist, finden sich Komponisten und Interpreten bei ihr ein, um ihre neuesten Werke zu Gehör zu bringen. Ihre Vorliebe fürs Theater drückt sich in ihren Bildern aus, auf denen die Figuren immer wie für Bühnenauftritte kostümiert und geschminkt erscheinen. Das Ende des Ancien Régime ist ein großes Spektakel, in dem alles gespielt ist, insbesondere die Daseinsfreude. Elisabeth führt für ihren privaten Freundeskreis gern kleine Komödien auf, in denen sie die Hauptrolle spielt.

Während die Malerin Gesichter weiterhin so überfeinert und zerbrechlich malt, daß Menschen und Blicke wie erstarrt wirken, wird das Donnergrollen immer lauter, erhebt sich die Guillotine auf öffentlichem Platz. Ist es Angst, die den höfischen Porträts diesen blutleeren, durch übermäßige Schminke kompensierten Ausdruck verleiht?

Die Revolution bricht aus. Olympe de Gouges kann 1791 ihre «Déclaration des Droits de la Femme» («Erklärung der Frauenrechte») verkünden und Condorcet ausrufen: «Weshalb sollte Menschen, denen Schwangerschaften und zeitweilige Unpäßlichkeit widerfahren, die Geltendmachung von Rechten verwehrt sein, die niemand denjenigen abzusprechen wagte, die an Gicht leiden oder anfällig für Erkältungen sind?» Die «Société Populaire et Républicaine des Arts», 1793 gegründet, richtet sich keineswegs danach und gebärdet sich noch reaktionärer als die Mäzene des Ancien Régime. Unter dem Vorwand, «daß Frauen sich in jeder Hinsicht von den Männern unterscheiden», werden diese von Versammlungen ausgeschlossen. Manche bekunden trotzdem ihre Sympathie für die revolutionären Ideen durch ihre Werke – wie Nadine Vallain mit ihrem Gemälde «Die Freiheit» (Musée du Louvre, Paris) –, doch ihre Bemühungen bleiben vergeblich.

Madame Vigée-Lebrun wurde für die Leidenschaft der Frauen für die Malerei verantwortlich gemacht. Sie habe ein schlechtes Beispiel gegeben, hieß es. Und sie war eine Freundin der Königin. Überstürzt verläßt Elisabeth mit ihrer einzigen Tochter das Land; die kleine Julie ist gerade neun Jahre alt.

Es beginnt ein langes Exil. Lebrun – die Trennung ist noch nicht ausgesprochen – behält Elisabeths gesamtes Vermögen. Ohne Geld landet sie in Italien, läßt sich dort für vier Jahre nieder und lebt von Porträtaufträgen. Ihr Ruf ist ihr vorausgeeilt, sie bekommt genügend Anfragen. Sie malt ihre Modelle weiterhin in zarten, weichen Farben, während in ihrem Heimatland das Blut fließt und die Köpfe derer, die sie geliebt hat, rollen. Doch ihr bleibt keine Wahl. Ist es nicht schon Glück genug für eine Frau, sich durch Ausübung eines künstlerischen Berufes ihren Lebensunterhalt zu verdienen? Das Porträt bleibt übrigens in diesem Jahrhundert der Umwälzungen in seiner strengen Funktion des Zeugnisses, des Erinnerungsobjekts bestehen. Elisabeth denkt nicht daran, das in Frage zu stellen; ihr Erfolg als von ihrem Mann getäuschte und betrogene alleinstehende Frau hat nur eins zum Ziel: mit ihrem Kind zu überleben. Und das, höfische Dame, die sie ist, allen Schwierigkeiten zum Trotz auf möglichst großem Fuß.

In Rom begegnet sie Angelika Kauffmann, und die beiden Frauen schließen Freundschaft. Elisabeth bewundert Angelikas Talent. Sie beurteilt sie erstaunlich scharfsichtig: «Ich habe mehrere ihrer Werke bei ihr gesehen; ihre Skizzen haben mir mehr Vergnügen bereitet als ihre Bilder, weil diese von einer gigantischen Farbigkeit sind.» Daran läßt sich vielleicht ermessen, wie sehr Elisabeth zu differenzieren vermochte zwischen den Bildern, die sie produzierte, um ihre Kundschaft zufriedenzustellen, und der kritischen Beurteilung ihrer Malerei.

Ihr Ruf hatte sich so verbreitet, daß Papst Pius VI. von ihr porträtiert zu werden wünschte. Er knüpfte daran jedoch eine Bedingung: Da es sich bei ihr um eine Frau handle, habe sie bei den Sitzungen verschleiert zu sein! Man kann sich unschwer vorstellen, daß ein Schleier nicht gerade ideal ist, wenn man sein Modell aufmerksam studieren und in der einen Hand die Palette, in der anderen den Pinsel halten muß. Elisabeth, zu anspruchsvoll bei der Ausführung ihrer Porträts, lehnte schließlich ab und notierte in ihren Memoiren: «Ich habe das sehr bedauert, denn Pius VI. war immer noch einer der schönsten Männer, den man zu Gesicht bekommen konnte.» Eine beruhigende Bemerkung. Trotz aller Schicksalsschläge bewahrte sich Elisabeth ihr fröhliches Naturell und einen gesunden Humor. Und wenn der Papst hätte lesen können, was sie ihrem Tagebuch anvertraute, wäre er da immer noch bei all den Vorsichtsmaßnahmen geblieben? In der Reihe der von Elisabeth-Louise Vigée-Lebrun gemalten Porträts fehlt das von Pius VI. unwiderruflich.

Sie tröstet sich mit Bildnissen der Königin von Neapel und der Lady Hamilton, die sie als Sibylle darstellt. Mit welcher Arroganz und Gleichgültigkeit die Großen die in ihrem Sold stehenden Künstler behandelten, zeigt folgende Episode: «Ich habe drei Porträts von Madame Du Barry gemacht ... auf dem zweiten ist sie in weißen Satin gekleidet, in einer Hand hält sie einen Kranz, der eine Arm stützt sich auf ein Piedestal. Ich habe dieses Bild mit größter Sorgfalt ausgeführt, es gefällt ebenso wie das erste, für den Herzog von Brissac bestimmte, und ich habe es kürzlich wiedergesehen. Der alte General, dem es gehört, hat ohne Zweifel den Kopf übermalen lassen, denn der ist keineswegs mehr so, wie ich ihn dargestellt habe; dieser hier ist rot bis an die Augen, und Madame Du Barry hat nie Rouge aufgelegt. Somit verleugne ich diesen Kopf, der überhaupt nicht von mir stammt, der Rest des Bildes ist intakt und gut erhalten.»

Für Elisabeth-Louise Vigée-Lebrun fließt das Geld jetzt in Strömen; sie weiß seit frühester Jugend, was das bedeutet, und legt deshalb ihr Vermögen in einer venezianischen Bank an. Doch das Schicksal vergönnt ihr keinen Hafen der Sicherheit und Ruhe; Bonaparte rückt in Venedig ein und bemächtigt sich der Staatskasse. Was besagt, daß Elisabeth die Früchte ihrer Arbeit nie wiedersehen wird.

Abermals macht sie sich mit ihrem Kind auf den Weg. Wohlbehalten gelangen die beiden nach Wien, wo sie zweieinhalb Jahre bleiben. Auch hier öffnet ihr Ruf ihr sämtliche Türen. Elisabeth weiß, wie sie materiellen Schwierigkeiten begegnen muß. Sie stellt das berühmte Porträt der Lady Hamilton als Sibylle im Salon des Fürsten Kaunitz aus. Mehr ist nicht nötig, damit es Aufträge regnet. Finanziell saniert, beschließt sie weiterzureisen und begibt sich nach Prag, Dresden, Berlin.

Als alleinreisende Frau kennt sie keine Angst vor langen Fahrten und neuen Begegnungen; in jeder Stadt wird sie von den Mächtigen erwartet und willkommen geheißen. Adel und Intelligenz bilden eine große Familie. Sie geht nach St. Petersburg, und wieder hat sie kein Geld: Ihr Bankier hat Bankrott gemacht, sie besitzt keinen roten Heller mehr. Das hält nicht lange an. Lady Hamilton bringt ihr wieder Glück. Sobald sie dieses Porträt zu Gesicht bekommen, träumen Aristokraten, Fürstlichkeiten, reiche Bankiers von der eigenen Verklärung. Elisabeth befriedigt die Nachfrage und wird zum Liebling Rußlands: «Sie kamen scharenweise zu mir», erinnert sie sich, «um die Porträts der Großfürstinnen und meine anderen Werke zu sehen. Da ich nicht alle meine Vormittage verlieren wollte, hatte ich für die Öffnung meines Ateliers den Sonntagmorgen festgesetzt.»

Elisabeth hatte sich die Autorität erworben, die Hand in Hand mit dem Erfolg geht. Mit dem Temperament einer Abenteurerin setzt sie ihren Willen durch, wohl wissend, daß sie von heute auf morgen alles verlieren kann, sich jeden Augenblick wieder auf den Weg machen muß, genau wie die meisten großen Persönlichkeiten jenes Jahrhunderts, ob Männer oder Frauen, genau wie ihr Zeitgenosse Voltaire. Ihr Vaterland ist in Wirklichkeit gar nicht Frankreich, es sind die europäischen Salons.

Rußland legt Wert darauf, der berühmten Malerin seine Bewunderung und Dankbarkeit zu bezeigen: 1800 wird sie

Mitglied der Akademie von St. Petersburg. Bei der Aufnahmezeremonie trägt sie «ein Reitkostüm, kleine lila Jacke, gelber Rock, Hut und schwarze Federn». Man könnte meinen, daß sie eines ihrer Porträts beschreibt.

Doch die Gesundheit Elisabeths beginnt sich zu verschlechtern. Ihre Tochter ist eine Ehe eingegangen, die sie mißbilligt. Sie beschließt, Rußland zu verlassen, trotz ihrer vielen Freunde.

Es wird eine Rückkehr nach Paris, über Berlin – wo sie ebenfalls zum Mitglied der Akademie ernannt wird –, England, Holland, mit einem letzten Abstecher in die Schweiz. Paris ist nicht mehr die Stadt, die sie gekannt hat, und flößt ihr Angst ein. Schatten der Erinnerung umgeben die alternde Malerin. Elisabeth läßt sich in ihrem Haus in Louveciennes nieder.

Ihr Ex-Mann ist tot. Der jüngere Bruder, für dessen Lebensunterhalt sie einst gesorgt hatte, stirbt ebenfalls. Danach ihre Tochter Julie.

Die Zeiten und die Menschen haben sich verändert. Sie hat den Sturz der Monarchie, die Restauration, den Beginn des Ersten Kaiserreichs miterlebt. Sie hat die Flucht kennengelernt, die Emigration, die unbestrittenen Erfolge, die Gefahren. Und den Tod vieler geliebter Menschen erlebt. Doch eine verborgene Kraft hält sie am Leben, aktiv, an allem interessiert. Sie bleibt trotzdem allein, wartet auf den Tod, der 1842 kommt, in einer Welt, die zu durchwandern sie keine Lust mehr verspürt und die sie nicht mehr versteht.

Für ihr Denken sind ihre Erinnerungen vielleicht aufschlußreicher als ihre Bilder. Hier ist allerdings das «Porträt der Gräfin Golowine» auszunehmen: das Bild einer einsamen Frauengestalt vor einem Hintergrund aus Erdfarben und Brauntönen, von verhaltener Kraft, stämmigem Körperbau, der jedoch durch die weite rote Prachtrobe kaschiert wird (Barber Institute of Fine Arts, Birmingham, England). Oder auch noch jenes andere Bild, das «Die Künstlerin mit ihrer Tochter» darstellt (Musée du Louvre, Paris), zärtlich umschlungen, eingefangen in einem Moment der Vertrautheit, eine Erinnerung an die Zeit, als Elisabeth für beide ums Überleben kämpfte.

Bildnis einer Negerin

Das Jahrhundert verstreicht. Die Frauen und Männer, die es durchleben, sehen Schreckensszenen, von denen die Bilder nichts berichten. Krieg und Tod werden nur mythologisch überhöht dargestellt. Der Geruch von Blut steigt aus den Straßen der Städte auf, doch die Malerei erzählt nur von Elfenbein, vom Perlmutt der Ornamente, vom Weiß des Puders auf Perücken und Gesichtern, das den fahlen, unreinen Teint überdeckt. Der Sklavenhandel und seine Grausamkeiten, wovon in den Texten so viel die Rede ist, dienen als Hintergrund für friedliche oder pittoreske Bilder.

Eine Schülerin Elisabeth Vigée-Lebruns wird berühmt mit ihrem «Bildnis einer Negerin» (Musée du Louvre, Paris) im Jahre 1800. Ein symbolisches Datum? Vielleicht. Marie-Guilhelmine Benoist, 1768 geboren, hat als junges Mädchen die Revolution miterlebt, hat die Diskussionen über die Abschaffung der Sklaverei gehört, die 1794 durch eine Verordnung in die Tat umgesetzt wurde. Das Porträt stellt eine Form von politischem Akt dar, zweifellos zaghaft, aber unbestreitbar eine Neuerung.

Die fragliche «Negerin», eine sehr schöne Frau, entspricht gewiß westlichem Geschmack: Das Schwarz der Haut wird von geheimnisvoll schimmernden Lichtreflexen umspielt; die Gesichtszüge haben nichts Negroides an sich; das blütenweiße Gewand erinnert an eine Toga. Trotz aller dieser Einschränkungen meint Marie-Guilhelmine Benoist es auf ihre Weise durchaus ehrlich mit ihrer Aussage, daß eine Schwarze ebenso schön sein kann wie eine Weiße. Die Denkweise der Epoche, gerade bei den großzügigsten, aufgeschlossensten Geistern, geht in diese Richtung. Man denke nur an den Essay von Montesquieu «L'Esclavage des nègres» («Die Versklavung der Neger»).

Mit diesem Werk engagiert sich Marie-Guilhelmine in einer Auseinandersetzung ihrer Zeit. Sie ist eine Kämpfernatur und gibt sich nicht mit dem Malen von Porträts zufrieden, sondern wagt sich auch an Historienbilder. Inzwischen haben sich die Frauen dieses Genre erobert, und Napoleon – versierter Eroberer, der als Frauenfeind gilt und Künstlerinnen verabscheut – verleiht ihr 1804 eine Goldmedaille.

Da bereitet seltsamerweise der politische Erfolg ihres Mannes der Karriere von Marie-Guilhelmine ein Ende. Die Restauration hat ihn zu einem wichtigen Regierungsvertreter gemacht, dessen Status sich schlecht vereinbaren läßt mit einer allzu emanzipierten Frau, die in öffentlichen Ausstellungen und in Salons «herumgeistert». Auf dem Gipfel des Ruhms sieht sie sich zur Rücksichtnahme und zum Schweigen genötigt. Am 1. Oktober 1814 richtet sie einen Brief an ihren Mann, der ihre Enttäuschung deutlich macht: «Verargen Sie es mir nicht, daß mein Herz sich zuallererst ereifert hat über die Partei, die ich ergreifen mußte, um endlich einem Vorurteil der Gesellschaft zu begegnen, dem man sich wohl im Grunde beugen muß. Doch so viele Studien, so viele Anstrengungen, ein Leben beharrlicher Arbeit – und nach einer Periode der Prüfungen endlich der Erfolg! Und dann plötzlich all dies als Gegenstand der Schande sehen! Ich konnte mich nicht dazu entschließen. Aber alles ist gut so, reden wir nicht mehr darüber; ich bin vernünftig geworden ... Meine Eigenliebe ist zu plötzlich verletzt worden, reden wir auch davon nicht mehr, sonst könnte die Wunde sich von neuem öffnen.»

Auch andere Frauen haben über das Jahrhundert Zeugnis abgelegt, doch je stürmischer die Zeiten, desto mehr waren ihre Werke sonderbarerweise von heiterer Gelassenheit und Friedlichkeit gekennzeichnet; aber man sollte sie nicht unbedingt so sehen, wie sie scheinen. Sie sind stark von Rousseau beeinflußt, von seinen rustikalen und nostalgischen Vorstellungen von den Freuden des Landlebens, der Fortpflanzung, des Stillens und dem Vorbild einer Frau, die sich damit begnügt, einfache Arbeiten zu verrichten, ein Muster an Bescheidenheit.

Françoise Duparc (1726–1778), von Jean-Baptiste van Loo ausgebildet, malt ganz entgegen dem Zeitgeschmack einfache Menschen bei der Verrichtung ihres Tagwerks: Lastträger, kleine Hausierer und Strickerinnen. Doch sie tut das mit solchem Talent, daß man sich an Chardin erinnert fühlt. Ihre «Strickerin» steht den Porträts der großen Meister des Interieurs in nichts nach.

Dann gibt es noch die Schwägerin von Fragonard, Marguerite Gérard (1761–1837), die außer Interieurs auch Historienbilder malt. Der Kaiser wird auf sie aufmerksam, kauft eines ihrer Werke, bekundet mit dieser Geste, daß auch eine Frau es gelegentlich versteht, den großen Augenblicken mit der Kraft, sprich der theatralischen Emphase, die er so überaus schätzt, Ausdruck zu verleihen.

Eine weitere Frau, die sich unter der Regierung Napoleons auszeichnete, war Pauline Auzou (1775–1835). Als Malerin bedeutender Ereignisse hat sie die Hochzeit Marie-Louises mit Napoleon wiedergegeben und weitere Augenblicke aus dem Leben der Kaiserin wie «Die Ankunft der Erzherzogin Marie-Louise in den Sälen von Schloß Compiègne am 28. März 1810» und «Marie-Louise verteilt beim Verlassen Wiens die Diamanten ihrer Mutter unter ihre Brüder und Schwestern». Hier tritt eine Beziehung von Frau zu Frau, voller Freundschaft und Bewunderung, zutage, wie sie zwischen Madame Vigée-Lebrun und Marie-Antoinette bestanden hat.

Constance Mayer-Lamartinière (1775–1821) hingegen erinnert sich der Herzensergüsse in «La nouvelle Héloïse» («Die neue Héloïse») und der in «Emile» erteilten Ratschläge: Sie studierte bei Greuze Malerei, traf dann in Pierre-Paul Prud'hon den Mann, der ihr Leben grundlegend veränderte. Constance Mayer-Lamartinière ist ein leidenschaftliches, gefühlvolles Wesen, was sie in melodramatischen Bildern zum Ausdruck bringt: «Die glückliche Mutter» und «Die unglückliche Mutter». Die eine ist im dunklen Unterholz dargestellt, hält ihr nacktes Kind in den Armen, sakrosanktes Bild der Mutterschaft. Die andere, fern von ihrem Kind, lehnt traurig, allein an einer Mauer. Unschwer zu erraten, daß die erste eine ehrbare Ehefrau ist, die zweite dagegen ein bedauernswertes gefallenes Mädchen.

Aber es handelt sich fraglos auch um einen der ersten Fälle, da eine Malerin sich so rückhaltlos offenbart. Constance Mayer-Lamartinière lebte zusammen mit anderen Künstlern in der Sorbonne; sie verliebte sich in Prud'hon, einen verheirateten Mann, der sich erst nach endlosen Skandalen von seiner Frau trennte und dessen Kinder sie großzog. Sie arbeiteten eng zusammen, und manche ihrer Arbeiten wurden unter seinem Namen verkauft. Ihr «Schlaf der Venus» war einer der ersten von einer Frau gemalten weiblichen Akte und erregte großes Aufsehen. Als sie ihr Atelier in der Sorbonne verlor, brachte die an Melancholie leidende Künstlerin sich um, aus Angst vor der Zukunft und aus Angst, ihren Geliebten zu verlieren. Sie schnitt sich im Atelier Prud'hons mit einem Rasiermesser die Kehle durch.

Die Emphase, das Übermaß an Gefühlen, das bei ihren Bildern oft zum Lächeln reizt, findet hier seine erschreckende Erklärung. Sie hinterließ eine große Anzahl unvollendeter Bilder, die ihr Geliebter fertigstellte, bevor er nach zwei Jahren ebenfalls starb.

Mit dieser blutigen Geschichte beschließen wir die Durchquerung eines blutigen Jahrhunderts.

19. Jahrhundert
Klassizismus und Aufbruch in die Moderne

Über ihrem schwarzen Kleid, das sie als Waise ausweist, trägt sie einen schäbigen grünlichen Mantel; ihr glattgescheiteltes Haar rahmt ein Gesicht mit schüchternen, gesenkten Augen ein. Die Hände des armen Dings sind bloß, mechanisch spielt sie mit einem Stück Bindfaden, um ihre Angst zu bekämpfen. An ihrem Finger steckt kein Ring: Sie ist alleinstehend. Draußen ist es kalt, es regnet. Durch die Glastür der Galerie sieht man die dunkle und triste Straße.

Offenbar ist es der jungen Frau peinlich, ihre Arbeit dem Galeriedirektor vorzulegen – einem herablassenden, dickbäuchigen alten Mann, der ihr Bild voll Zurückhaltung mustert. Wird er kaufen? Wird er nicht kaufen? Zwei Kunden in einer Ecke der Galerie haben die Augen von einem Stich gehoben, der eine Tänzerin zeigt, und ihre Aufmerksamkeit dieser Jugendlichen zugewendet, die da erschienen ist und sich beurteilen läßt, sich gewissermaßen durch ihr Werk anbietet. Neben ihr steht ein etwa zehnjähriger Junge mit einer Sammelmappe für Zeichnungen – einziger Ausdruck von Wärme der jungen Malerin gegenüber. Ist er ihr Bruder, Waise wie sie oder, was schlimmer wäre, ihr uneheliches Kind?

Wie dem auch sein mag, sie wirkt in dieser Kunstgalerie sehr verletzlich, schutzlos.

Dieses melodramatische Gemälde der Engländerin Emily Mary Osborne, das von guter Qualität ist, dem es aber an Format mangelt, ist datiert von 1857 und trägt den Titel «Namenlos und ohne Freunde». In ihm vereinigen sich all jene Elemente, die in dem überaus puritanischen 19. Jahrhundert das Schicksal einer Künstlerin bestimmen. Osborne fühlt sich solidarisch mit ihren weniger vom Glück begünstigten Schwestern. Als Tochter eines Pfarrers hat man sie mit siebzehn Jahren zu einem Malkurs zugelassen. Man muß einer bürgerlichen Familie entstammen, um – in England, Frankreich, dem übrigen Europa und auch den Vereinigten Staaten – Aussicht zu haben, ein Kunststudium absolvieren zu dürfen.

Nach den großen revolutionären Ideen, von denen die Frauen kaum profitiert haben, nach den gewaltigen Umwälzungen der Französischen Revolution und dem von Napoleons Truppen verbreiteten Terror atmet die Welt langsam auf. Werden die Frauen jetzt den ihnen angemessenen Platz finden? Wenn die Romantiker auch beim Anblick jeder Buchseite, vor jedem See, jedem Fluß des amerikanischen Kontinents und jedem grandiosen Gebirge ausrufen: «Schlag dir an die Brust, dort sitzt das Genie», so ist diese Brust, auf die diese geballte Faust trifft, nie mit einem Busen geschmückt: Genie ist nicht weiblich.

Wissenschaftliche biologische Theorien warten mit der Erklärung auf, daß sich Männer in ihren Werken verwirklichen, Frauen dagegen in ihren Kindern. Also begegnet man einer Frau, deren Talent schließlich anerkannt wird, voll Mißtrauen: Muß sie nicht anormal sein? Um so mehr, als eine Malerin wie die Kleine auf dem Bild von Osborne in diesem Jahrhundert der schwärmerischen Begeisterung für inspirierte Wesen immer mehr zu *so einer* wird, die ihren Lebensunterhalt verdienen muß.

Die Frauen des Großbürgertums geben bis hinauf zum Adel den Ton an, und gemäß ihnen soll Malerei eine Unterhaltungskunst sein. Genau wie die Musik. Eine Unbekannte, Madame Millet, hinterläßt ein ganzes Heft mit Zeichnungen und Aquarellen, auf denen sie Bericht über Familienereignisse erstattet wie in einem Tagebuch. Königin Viktoria in höchsteigener Person widmet sich der Malerei zum Zeitvertreib. Und was Kaiserin Eugénie anbelangt, so weiß man, daß sie bei der Eröffnung einer Ausstellung, in der Manets «Frühstück im Freien» gezeigt wurde, errötend und voll Scham die Augen senkte beim Anblick der nackten Frau in Gesellschaft der beiden bekleideten Männer, die weder Götter noch Göttinnen sind, sondern echte Zeitgenossen!

Die «Augen» von Weimar

Deutschland zeigt sich besonders entschlossen, Frauen von der großen schöpferischen Gestaltung fernzuhalten. Das Schicksal von Caroline Bardua (1781–1864) ist ein perfektes Beispiel für diese Verbannung. Caroline ist arm, weil sie mit ihren Einkünften ihre Familie unterstützen muß; sie kann sich die Italienreise nicht leisten, die alle schöpferischen Künstler der ersten Hälfte dieses Jahrhunderts machen. Ihren Lebensunterhalt versucht sie mit der Anfertigung von Kopien zu verdienen, doch das trägt nicht genügend ein. Darum stürzt sie sich nach dem Studium in Dresden und Weimar auf Miniaturbildnisse von «Augen» der verschiedensten Leute. Das ist Mode! Immer öfter werden die gemalten «Augen» berühmter oder geliebter Personen verschenkt, eingefügt in Anhänger und diverse Schmuckstücke. Caroline malt Dutzende und Aberdutzende Augen von Fürsten, Prinzessinnen, Herzögen und Gräfinnen. So läßt beispielsweise die Fürstin von Anhalt-Zerbst ihr Auge wieder und wieder von ihr malen; und für Caroline bedeutet dies fast den Durchbruch zum Erfolg. Denn manchmal folgt auf das Malen des Auges ein Porträtauftrag. Das ist lohnender, doch es ist eine Akkordarbeit: «Ach, welch bitteres Schicksal, gezwungen zu sein, in eine unbekannte Welt zu gehen und hier und dort jemanden zu suchen, der sich malen lassen will!» schreibt sie aus Heidelberg. Erst 1819 in Berlin kommt für sie auch der finanzielle Erfolg, vor allem dank Aufträgen vom Hof.

Den Frauen, die Künstlerinnen werden wollen, fehlt eines am meisten, nämlich eine solide Ausbildung: Sie haben keinen Zugang zu den großen Kunstschulen, und die Malkurse, die sie absolvieren dürfen, sind solche für junge Mädchen aus dem gehobenen Bürgertum.

Das Wissensverbot bedeutet vor allem Sexualitätsverbot. Eine Anekdote zeigt auf, in welcher Unwissenheit die Frauen im Hinblick auf alles gehalten wurden, was den Anblick des menschlichen Körpers betraf.

Johanna Schopenhauer, die mit Caroline Bardua befreundete Mutter des Philosophen, schildert sie in einem Brief an ihren Sohn. Die Geschichte spielt sich in Weimar ab, in ihrem Salon; dort liest Goethe einen Brief vor, in dem es um eine Demoiselle geht, die eben niedergekommen ist. Caroline Bardua erscheint, damals fünfundzwanzig Jahre alt und unverheiratet. Sie wird gebeten, vor der Tür zu warten, bis Goethe zu Ende gelesen hat – weil man ihr Schamgefühl schonen und ihre «rührende» Unwissenheit erhalten will. Caroline jedoch ist wütend über diese Bitte, die sie für ein lächerliches Ausgeschlossenwerden hält, für das sie den Grund zudem gar nicht kennt. Sie setzt sich im Vorzimmer ans Klavier und veranstaltet ein ohrenbetäubendes Konzert!

In einem Deutschland, das sich immer mehr der von Hegel so gepriesenen Vernunft zuwendet, bleibt den Frauen, um ihr Anderssein verständlich zu machen, kein anderes Mittel als extreme Absonderlichkeit.

Die Zensoren der Royal Academy

England wendet das deutsche Modell auf seine Weise an und wird sogar tonangebend. Florence Bridell-Fox, zu ihrer Zeit sehr bekannt, prangert die Gebräuche ihres Landes an: «Die staatlichen Schulen boten Frauen keinerlei berufliche Möglichkeit . . . außer den dekorativen Künsten. Kein Modell, keine Draperien noch andere Staffagen. Die ‹Gestaltungs›-Kurse . . . wurden uns in einem winzigen Raum erteilt, in dem wir einige Gipsabgüsse antiker Werke vorfanden.»

Die Royal Academy steht Frauen zunächst offen, wird dann für sie geschlossen, später wieder geöffnet, allerdings mit Einschränkungen. Doch im Land der Suffragetten nehmen die ihre Angelegenheiten selbst in die Hände und verfassen eine Petition: «Es ist bekannt, daß die Schulen der Royal Academy ein höheres Niveau haben als die anderen Schulen des Königreichs und daß sie für die bereits fortgeschrittenen Schüler in allen Punkten nutzbringender sind: Es sind auch die einzigen kostenlosen Schulen dieses Landes, und dies ist für einige der Unterzeichnenden eine wichtige Überlegung . . .»

Bridell-Fox, sich selbst treu, vollführt einen Gewaltstreich, indem sie einen Abendkurs abhält, wo man – Gipfel der Schamlosigkeit – nach einem weiblichen Aktmodell arbeiten kann. Bei der Royal Academy erhalten Frauen erst 1891 das Recht auf lebende Modelle, wobei das Modell jedoch nicht nur weiblich, sondern auch verhüllt sein mußte! 1893 dann wird eine bedeutende Konzession gemacht: «Künftig wird es den Lehrern der Royal Academy möglich sein, weiblichen Klassen nackte männliche Modelle anzubieten, die nicht verhüllt sind . . . Es sei denn um die Hüften.» Doch nichts wird dem Zufall überlassen. Der Bericht präzisiert: «Die Hülle, die das Modell tragen muß, wird aus einer normalen Badehose bestehen, dazu einem 2,75 m langen und 1 m breiten Streifen aus leichtem Stoff, der über der Badehose um die Hüften gewickelt wird; außerdem ist auch ein schmaler Lederriemen vorgesehen, um alles an Ort und Stelle zu halten.» Ob der oder die Verfasser dieses Textes auch nur einen Augenblick daran dachten, daß ihre Präzisierungen weit erotischer waren als irgendein nacktes Modell, sei es männlich oder weiblich, das es längst satt hatte, für ein paar Pennies endlos als Apollo oder Adonis zu posieren?

Als die Academy nackte männliche Modelle in den Ateliers von Frauen akzeptiert, hagelt es im Büro des Direktors Briefe von Eltern und schockierten Zensoren. Einer dieser Briefe verteidigt das Schamgefühl der jungen Mädchen, die «sich beleidigt fühlen durch die Promiskuität von verderbten Frauen und vom Anblick nackter Männer in der erregenden Atmosphäre, die in der Klasse herrscht». Solche Äußerungen kommen uns heute lächerlich oder komisch vor, damals jedoch nahm man sie sehr ernst. Und eine Frau mußte hundertmal mehr Energie aufbieten als ein Mann, um über das Erlernen der technischen Grundlagen hinauszugelangen. Thomas Eatkins, Zeichenlehrer an der Academy, gerät eines Tages beim Anblick seiner Schülerinnen, die einen Männerkörper darzustellen versuchen und, wenn ihr Stift den Bereich zwischen den Schenkeln erreicht, die Drapierung statt der Anatomie gestalten, in solche Rage, daß er sich verleiten läßt, dem Modell die Hülle über dem Geschlechtsorgan herunterzureißen! – Und sieht sich gezwungen, auf der Stelle sein Amt niederzulegen, weil er ein solches Attentat auf das Schamgefühl begangen hat.

England wird nach der Thronbesteigung Königin Viktorias die Höhepunkte des Puritanismus kennenlernen. Hier wie anderswo erlebt das Jahrhundert den Sieg der Bourgeoisie, ihrer Tugenden, ihrer Reaktion auf die Leichtlebigkeit der Sitten und Ideen, von denen das vorausgegangene Jahrhundert geprägt war. Für die Frauen werden die Zwänge, denen sie unterliegen, noch größer: Ihre Rolle und ihre Funktionen werden rigoros festgelegt.

Montmartre und Montparnasse

In Paris scheint die Lage entspannter zu sein als in Deutschland und den angelsächsischen Ländern. Eine ausschließlich Frauen vorbehaltene Klasse wird eingerichtet: die Académie Julian, wo die Schülerinnen nach nackten Modellen beiderlei Geschlechts zeichnen können. Die Schülerinnen kommen, sofern ihre Mittel es ihnen erlauben, aus allen Ecken Europas und der Neuen Welt. Gegen Ende des 19. Jahrhunderts nehmen auch Frauen an der großen Migrationsbewegung teil, die aus Montmartre und Montparnasse Hauptstädte der künstlerischen Welt machen wird. In Paris kann man es zudem erleben, daß sie sich an öffentlichen Ausstellungen beteiligen.

Ihre Ausbildung bleibt jedoch hinter jener der Männer zurück. Marie Baschkirtscheff (1860–1884), eine Malerin russischer Abstammung, führt ein Tagebuch, in dem sie ihren ganzen Zorn und Unmut zum Ausdruck bringt: «Wir sind an die École des Beaux-Arts gegangen. Man könnte heulen vor Wut. Wie kommt es, daß ich dort nicht eintreten kann? Wo sonst fände ich eine so komplette Ausbildung?» Und: «Ich habe geschrieben . . ., daß ich wünschte, ein Mann zu sein. Ich weiß, daß ich irgendeiner werden muß, sogar im Unterrock, was kann man machen? Die Ehe ist die einzige Zukunft für eine Frau . . .»

Groß ist die Zahl derjenigen, die sich nicht für diese «einzige Zukunft» entscheiden. Der Gedanke, ein Mann zu sein, herrscht bei den Frauen seit der Zeit, da die Schülerinnen des Sozialtheoretikers Saint-Simon – die Saint-Simonierinnen – kurze Röcke anzogen, die ihre Unterwäsche sehen ließen und im Herren- statt im Damensattel ritten. George Sand war beispielgebend, und die Schriftstellerin Marie d'Agoult ließ sich Daniel Stern nennen. Doch solchen Frauen begegnet man mit Mißtrauen und Verachtung: In Zeichenschulen zu verkehren, sich mit der Kontur eines männlichen Geschlechtsorgans zu befassen, wird das nicht damit enden, die wilde Ehe oder, schlimmer noch, die Homosexualität zu preisen? Kurz: Eine Frau, die malen will wie ein Mann, ist entweder gefährlich verderbt oder von einer schrecklichen Anomalie befallen.

Nur die besonders Begünstigten unter ihnen – sei es durch Geburt oder die Verbindung mit einem berühmten Künstler, sei es dank eigener Energie – werden öffentlich anerkannt. Die anderen, die sich mit dem Malen von Porträts mühsam über Wasser halten, unterwerfen sich in ihren Arbeiten weiterhin dem Geschmack der Zeit: Sie bleiben in der ihnen zugewiesenen Domäne. Ihre Werke werden mehr und mehr berichthaft, eine Art Ergänzungen der Gazetten, die verschiedene Fakten oder Begebenheiten aus dem täglichen Leben illustrieren.

«Kein Ausgang heute» von Sophie Anderson beispielsweise

zeigt einen kleinen Jungen, der bestraft wird, aber wie ein Prinz gekleidet ist und verdrießlich durchs Fenster in den Garten schaut, in den er nicht gehen darf. Das Bild – es handelt sich in der Tat mehr um ein Bild als um ein Gemälde – ist von bestürzender Manieriertheit, aber es gehört genau zu den Werken der Kategorie, auf die sich Malerinnen zu beschränken hatten: Sie mußten ihrer Kundschaft gefällig sein, eben das gestalten, was von einem seiner Natur nach «sanften», «zerbrechlichen» Wesen, das sich den Aufgaben von Mutterschaft und häuslichem Herd zu widmen hat, erwartet wurde. Die meiste Zeit über war ihr Schicksal eine Malerei, die dem Broterwerb diente, der vielen dieser anonymen Künstlerinnen dann durch das Aufkommen der Fotografie nach und nach genommen wurde.

Trotz des Labyrinths der Schwierigkeiten, das die triumphierende Bürgerschaft errichtet hatte, malten die Frauen weiterhin, sie stellten weiterhin aus und waren in Kunstausstellungen vertreten – feminine Malerinnen natürlich. Selbst ein Daumier, dessen geistige Freiheit und kritisches Auge man schätzte, stellte die Vorurteile ihnen gegenüber nicht in Frage; ganz im Gegenteil, er machte die Frauen mehr als einmal lächerlich. Auf einer seiner Graphiken wirft eine Frau ihrem fassungslosen Mann, der in der Unterhose dasteht und mit den verschränkten Händen sein Geschlechtsorgan verbirgt, eine Hose an den Kopf. Die Bildunterschrift lautet: «Eine Frau wie ich – einen Knopf annähen! – Ihr spinnt wohl!» sagt sie. Und er antwortet: «Nun denn! – Ihr begnügt euch also nicht mehr damit, die Hosen anzuhaben ... Ihr müßt sie mir auch noch an den Kopf werfen!»

Ein sicherer Lacherfolg. Daumier, zweifellos ein echtes Spiegelbild der Mentalität seiner Zeit, paktiert mit seinem Publikum.

Um zu verstehen, was diese Frauen vom Ende des vorigen Jahrhunderts durchmachen mußten, braucht man nur einen Katalog durchzublättern, in dem ihre Werke beschrieben sind. Beispielsweise jenen, der 1878 anläßlich des «Salon des

Femmes Artistes» und der Weltausstellung in Paris erschienen ist. Ein Artikel darin stammt von dem damals sehr bekannten Kritiker Jean Alesson. Gleich zu Beginn sind die Kriterien aufgeführt:

«Eine Frau, die *sich emporschwingt,* indem sie zugunsten einer intelligenten Arbeit ihren Geschmack und ihr *Feingefühl* einsetzt, erhält so seltene und so schwache Ermutigungen, daß es zur Pflicht wird, ihre ersten Erfolge zu begrüßen und ihr die Hand zu bieten, wenn man ein Prominenter *(sic)* ist, um sie zur Anerkennung zu führen.» Sagt dieser liberale Herr das mit Rücksicht auf die geltenden Vorstellungen? Andere Passagen beleuchten die allgemeine Auffassung. Zu einem Gemälde einer gewissen Lucile Doux heißt es: «Ein hübsches Porträt, mit sehr weiblichem Pinsel und Liebe zum Detail gemalt, ist jenes, das Lucile Doux von einer Dame von guter Gesundheit geschaffen hat. Die Dame kam wahrscheinlich von sehr weit her, in der Postkutsche, um im Atelier Modell zu sitzen, denn sie ist noch ganz mit Reisestaub bedeckt.» Wäre es ihm lieber gewesen, sie hätte sich zurechtgemacht? Auf jeden Fall ist es gewagt, eine Dame in diesem etwas «vernachlässigten» Zustand darzustellen. Alesson demonstriert in seinen Urteilen die Spontaneität, die charakteristisch ist für Kritiken, denn zu beweisen gilt es vor allem, daß man eine «flinke» Feder hat. Er setzt seinen Streifzug fort: «Agar und ihr Sohn Ismael, von Sara in die Wüste gejagt, haben Elise Drojat inspiriert. Es ist eine Idee, die sich schwer vermitteln läßt, den Rahmen gewöhnlicher Gemälde sprengt . . . aber die Malerin hatte auch noch den unglücklichen Gedanken, den Wüstensand aufzuwirbeln und uns in das Toben einer Windhose einführen zu wollen. Wir werden Ihnen nicht sagen, was das Publikum darüber dachte, wie man bei *unschuldigen* Spielen so schön sagt.» Herrn Alessons Schwung wird unwiderstehlich: «Bei der Behandlung eines biblischen Themas, ‹Moses, dem Fluß anvertraut›, erlitt Jeanne Gardner das Gegenteil eines Unfalls. Ihre Landschaftsidylle, ihr Korn, ihre Wiege, ihre beiden Frauenkörper haben etwas Natürliches in der Bewegung, der Farbe, eine gewisse poetische Harmonie in der Tönung, aber wir fragen uns, wo die Künstlerin diese ägyptischen Typen suchen gegangen ist. Wahrscheinlich ins Assommoir (billige Schnapsboutique).» Zufriedener ist Herr Alesson offenbar mit «‹Die Hoffnung› von Marie Dubreuil, verkörpert von einer jungen Brünetten, die nackte Schultern hat und ihren Blick zu Gott emporrichtet: elegante Malerei». Außerdem gefällt ihm: «Die liebliche Gruppe von Marie Nicolas, eine Mutter zeigend, die ihre Tochter auf einem Bild von Épinal das Lesen lehrt.» Und schließlich schwärmt er: «Liebenswerte Szenen im Stil Louis' XV. von Mme. Leleux ... aufgrund ihrer Nüchternheit in der Verbindung mit primitiven Farben.» Nach diesem einschränkenden Lob gestattet er sich dann das Vergnügen, einen Hieb auszuteilen: «Die Künstlerin hat dieses Verfahren von ihrem Mann.»

Der Herr Kunstkritiker kann sich gar nicht genugtun, sich zu belustigen und seinen Lesern die Freude zu machen, sie zum Lachen zu bringen. «Würde man glauben, daß eine Dame, die zum erstenmal ausstellt, ihre Bilderfolge mit einem Gemälde eröffnet, das den Titel ‹Die Entmutigung› trägt und eine *peintresse* (Malerin) vor ihrer Staffelei zeigt, bewaffnet mit Pinsel, mit Palette ...» Das Wort – im Originaltext kursiv gesetzt – ist abwertend, wenn auch nicht ganz so wie *barbouilleuse* (Pinslerin, Farbenkleckserin), das ebenfalls oft gebraucht wird. Die Kriterien des Herrn Alesson sind, ohne je in Frage gestellt zu werden, genau jene, die das Publikum in seiner Mehrheit akzeptiert hat: «Der mütterliche Kuß in der Interpretation von Juliette Peyrol ist derjenige, den eine Kuh ihrem Kalb gibt. Gehen wir weiter.» Und in verändertem Ton, voller Perfidie, heißt es beispielsweise: «Louise Lalande, höchst kompetent in Hundestudien, hat zwei sachkundig gezeichnete Vorstehhunde eingeschickt: Sie haben die Form, die Farbe und die Bewegung. Was kann man mehr erwarten?» Es folgen Beurteilungen im gleichen Stil von Seestücken, Blumen- und Früchtebildern. Dieser Katalog allein ist in sich ein unwiderlegbares, erdrückendes Dokument.

Die Künstlerinnen lassen sich nicht entmutigen. Und sie sollten recht haben damit. Den frechen, köstlichen Chronisten Jean Alesson kennt heute niemand, aber auch gar niemand mehr. Aber Mary Cassatt? Und Rosa Bonheur? Morisot? Valadon? Eva Gonzales?

Diese Malerinnen haben nicht nur, wie jene des Katalogs der Ausstellung von 1878, die Titel Frau oder Fräulein verloren – wofür sich Alesson, das muß gesagt werden, des langen und breiten entschuldigte: Er hatte sie aus Platzgründen und nicht aus mangelnder Ehrerbietung weggelassen –, sondern man kennt sie heute auch ohne ihre Vornamen, so, wie man Ingres sagt, David oder Delacroix.

Das Genie hat kein Geschlecht: Rosa Bonheur

In Bordeaux kommt Rosalie Bonheur 1822 zur Welt. Sie ist das älteste von vier Kindern. Ihr Vater Raymond, ein Zeichenlehrer und Landschaftsmaler, hofft, in Paris den Lebensunterhalt für seine Familie leichter zu verdienen. Doch diese Hoffnung zerschlägt sich rasch, und er ist gezwungen, Privatunterricht zu geben, von dem er auch seine Töchter profitieren läßt.

Rosa ist ein rebellisches Kind, das es kategorisch ablehnt, Dinge zu lernen, die Mädchen beherrschen müssen, vor allem das Nähen. An ihr ist ein Junge verlorengegangen. Sie streift in der Gegend umher und macht Tierskizzen. Ihr Vater hält sie für begabt und schickt sie in den Louvre, um Kopien alter Meister anzufertigen. Er selbst, Anhänger des Saint-Simonismus, verteidigt seit jeher die Gleichheit von Frauen und Männern. Hat sein Lehrer Saint-Simon nicht sogar die Meinung vertreten, der Messias könne weiblichen Geschlechts gewesen sein und Gott könne ein Doppelwesen sein: weiblich und männlich zugleich?

Rosalie ist erst siebzehn, als ihre Gemäldekopien Abnehmer zu finden beginnen und sich dadurch das Leben der Familie wesentlich verbessert. Sie malt, bildhauert und erlangt schnell große Bekanntheit: Mit siebenundzwanzig Jahren wird sie Direktorin der École Impériale de Dessin, ohne daß diese Auszeichnung und die Belastung durch das Amt sie zu einer Funktionärin machen.

Ihr Hauptinteresse, das für Tiere in Freiheit, bringt auch ein Interesse für die innere Anatomie mit sich. Sie vereinbart mit einem Fleischer in ihrer Nachbarschaft, daß er ihr Tierorgane und Kadaver gibt, die sie dann zu Hause mit klinischer Sorgfalt seziert, deren Knochen und Fleisch sie mit Bleistift wiedergibt. Bald sucht sie auch die Schlachthäuser auf.

Hat nicht ihr berühmter Vorgänger Rembrandt so gemalt? Und wird nicht Soutine Jahre später diese Malweise zur Vollendung führen? Dasselbe Verlangen, verborgene Materie zu erforschen. Die Künstler der Zeit zwischen 1830 und 1840 haben nachdrücklich versichert, die Natur sei ihr Lehrer, und sie haben die genaue Beobachtung gepriesen: Rosa wird dieses Prinzip bis an die Grenzen des Möglichen vorantreiben.

1893 wird sie, fasziniert von der Weite amerikanischer Räume, die sie nicht kennt, von dem Gedanken an diese neue, grandiose Welt, wie Chateaubriand sie beschrieben hat, beschließen, eine Bilderserie über den Wilden Westen zu malen. Zu diesem Zweck will sie aber die Farbe und die Zusammensetzung seiner Erde kennen. Sie läßt sich also Grasstücke der amerikanischen Prärie schicken. Daraus resultieren dann ihre beiden Gemälde: «Bisons auf der Flucht vor einer Feuersbrunst» und «Wildpferde des Wilden Westens».

Im Moment jedoch hat Rosa ein Lieblingsziel für ihre Spaziergänge: Viehmärkte. Dort kann sie in Ruhe Tiere skizzieren. Allerdings ziemt es sich für eine junge Demoiselle mit Krinoline nicht, Umgang mit Viehhändlern zu pflegen. Sie kommt auf die Idee, sich zu ihrem Schutz als Mann zu kleiden, was aber gar nicht so einfach zu bewerkstelligen ist. Man braucht dafür die offizielle Genehmigung des Polizeipräfekten. Rosa erhält sie 1852. Im Alter von dreißig Jahren zieht sie einen Männeranzug an, und dabei bleibt sie, obwohl sie die Genehmigung alle sechs Monate erneuern lassen muß.

In ihrem Gefühlsleben zeigt Rosa den gleichen starken Freiheitswillen: Sie geht keine Ehe ein. Mit dem Geld, das sie verdient, erwirbt sie einen riesigen Besitz, das Château de By bei Fontainebleau, auf dem sie einen Tierpark einrichtet, wo zahlreiche Tiere in Freiheit leben: Ponys und Gazellen, Elche und Affen. Etwa 1885 läßt sie sich mit ihrer Löwin Fatma fotografieren: Beide liegen, nebeneinander ausgestreckt, in einer Allee des Parks.

Nathalie Micas, auch sie Künstlerin, wird ihre Gefährtin auf Lebenszeit. Die beiden bilden mehr als vierzig Jahre lang ein glückliches Paar, ohne sich im geringsten um Konventionen zu kümmern. Nach Nathalies Tod 1889 lernt Rosa die Amerikanerin Anna Klumpke kennen, die bis zu ihrem Tod im Jahr 1899 bei ihr bleiben und ihre Universalerbin sein wird.

Die Lebensenergie, die Rosalie Bonheurs Körper und Dasein erfüllt, läßt die Künstlerin in einer Art Vision erkennen, wie die künftigen Zeiten aussehen werden. Sie stellt regelmäßig im «Salon» aus, in der Überzeugung, daß einzig Hartnäkkigkeit und eine ruhige, beharrliche Willensdemonstration sich gegen Barrieren und Tabus durchsetzen werden.

1848 erhält sie ihren ersten Lohn: Für «Ochsen und Stiere im Rennen von Cantal» wird ihr die Goldmedaille zuerkannt. Sie bekommt Aufträge von Privatsammlern und der französischen Regierung.

Im «Salon» von 1853 feiert Rosa einen Triumph mit «Der Pferdemarkt», einem 5 × 3 Meter großen Gemälde, an dem sie zwei Jahre gearbeitet hat. Sie ging ständig auf den Markt, um die Tiere und die Menschen zu skizzieren, eine Geste oder die Bewegung einer Pferdemähne festzuhalten. Romantik spricht aus dem Werk, das die Natur preist und ihre geheimen Kräfte ahnen läßt: Die Pferde scheinen aus dem Licht herauszuspringen, sie bäumen sich auf, wiehern, andere tauchen aus dem Schatten auf, die dargestellten Menschen sind im Begriff, mit dem Tier zu kämpfen, um es zu zähmen.

Dieses Werk geht über reine, wenn auch großartige technische Meisterschaft hinaus. Eine Alltagsszene erscheint aus düsteren Wäldern, aus einem grünen Gewitterhimmel, über den Wolken jagen, in denen sich das Rot der Sonne aufgelöst hat: Es birgt in seinem Inneren, neu geschaffen, die archaischen Spuren der Kraft. «Der Pferdemarkt» wird nach Eröffnung der Ausstellung sofort berühmt, und Persönlichkeiten wie Napoleon III. und Delacroix versichern, daß es sich um ein Meisterwerk handle.

Was sagt Rosa Bonheur über sich selbst und ihre Kunst? Daß beide «*positiv* sind (der Ausdruck ist also nicht neu!) – auf amerikanische Weise».

Ihre Berühmtheit dringt über Grenzen und Meere, und Königin Viktoria ersucht darum, daß man ihr das Gemälde ins Schloß Windsor bringt. Sie schließt sich in einem ihrer Privatgemächer ein, um sich der Betrachtung einer Darstellung von etwas Unbedeutendem zu widmen, das in eine epische Dimension gehoben worden ist. Dieses Ereignis wird in den Gazetten ausführlich kommentiert, und Rosa Bonheurs Ruhm erreicht seinen Höhepunkt. Sie wird nach England eingeladen, wo die Kritik sie als «französischen Landseer» begrüßt – also mit dem Namen eines berühmten Tiermalers (1802–1872) der Stilrichtung, die jenseits des Ärmelkanals verbreitet ist und auch den Hof erfaßt hat, wo Künstler beschäftigt werden, die Porträts der königlichen Familie und die von Viktoria besonders geliebten Tiere malen.

Nachdem Rosa Bonheur in England mit großem Aufwand empfangen worden ist, kann Frankreich nicht anders, als sie ebenfalls zu ehren. Zum erstenmal wird eine Künstlerin in die Ehrenlegion aufgenommen und erhält diese Auszeichnung aus den Händen der Kaiserin, die sich nach Château de By begibt, um sie ihr persönlich zu überreichen. Mit dieser Geste versucht Eugénie ihrerseits zu demonstrieren, daß «Genie kein Geschlecht hat».

Die Bestellungen von Bildern mehren sich und kommen sogar bis aus den Vereinigten Staaten. Buffalo Bill mit seinem

Zirkus, auf der Durchreise durch Frankreich, besteht darauf, Rosa Bonheur kennenzulernen, und drückt ihr seine Bewunderung aus, indem er ihr zwei von seiner Ranch in Wyoming stammende Mustangs schenkt. Rosa und er sind beide Abenteurer eines dem Ende zugehenden Zeitalters, und beider Leben eignet sich zur Mythenbildung: Man kennt die Legende, die sich nach und nach um Buffalo Bill gerankt hat. Rosa Bonheur hat Anspruch auf ein gleiches Schicksal, seit Medaillen mit ihrem Bildnis geprägt werden und Liedchen auf ihren Ruhm populär sind. An den Straßenecken besingt man ihre hervorragenden Leistungen: Leistungen, die manches arme Geschöpf träumen lassen. Zola hat von diesen Männern, diesen Frauen gesprochen, die durch ihre soziale Herkunft oder ihr Geschlecht dazu verurteilt sind, sich ohne Unterlaß «ins Geschirr zu legen». Rosa hat ihnen die Freiheit gezeigt. Sie hat Wege geöffnet und den Frauen bewiesen, daß ihr Körper ihnen gehört, daß sie sich, wenn sie wollen, nicht den Forderungen einer Kleidermode unterwerfen müssen, die dazu geschaffen ist, ihre Bewegungsfreiheit einzuengen. Sie hat auch in der Liebe die Freiheit gewagt: Weil sie Erfolg hat, kann sie im Namen der Frauen sprechen.

Hat man übrigens in diesem Jahrhundert, in welchem die Frauen Versuche eines erneuerten Despotismus erdulden mußten, nicht als Modell für «Die Freiheit führt das Volk», das berühmte Gemälde von Delacroix, eine Frau gewählt? Eine Frau auch für die Statue an der Einfahrt des Hafens von New York? Rosa Bonheur hat es verstanden, diese Freiheit zu leben. 1899, im Jahr ihres Todes, stellt sie noch einmal aus: Ihre «Feldbestellung im Nivernais» verrät ihre Vorliebe für das Landleben, drückt aber in der Behandlung des Helldunkels, der aufeinanderfolgenden Erdzonen, auch die Wahrheit «der Impression» aus, die Stimmung zwischen Romantik und Impressionismus.

Nach der Schlacht: Elizabeth Butler

In England gibt es eine ebenso erfolgreiche Frau, Lady Elizabeth Butler, von der man genau wie von Rosa Bonheur sagen kann, ihr Talent sei «männlich». Aber ihr Ausdrucksgebiet ist die Schlachten- und Militärmalerei.

Elizabeth Thompson wird 1844 in der Schweiz als Tochter einer Familie gehobenen Standes geboren, die Mutter Pianistin und Aquarellmalerin, der Vater ein aufgeklärter Kunstliebhaber. Er fördert das Talent und die Karriere seiner beiden Töchter. Eine von ihnen, Alice Meynell, wird eine bekannte Schriftstellerin werden. Und Elizabeth vervollkommnet, nachdem sie mit ihren Eltern viel gereist ist, ihre Malkenntnisse in Italien und England. Sie heiratet einen General und wird Lady Butler. Der General hilft ihr mit Rat und Tat und ist voller Bewunderung für ihr Talent.

Ihr Meisterwerk ist zweifellos «Truppeninspektion nach einer Schlacht auf der Krim» (Sammlung Königin Elizabeth II., London). Die Soldaten, die verwundet im Schnee liegen oder sich blutüberströmt gegenseitig stützen, erregen bei den Zeitgenossen starke Gefühle, die hier ihre eigene Geschichte dargestellt sehen. Es ist ein anspruchsvolles Thema für eine Frau. Elizabeth malt hier nur Männer, Kämpfer, aber ihre Art, sie darzustellen, vermittelt ein sehr deutliches Urteil über die absurde Grausamkeit des Krieges.

Königin Viktoria läßt sich das Gemälde nach Schloß Windsor bringen, um es genau zu studieren. Im Publikum herrscht überbordende Begeisterung für dieses Werk; es kommt in Scharen in die Ausstellung der Royal Academy, so daß ein Polizist das Bild bewachen muß, um es vor den Menschenmassen zu schützen. Die Betrachter defilieren an dem auf einem Ehrenplatz ausgestellten Gemälde vorbei, beeindruckt, ergriffen. Viele weinen beim Anblick dieser geopferten jungen Soldaten. Ein weiteres Mal hat eine Frau, die Königin, eine andere Frau berühmt gemacht.

Nicht weniger beeindruckend ist die von Elizabeth Butler

angewandte Technik. Sie macht die Malerin zu einer Vorläuferin der Monumentalfilmer, und man hat sie oft mit Cecil B. de Mille verglichen. Tatsächlich verwendet sie häufig Fotografien als Ausgangsbasis und engagiert auch Laien als Modelle, wie man später Statisten aufbietet.

Ihre männlichen Modelle steckt sie in echte Uniformen – nicht umsonst ist sie die Frau eines Generals! Sie darf sogar bei Manövern zusehen und Skizzen machen. Um den Eindruck eines Schlachtfelds genau wiedergeben zu können, kauft sie ein Roggenfeld und läßt galoppierende Reiter stundenlang darauf herumreiten. Das Ergebnis auf dem Bild ist verblüffend: eine so starke Ausdruckskraft, daß man an Werke von Goya denkt; das nackte, grausame Gesicht des Krieges, nur in anderer Technik gemalt. Elizabeth Butler behielt ihren Stil auch im 20. Jahrhundert bei. Sie starb 1933.

Bonheur schuf eine «virile» Malerei, von Butler sagt man, ihre Kunst sei «maskulin». Offenbar hat also trotz der Behauptung von Kaiserin Eugénie das Genie für die Kritik auch weiterhin ein Geschlecht.

Berthe Morisot

Die berühmten Künstlerinnen dieses Jahrhunderts sind berühmt nur in jenem offiziellen Rahmen, den man ihnen zuweist: innerhalb der Akademien, Zeichenschulen oder Ausstellungen. Einige von ihnen rebellieren jedoch gegen die etablierte Ordnung und schließen sich Bewegungen an, die als revolutionär gelten, wie etwa die Impressionisten.

Eine Gruppe von Malern, die von den offiziellen Ausstellungen nicht angenommen werden, gründen den «Salon des Refusés», wo verkannte, abgelehnte Maler ihre Werke zeigen. Monet, Manet, Degas, genau jene Maler, an die man im Zusammenhang mit dem 19. Jahrhundert heute spontan denkt, waren damals nichts als eine Bande «verrückter» Störenfriede.

Sie trafen sich im «Café Guerbois» in der Avenue de Clichy und diskutierten leidenschaftlich ihre neue Konzeption der Malerei. Unter ihnen befanden sich auch Frauen. Man muß wohl nicht eigens erwähnen, daß es von diesen Frauen viel Mut und Charakterstärke erforderte, sich solchen Außenseitern anzuschließen und dadurch ihre eigenen Berufschancen noch zusätzlich zu erschweren.

Die älteste unter ihnen, Berthe Morisot (1841–1895), wurde auch ohne Unterstützung offizieller Kreise und Kritiker berühmt.

Die Familie Morisot stammt aus Bourges, wo Berthe als jüngstes von vier Mädchen geboren wird. Ihr Vater ist ein hoher Beamter, der zwar seine Kinder nicht selbst in Malerei unterrichtet, ihnen aber bei ihrer Berufswahl auch nichts in den Weg legt. Berthe ist erst sieben, als ihr Vater nach Paris berufen wird und die Morisots sich dort niederlassen. Berthe und ihre Schwester Edma erhalten Unterricht bei Joseph-Alexandre Guichard, einem Schüler von Ingres und Delacroix. Dann fertigen sie, wie es die Tradition gebietet, Kopien der alten Meister im Louvre an.

Die erste Kühnheit der Schwestern Morisot – ganz abgesehen von der, die allein schon ihre Berufswahl bedeutete – besteht darin, daß sie sich für die Künstler der Schule von Barbizon (genannt nach der Ortschaft bei Fontainebleau, wo sich 1849 Pariser Künstler niederließen, um der Cholera auszuweichen) begeistern. Rousseau, Millet und Corot inspirieren die beiden dazu, in der freien Natur zu malen, was für junge Fräuleins offenbar nicht ungefährlich und risikolos zu sein scheint. Denn ihr Lehrer Guichard will es ihnen verwehren, doch sie bleiben fest. Ihre Beharrlichkeit wird belohnt, als sich Corot endlich für sie interessiert: Die beiden werden ihm vorgestellt, und – Höhepunkt des Glücks – die Arbeiten der Schwestern gefallen ihm so gut, daß er die beiden einlädt, nach Ville-d'Avray zu kommen, um dort zu malen.

Die Schwestern Morisot verbringen künftig ihre Sommer mit dem Betrachten von Landschaften. Pontoise, Normandie,

Bretagne – sie folgen den Spuren der von ihnen bewunderten Künstler. Sie arbeiten bei einem von ihnen, François Oudinot, der sie mit zwei weiteren bedeutenden Künstlern bekannt macht. Der eine heißt Daumier, der andere ist Charles Daubigny, der sich seit langem der Malerei «vor der Natur» widmet und wie ein Avantgardist wirkt.

Anfangs stellt Berthe Morisot gleich ihren Kolleginnen im «Malerinnen-Salon» aus, Landschaften vom Ufer der Oise. Zehn Jahre beugt sie sich diesem Zwang, doch 1874 beschließt sie, ihren eigenen Weg zu gehen, und weigert sich, ihre Bilder dort aufzuhängen. Es ist das Jahr, in dem der Impressionismus erstmals an die Öffentlichkeit tritt; Berthe macht gemeinsame Sache mit ihren Freunden: Frauen und Männer stellen zusammen aus.

Gleichzeitig mit diesem künstlerischen Eklat kommt es bei Berthe Morisot zu einem gesellschaftlichen Ereignis, das ebenfalls nach Skandal riecht!

Seit einigen Jahren ist Edma mit einem Marineoffizier verheiratet und hat, wie zu erwarten stand, die Malerei aufgegeben. Berthe dagegen entschied sich für ein anderes Leben. Sie lernt junge Maler kennen: Degas, Puvis de Chavannes, Manet; sie und Manet beeinflussen sich bald gegenseitig. Morisot dient Manet als Modell, Manet wendet sich unter Morisots Einfluß der Malerei «vor der Natur» zu, außerdem beginnt sich ihre Palette zu erweitern. Die lange, leidenschaftliche Freundschaft zwischen Edouard Manet und Berthe Morisot mündet schließlich in Berthes Eheschließung mit dem Bruder jenes Mannes, den sie am meisten auf der Welt schätzt. Eugène Manet ist jedoch keineswegs fortschrittlich eingestellt, vor allem nicht, was die Malerei anbelangt. Er rät Berthe dringend davon ab, mit ihren Freunden an der impressionistischen Ausstellung der Unabhängigen teilzunehmen, am «Salon des Indépendants»; sie hört nicht auf ihn.

Berthe liebt Reisen. Sie reist durch Europa, von Spanien nach Italien, von Holland nach England, und wenn sie zu Hause bleibt, reist sie geistig. In ihrem Pariser Haus empfängt sie unter anderem Renoir, den Dichter Mallarmé, die Komponisten Chabrier und Rossini.

Als Erbin einer gutbürgerlichen Familie ist Morisot immer vor Not geschützt, denn ihre Gemälde erreichen zu ihren Lebzeiten nie hohe Preise. Mit den Impressionisten zählt sie zu jenen Malern, die der Kunsthändler Durand-Ruel vertritt, der überzeugt ist vom Genie dieser oft abgelehnten, oft verspotteten schöpferischen jungen Menschen. Morisot verkauft ab und zu ein paar Bilder, zweifellos weil diese trotz ihrer Kühnheit der Ausdrucksweise in den Themen und deren Behandlung eine gewisse Gefälligkeit bewahren. Man denke beispielsweise an «Das Mädchen am Fenster», das im Spiel der leicht flatternden Voilevorhänge von Rosen umrahmt ist.

Berthes Tochter, Julie Manet, gebraucht in ihrem Tagebuch einen Satz, der ihre Begeisterung ausdrücken soll und von dem sie sich nicht vorstellen kann, daß er zur Beschreibung einer postumen Ausstellung ihrer Mutter unglücklich gewählt sei: «Es ist das Ideal eines dekorativen Werks.» Zweifellos liegt darin der Grund, warum Morisots Gemälde, obwohl nicht hoch eingeschätzt, teurer sind als jene von Monet oder Sisley.

Man muß Berthe Morisot Kühnheit zuerkennen in der Art, wie sie Formen behandelt, wie sie Farben mit Pinselstrichen setzt, die, summarisch gesehen, vollendet das Kleid des jungen Mädchens am Fenster sowie ihr Abbild im Spiegel zeichnen und die Zeichnung der Hände verwischen. Kühnheit, auch wenn die Sujets in ihrem Ausdruck eine gewisse Gekünsteltheit erkennen lassen.

Eva Gonzales

Eva Gonzales (1849–1883), Tochter einer französischen Musikerin und eines Franzosen spanischer Abkunft, des zu seiner Zeit berühmten Romanciers Emmanuel Gonzales, wächst – wie die meisten anderen Künstlerinnen – in einem gutbürgerlichen, kultivierten Elternhaus heran, das ihr Talent fördert. Der Mann ihres Lebens, Édouard Manet, erkennt ihre Gaben und macht sie zu seiner Schülerin; er sieht ihre Schönheit und macht sie zu seinem Modell; er bemerkt ihre Fügsamkeit und macht sie zu seiner Freundin.

Zum Ehemann nimmt Eva Gonzales jedoch Henri Guérard, einen Kupferstecher, und sie stirbt sehr jung, bereits mit vierunddreißig Jahren.

In die Gesamtheit impressionistischer Werke bringt sie eine neue, persönliche Note ein – obwohl sie teilweise von Manets Gemälden aus der «spanischen Periode» beeinflußt wird. Sie wählt die gleichen Themen wie ihre Kollegen: schlafende junge Frauen, Theaterszenen und anderes, doch der ausgeprägte Kontrast zwischen Schatten und Licht verleiht ihnen eine seltsame Härte. So zum Beispiel bei dem 1870 gemalten Bild «Loge der Italiener»: Eine sehr dunkelhaarige junge Frau im tief ausgeschnittenen blauen Abendkleid, die Arme bloß, neigt sich nach vorn und scheint die Bühne zu fixieren; ein stehender Mann zu ihrer Linken beobachtet sie aufmerksam; zu ihrer Rechten ein Blumenstrauß, in dessen Mitte eine Rose oder Pfingstrose in dominierendem Blau; die gleiche Rose oder Pfingstrose am Dekolleté der jungen Frau. Das Gemälde ist eine regelrechte Momentaufnahme: Es erinnert an die Lösung eines Geheimnisses, einer Intrige, die sich zwischen dem Mann und der Frau abspielt.

Das Werk von Eva Gonzales steht weniger für visuelle Eindrücke als für verworren Erzähltes. Vielleicht ist sie deshalb ein wenig im Schatten geblieben. Sie gehört, nicht durch ihre Technik, sondern in ihrem Vorgehen, zu jenen Malern des 19. Jahrhunderts, die ein Ereignis «ausmalen», «beschreiben».

Mary Cassatt

Die Amerikanerin Mary Cassatt (1845–1926) kommt in Pittsburgh als Tochter eines reichen Bankiers zur Welt und wächst auch dort auf. Die kleine Mary gehört einer privilegierten Gesellschaftsschicht an, in der es üblich ist, Europareisen zu machen und dort Museen und Kunststätten zu besuchen.

Auf ihre Erklärung, sie sei zur Künstlerin berufen und gedenke Malerei zu studieren, reagierte ihr Vater mit der klassischen Antwort tugendbeflissener Väter jener Zeit: «Ich würde dich lieber tot sehen!»

Mary, wenig beeindruckt, schrieb sich daraufhin an der Pennsylvania Academy of Fine Arts ein, an der sie vier Jahre studierte. Dann reiste sie einige Zeit durch Europa, doch der Krieg von 1870 zwang sie, nach Hause zurückzukehren.

Im Jahre 1872 aber geht sie definitiv nach Paris, beteiligt sich dort an Ausstellungen, zeigt 1874 das «Porträt Madame Corbier». Ein Freund von Degas empfiehlt dem Maler, sich das Gemälde der jungen Frau anzusehen; bei seinem Anblick ruft Degas aus: «Hier ist jemand, der fühlt wie ich.» Eine bemerkenswerte Äußerung angesichts der Bescheidenheit der Künstler im allgemeinen und dieses Künstlers im besonderen! Die beiden lernen einander dennoch erst drei Jahre später kennen, aber bald verbindet sie eine tiefe Freundschaft. Degas ist es, der Mary in die Gruppe der Impressionisten einführt.

Marys Modelle? Die Mitglieder ihrer Familie. Sie besuchen Mary oft in Europa und sitzen ihr bei dieser Gelegenheit Modell: ihre Brüder, deren Ehefrauen und Sprößlinge, ihre Eltern. Sogar ihr jähzorniger Vater läßt sich schließlich herbei, seine Tochter zu besuchen, die er einst lieber tot gesehen hätte, die dennoch Künstlerin geworden und erfolgreich ist; und er willigt ein, sich von ihr porträtieren zu lassen. Im Gegensatz zu anderen Malerinnen ist Mary Cassatt nicht schon in jungen Jahren berühmt. Tatsächlich gelangt sie erst gegen 1880 mit etwa vierzig Jahren in den Vollbesitz ihrer künstlerischen Mittel. Sie kämpft darum, ihre Kunst zu vervollkommnen, wobei sie sich von der Überzeugung leiten läßt, daß der Weg zu Meisterschaft über das Erlernen anderer Techniken als jener der Malerei führt: Radierung und Kupferstich. Diese Ausbildung verleiht ihrem Strich jene Festigkeit, ja Härte, die gewissen Impressionisten fehlt. Man kennt Cassatt zwar als die «Malerin von Kindern und ihren Müttern» – ein Thema, das sie wirklich liebt, bei dem sie jedoch jede Abgeschmacktheit zu vermeiden versteht –, darf aber nicht den Fehler begehen, in ihrer Themenwahl ein Merkmal des Weiblichen zu sehen. Man denke nur an die Gestaltung dieses Themas durch die großen Meister der Renaissance, Cassatts impressionistische Zeitgenossen und die Maler der Pariser Schule.

Cassatts «Mutter, ihr müdes Kind waschend» zeigt eine junge Frau mit einem zwei- bis dreijährigen Kind im Hemd auf ihrem Schoß. Die Müdigkeit des Kindes läßt sich an seiner Haltung ablesen, dem nach hinten geneigten Kopf, der wie vor dem Einschlummern an die Schläfe gelegten Hand, den gespreizten Beinen, der völligen Erschlaffung. Eine leichte Aufgedunsenheit der Lippen und Schwellung der Backen vermitteln diesen Moment des endenden Wachseins, in dem das Kind von der Malerin erfaßt wird. In Szenen dieser Art erforscht Mary Cassatt, was die Intimität in einem Augenblick scheinbarer Unschuld an Tiefgehendstem offenbaren kann.

«Lydia in einer Loge» dagegen behandelt ein Thema, das den Impressionisten teuer war. Während auf dem Gemälde von Eva Gonzales der Hintergrund intensiv schwarz ist, leuchtet er auf Cassatts Gemälde in hellem Licht, die Personen darin flüchtig gezeichnet. Wenig Schatten, außer denen, die es ermöglichen, das Gesicht zu modellieren. Die dargestellte Person ist bei Eva Gonzales eine typische Spanierin: leicht bräunliche Haut, pechschwarzes Haar, das ein schmales, ovales Gesicht mit sehr dunklen Augen umrahmt; bei Mary dagegen ist sie eine reine Amerikanerin: rosige Haut, rötlichblondes Haar, das Gesicht voll, fast dicklich, sportliche Haltung. Der Vergleich hat nichts mit einer Herabsetzung zu tun, er ruft lediglich immer neues Erstaunen über die Projektion des Ich von Künstlern in Porträts hervor, eine Projektion, die eigentlich Selbstbildnisse daraus macht.

Mary Cassatt hat Erfolg, erhält offizielle Aufträge. 1893 malt sie für die Weltausstellung in Chicago den «Pavillon der Frau» aus. Ihr Thema lautet «Die moderne Frau». So geht sie von der Staffeleimalerei zur Monumentalmalerei über. Im gleichen Jahr findet bei Durand-Ruel ihre erste Einzelausstellung statt. Sie ist nun neununddreißig Jahre alt, und wenn ihre Zeitgenossen sie auch zu den arrivierten Malern zählen, wie es Morisot, Degas, Manet oder Monet sind, so ist sie auf ihrem Gebiet doch eine Vorläuferin, denn ihr Werk kündigt die symbolische Malerei an.

Aber der Erfolg und die Tatsache, offiziell anerkannt zu sein, bekommen Künstlern gewöhnlich nicht. Gleich vielen anderen, die zu Ruhm gelangen, widersetzt sich auch Mary den neuen Ausdrucksformen immer vehementer, je älter sie wird und je mehr sie zur Malerin des Mutterbildes schlechthin wird.

Um die Jahrhundertwende stellt sie sich gegen die Avantgarde, die Pariser Schule und gegen die großen Bewegungen in Rußland und Deutschland. Jahre zuvor war sie selbst den gleichen mißbilligenden Kritiken ausgesetzt gewesen, mit denen sie jetzt die neuen Künstler überschüttet. Der allzu große Kampf um Anerkennung trieb sie offenbar dazu, wütend und eifersüchtig an ihren Einstellungen festzuhalten.

Mary Cassatt stirbt 1926. Dreizehn Jahre zuvor hat sie endlich eingewilligt, sich Achille Segard für eine Biographie anzuvertrauen. Doch schon der Titel dieser ersten Monographie – «Mary Cassatt, eine Malerin von Kindern und Müttern» – zeigt auf, was darin weggelassen wurde über die Frau und über ihre Kunst.

Das malerische und vor allem das graphische Werk Marys sagen mehr darüber aus.

Die Rebellin: Marie Baschkirtscheff

An der Wende des 19. zum 20. Jahrhundert faszinieren zwei Frauen mehr als alle ihre Zeitgenossinnen. Beide bekräftigen ihren Willen, anders zu sein; beide sind so ungestüm und voller Lebensgenie, daß sie sich nicht einordnen lassen. Es sind die heute nur noch wenig bekannte Marie Baschkirtscheff und die zu Recht berühmte Suzanne Valadon.

Marie Baschkirtscheff (1860–1884) hat uns ein von Leidenschaft und Hitzigkeit geprägtes Tagebuch hinterlassen, in dem sie sich ungeduldig über die Fesseln äußert, die den Frauen aufgezwungen werden. Dennoch wird sie in ihrem viel zu kurzen Leben ein echtes malerisches Œuvre mit vielen Porträts und Straßenszenen schaffen.

Die gebürtige Russin verläßt ihr Heimatland mit ihrer Mutter, als die Eltern sich trennen. Sie wächst im Exil auf, in Paris, wo sie auch Malerei studiert. Später gibt man ihr den Beinamen «Rebellin», weil sie sich offen über die Schwierigkeiten beklagt, die man ihr bei ihrer Berufswahl in den Weg legt. Sie protestiert dagegen, daß einer Frau als einziger akzeptabler Ausweg die Heirat bleibe. Sie empört sich auch darüber, daß die an der Académie Julian studierenden jungen Männer bei den Professoren auf größere Anteilnahme stoßen als die Frauen: Die Werke der Männer werden drei Künstlern zur Beurteilung vorgelegt, jene der Frauen nur einem. Ihr ganzes kurzes Leben lang wird Baschkirtscheff sich schlagen, um ihre Ideen und ihre eng damit verbundene Malerei zu verteidigen.

1884 stellt sie ein Werk aus, das von der französischen Regierung gekauft wird, «Eine Begegnung». In einem Armenviertel findet bei einem Palisadenzaun eine Zusammenkunft von sechs Schülern in grauen und schwarzen Kitteln statt. Hinter dem Zaun befinden sich zweifellos abbruchreife alte Mietshäuser oder unbebautes Gelände. Alle Jungen haben versunkene Mienen, ihre Gesichter sind jenem zugewandt, der ihr Anführer sein muß, schwarz gekleidet, mit Schirmmütze und einer Umhängetasche. Sie wirken wie Kinder, die spielend ihrer Umgebung entfliehen und die Welt neu erfinden. Keinerlei Gekünsteltheit im Ausdruck der Gesichter: entschlossene, sogar eigensinnige Münder. Die Emotion wird sichtbar im Kontrast zwischen der konzessionslosen Art der Themenbehandlung und bestimmten Details, die das zärtliche Gefühl der Malerin für ihre Modelle verraten: Schuhe mit aufgegangenen Schnürsenkeln, die Helligkeit von Haaren und Gesicht, die ungewollt kindliche Haltung des im Vordergrund von hinten zu sehenden Jungen.

In der von ihr gewählten Malweise zeigt sich Marie nicht als Bahnbrecherin, doch sie gestaltet das Thema mit noch mehr Vehemenz als ihre Vorgängerinnen: Die meisten Dargestellten sind entweder von hinten zu sehen oder haben den Blick vom «Objektiv» abgewandt. Die Farbtöne sind eher Halbtöne: Abstufungen von Grau und Erdfarben. Nur die schwarzen Flecken der Kittel verleihen dem Werk – seltsamerweise – eine muntere Note: Auf diesem Gemälde hat sich Baschkirtscheff ganz offensichtlich für das Schwarz als Farbe entschieden, und zwar als warme Farbe.

Niemals kippt die Malerin ins Melodrama, und wenn die dargestellten Personen Kinder sind, verfällt sie nie in simple Hübschheit.

Marie besaß ein großes Talent, das Großes versprach. Doch sie starb schon mit vierundzwanzig Jahren an Tuberkulose.

Die Mutter: Suzanne Valadon

Unter jenen Malerinnen, die jeweils Etappen einer unumkehrbaren Bewegung markieren, ist nur Suzanne Valadon vom gleichen Schlag wie Marie Baschkirtscheff, und zwar vor allem durch die Ähnlichkeit ihrer Welten, die nichts mit den behaglichen Gehäusen einer Berthe Morisot oder Mary Cassatt zu tun haben.

Das Gefühl der malenden «Damen» bis zur Jahrhundertmitte, der guten Gesellschaft anzugehören, einer Elite, deren revolutionäre Leidenschaften lediglich der Maltechnik galten, erscheint immer suspekter, je weiter man in der Zeit fortschreitet. Das Leben der Menschen aus dem einfachen Volk ist schwer. Kinder arbeiten in Fabriken und werden manchmal von Maschinen zermalmt, in die sie geraten, weil sie aus hoffnungsloser Übermüdung ihrem Schlafbedürfnis nachgeben. Der Krieg von 1870 hat viele Opfer gefordert, und auf den Straßen sieht man noch zahlreiche Invalide.

Wenn Suzanne Valadon (1865–1938) ein neues Element in einer aus unentbehrlichen Kettengliedern bestehenden Geschichte ist, dann deshalb, weil sie wirklich aus dem Volk stammt: Als uneheliche Tochter einer Bauernmagd in Bessines-sur-Gartempe geboren, wächst sie als Straßenkind am Montmartre auf, wohin die Mutter gleich nach der Geburt der Tochter gezogen war.

Montmartre ist damals noch kein reines Vergnügungsviertel. Am Fuß der Butte verläuft der Boulevard mit der Endstation des Busses zur Place Pigalle, einige Schritte daneben steht das Moulin Rouge und etwas höher das Moulin de la Galette, Treffpunkt der Schneidermamsellen, Midinetten und Weißnäherinnen und Laufburschen. Die Impressionisten haben diese Szenerie mehr als einmal gemalt, samt den Mädchen mit ihren üppigen Rundungen und den Burschen mit ihren kessen Mützen und unwiderstehlichen, verliebten Blicken. Weiter oben dehnt sich Buschgelände: In Bretterbaracken zwischen Büschen und niedrigen Bäumen wohnen die Ärmsten. In der Nacht ist das Viertel nicht sicher; Mädchen, die dort spazierengehen oder es durchqueren müssen, riskieren oft unangenehme Begegnungen. Als Aristide Bruant sein Chanson «Rue Saint-Vincent» singt, besingt er darin nicht nur eine andere Wirklichkeit, er beschreibt das Los von mehr als einem dieser Benachteiligten. Montmartre liegt noch auf dem Land. In einer «Melkerei» auf dem Hügel holt man Milch von Kühen, die man selbst melkt. Man keltert Wein – einen Säuerling – aus Rebstöcken, die an der Hügelflanke wachsen.

Auch Künstler lassen sich in dem Buschgelände nieder, einfach deshalb, weil sie sehr arm sind. Fremde ohne einen Heller und ohne Freunde hausen dort, Picassos oder Modiglianis. Das völlig aus Brettern gebaute «Lavoir» ist eine dieser Wohnstätten. Abends trifft man sich bei Gill, einem Bistro, das zuerst «Lapin à Gill» heißt, dann «Le Lapin Agile». Ein paar Tische, ein Schluck Wein, ein Absinth – und Mädchen, die leichte Mädchen geworden sind. In dieser Welt wächst Marie-Clémentine Valadon auf, die Suzanne Valadon werden wird.

Schon mit neun Jahren muß sie ihren Lebensunterhalt selbst verdienen, als Lehrmädchen in einem Modegeschäft, dann als Bedienung im Café, Hausmädchen, Akrobatin . . . Sie lernt das Leben kennen, die Unabhängigkeit; außerdem lernt sie, Männern wie Lautrec, Puvis de Chavannes und anderen, kaum von jemandem ernstgenommenen Exzentrikern oder Farbenklecksern zuzuhören, deren Reden gewöhnlich Diskussionen über die Kunst der Avantgarde sind. 1880 ist sie gerade fünfzehn und verdient ihren Lebensunterhalt als Modell für verschiedene Maler: Puvis de Chavannes stellt sie in «Der Götterhain» dar, Lautrec in zwei Porträts, darunter «Die Trinkerin», Renoir in «Der Tanz in der Stadt», «Der Zopf» und einer seiner «Badenden». Mit achtzehn bringt sie ein Kind zur Welt, dessen Vater unbekannt ist wie der ihre. Der Knabe wird Maurice Utrillo heißen, er erhält diesen Namen von dem spanischen Maler und Journalisten Miguel Utrillo y Molina, der ihn später als Sohn anerkennt. Valadon belastet sich nicht mit den moralischen Normen ihrer Zeit: Dazu fehlen ihr die Mittel.

Durch einen ihrer Malerfreunde macht sie die Bekanntschaft von Degas, mit dem sie eine lange Beziehung haben wird. Inzwischen hat sie selbst zu zeichnen begonnen und zahlreiche Pastellbilder gemalt. Ihre Freunde erkennen darin wirkliches Talent. Degas, dem sie nie als Modell dient, bleibt derjenige, der sie am meisten bewundert und ermutigt. Er kennt den besten Ergebenheitsbeweis für eine debütierende, glücklose Künstlerin: Er kauft ihr eine ganze Anzahl ihrer Werke ab.

Valadon porträtiert Männer, die durch ihr Dasein gehen, und das sind viele, darunter Erik Satie; doch die Porträts künden nicht nur von ihrem stürmischen Gefühlsleben, sie sagen weit mehr aus.

Im Kreis ihrer Freunde lernt Valadon den Erfolg kennen. Sie stellt 1894 in der «Société nationale des Beaux-Arts» aus. Endlich sind Frauen auch in anderen Ausstellungen zugelassen als nur im jährlichen «Salon».

Als wolle sie sich eine Atempause gönnen – es ist nicht leicht, eine alleinstehende arme Frau und dazu Mutter eines schwererziehbaren Jungen zu sein –, heiratet Suzanne Valadon den wohlhabenden Kaufmann Paul Moussis, der ihr anbietet, in seinem Haus in der Nähe von Paris zu wohnen. Dort malt sie weiterhin Porträts, jetzt aber kommen auch Stilleben dazu. Im allgemeinen jedoch hält sie sich an die Zeichnung und den Kupferstich.

Ambroise Vollard veröffentlicht 1897 ihr graphisches Werk, was bereits eine Art Weihe und Bestätigung bedeutet.

Valadon unterscheidet sich allerdings von den Malerinnen, die ihr vorausgingen; Anerkennung findet sie nur bei einem Kreis von Freunden, einer Gruppe von Avantgardisten; sie hat nicht die Frühreife der Malerinnen von einst: In dem Alter, da diese in den Ateliers ihrer Väter die Technik der Ölmalerei erlernten und sich beim Spinett- oder Geigenspiel erholten, schrubbte sie Küchenböden oder gab «im Vorbeigehen» den Annäherungsversuchen irgendeines gutmütigen älteren Herrn nach. So fügt sie sich in den sich vollziehenden Wandel ein: Am Ende des 19. und Anfang des 20. Jahrhunderts sind die großen Künstler keine offiziellen Künstler mehr. Unter den Malerinnen gibt es zwar keine «Verfemte» mehr, aber Suzanne Valadon ist zweifellos jene, die das Außenseitertum und die Rebellion am besten verkörpert.

Der Sohn, den man ihr gemacht hat, kann nicht in der Obhut des Ehepaares Moussis-Valadon bleiben, das nach Ehrsamkeit strebt; der kleine Maurice wird darum von seiner trunksüchtigen Großmutter aufgezogen. In sehr jungen Jahren schon verfällt auch Maurice dem Alkohol. Er macht sein Leben lang eine Entziehungskur nach der anderen, ohne Erfolg. Seine Mutter sorgt für ihn, er vergöttert sie. Von allen Frauen, die er kennt, so sagt er voller Ernst jedem, der es hören will, sei sie die großartigste und schönste: Er bewundert ihre Genialität so sehr, daß er bereit ist, ihr Schüler zu werden. Suzanne nimmt es also auf sich, ihren Maurice in die Malerei und die Zeichenkunst einzuführen. Sie erhofft sich nicht viel davon, aber es ist eine Möglichkeit, ihn von seiner Trunksucht abzuhalten. Wenn er malt, trinkt er nicht, er wirkt sogar etwas weniger verloren und verstört als normalerweise.

Mit solch schlechten Karten als Ausgangsbasis und einem Kind des Zufalls muß Marie-Clémentine sehr viel Talent und Hartnäckigkeit besessen haben, um zu Suzanne Valadon zu werden. Wenn man an sie denkt, sieht man das Gemälde von 1909 «Nach dem Bad» vor sich: Eine nackte junge Frau liegt ausgestreckt in einem blauen Sessel, das Haar rasch hochgenommen, das Gesicht zum Rechteck des Fensters gewandt. Man sieht ihr Profil mit der kleinen energischen Stupsnase: nichts sehr Feines oder Aristokratisches in diesen Zügen, aber ein verhaltenes Lachen. Das Lachen einer Frau, die endlich mit sich allein ist, glücklich darüber, einen Körper zu haben, von dem sie weiß, daß er schön ist, daß die Hüften verlockend geschwungen sind; ohne falsche Scham amüsiert sie sich über den Nutzen, den sie daraus ziehen kann: Rache einer Frau in einer Welt, in der Männer weibliche Kehrseiten mit Blicken streicheln und sich selten mit dieser Liebkosung zufriedengeben.

An Kühnheit und Schneid mangelt es Suzanne nicht. Sie hat bei der Ausübung des Graveurhandwerks jene Kraft des Handgelenks erworben, die zur Kraft des Strichs wird, manche gerade Linie unerbittlicher und manche Bogenlinie aufregender für das Auge macht, als es liebliche Arrangements von Gartenblumensträußen vermögen. In ihren Bildern findet man immer das Muskelspiel, das die Sinnenhaftigkeit der Lebenskraft kennt, wenn die sich gestattet, schwach zu werden. Der Körper ist niemals ätherisch, er ist vertraut mit den Freuden aller Sinne und bringt sie zum Ausdruck.

Eines Tages lernt Valadon einen jungen Maler kennen, der gut zwei Jahrzehnte jünger ist als sie und Utter heißt. Sie zögert nicht, verläßt ihren reichen Kaufmannsgatten, um dem jungen Mann zu folgen. Sie ist vierundvierzig, er dreiundzwanzig und Maurice Utrillo sechzehn. Von nun an leben die drei die meiste Zeit zusammen.

Die Person auf dem 1923 entstandenen Gemälde «Das blaue Zimmer» macht deutlich, welche Vorstellung Valadon von der Frau in ihrer Umgebung hat: Da liegt sie, in Unterkleidung, kann sich endlich ausruhen; der Körper ist müde, ein wenig schwer, das Alter rückt näher; sie raucht – zweifellos eine Kühnheit mehr. In dieser Frau, Liebenden und Mutter findet sich all das, was Valadon ist: Mutter für ihren Liebhaber Utter, der ihr gegenüber seine große Jugend ausspielt; Lehrerin für ihren benachteiligten Sohn, der es nicht erträgt, fern von ihr zu sein, ohne ihr lange, leidenschaftliche Briefe und von Liebe überschäumende Gedichte zu schicken. Die Müdigkeit, die aus der Haltung spricht, hat etwas Genießerisches; der Körper läßt sich in einer sorgfältig ausgeschmückten Umgebung gehen: Stoffe mit leuchtenden Blumendrucken, Blättereffekten, Streifenspielen.

Suzannne Valadon kündigt hier Matisses Raumgestaltungen an, die mit dem Doppeleffekt Dekoration und Person arbeiten. Auf dem Gemälde sind es nicht die realistischen Effekte, die angestrebt werden, sondern die Nebeneinanderstellungen, die «à-plats». Nahe kommt das auch – in der Vorstellung, nicht in der Malweise – dem Manierismus eines Klimt. Valadon macht den Anfang mit dieser Art Malerei, doch bei ihr stellt man sich, anders als bei Matisse, nie die Frage, ob die Person im Mittelpunkt steht, von Dekor umgeben, oder ob sie der Vorwand für das Dekor ist. Der Ausdruck «dekorativ» impliziert ein Übergehen zum Abstrakten, zur Ablehnung der begrenzten, umgrenzten, beschriebenen Szene. Bei Valadon spielt die Person jedoch die Hauptrolle.

Bis 1911 nahm sie nur an Gruppenausstellungen teil, in den Galerien Berthe Weill und Bernheim Jeune, die regelmäßig die Maler der Avantgarde zeigen. In diesem Jahr nun veranstaltet sie ihre erste Einzelausstellung, bei Clovis Sagot. Die Ausstellung markiert den Beginn einer Karriere, in deren Verlauf Valadon auch im Ausland bekannt wird; Werke von ihr figurieren in einer Gruppenausstellung in München.

Am Ende der zwanziger Jahre – inzwischen ist sie berühmt und fast fünfundsechzig – trennt sich das Trio Utter, Valadon, Utrillo. Der immer häufiger kranke Utrillo wird regelmäßig in psychiatrische Anstalten gesperrt (damals gewöhnlich Irrenhäuser genannt), obwohl auch er Erfolg zu haben beginnt. Die alternde Valadon leidet zunehmend an Depressionen. Sie stirbt 1938.

Francis Carco beschreibt sie in «L'Ami des peintres» («Der Malerfreund») folgendermaßen: «Ihr Hut, ihre Brille, die dikken Strümpfe, ihr Pullover und ihr Regenmantel gaben ihr ein männliches Aussehen, das mich fast einschüchterte, außerdem war das, was ich über dieses seltsame Geschöpf wußte, kaum dazu angetan, mich zu beruhigen. Sie war eine sehr lebhafte, sehr zungenfertige kleine Frau, die in die beiläufigsten Diskussionen außergewöhnliche Leidenschaft hineinbrachte. Ihre Händel mit den Kaufleuten der Butte arteten fast immer zu Streitereien aus oder endeten mit schallendem Gelächter. Seltsamem Gelächter, das einem, wenn ihr, wie sie selbst sagte, ‹nach Totlachen war›, schier das Trommelfell zerriß.

Sie empfing einen aufs herzlichste:

‹Sie haben einen Neffen, der nicht dumm ist›, sagte sie zu meinem falschen Onkel. ‹Aber wenn Sie mir einen guten Rat gestatten, dann überreden Sie ihn lieber, von Ihnen ein Bild von Utrillo statt eines von meinen zu verlangen.›

‹Warum denn Utrillo?› erkundigte sich Vauxelles, ohne eine Miene zu verziehen.

‹Er ist mein Sohn!› antwortete Valadon.

Sie betonte das Wort ‹mein› nachdrücklich, und ihr anschließendes Lachen, das durchs Zimmer hallte, hatte einen sonoren, triumphierenden Klang; dann öffnete Valadon einen Schrank, der etwa zehn Bilder von Utrillo enthielt, nahm eines heraus und tat es in einen Rahmen, bevor sie es auf eine Staffelei stellte. Das Ganze geschah binnen eines Augenblicks. Noch immer lachend, wippte Suzanne auf ihren Beinen.

‹Na? Was sagen Sie jetzt?› rief sie. ‹Das ist ein Maler – ein großartiger Maler!›»

Dieses schriftliche Porträt Valadons sagt so viel aus, daß man sie nicht mehr nur als Malerin bewundert, sondern auch echte Zärtlichkeit für die Frau empfindet.

Beim Anblick des 1917 gemalten «Sacré-Cœur» möchte man darauf wetten, daß ihr während des Malens ‹nach Totlachen› war. Man liest aus dem Bild die innere Überzeugung heraus, daß die großen Gebäude von den verkommenen niedrigen Häuschen eingekreist werden, die wackligen Baracken und die verrückten Gärten die Großbauten buchstäblich besiegen, daß sie deren Zuckerbäcker-Großartigkeit lächerlich machen. Wie Valadon unter allen ihren Zeitgenossen eine erkennbare Technik oder, besser gesagt, charakteristische «Hand» zeigt, so hat sie auch in der Geschichte der Malerinnen neuernd gewirkt: Ihr auf den weiblichen Akt gerichteter Blick kündet ebenso von Lust wie der eines Mannes; wie ein Mann schätzt sie die Rundheit einer Kehrseite und die Festigkeit von Schenkeln: Es ist die Geschichte des Verlangens, seines Ausdrucks und seiner Umsetzungen, die bei ihr alle Hürden genommen haben.

Der von Suzanne Valadon durchlaufene Weg ist kein anderer als jener der Kunst selbst, die sich in entscheidender Weise entwickelt hat.

20. Jahrhundert
Die Moderne

An der Wende zum 20. Jahrhundert, im Jahre 1900, beglückwünschten sich die Menschen zwar, den Anbruch des neuen Jahrhunderts erlebt zu haben, aber die technischen Fortschritte lösten auch Furcht aus und bewogen Romanautoren aus aller Welt, Alpträume für das Jahr 2000 zu erfinden, das sie nicht mehr kennenlernen würden, das noch so weit weg und – wie schaurig! – doch so nahe schien. Politische Ereignisse waren aufeinander gefolgt, die Europa und die Welt verändert hatten. Ein Krieg bahnte sich an, den man mit Bravour führen zu können glaubte. Die Frau bekam eine andere Figur, aber wenn Turnüre und betonter Busen auch einen mit mehr Kühnheit stilisierten Körper suggerierten als die Krinoline der Großmütter, so verbarg sie doch weiterhin ihre Knöchel. Die Kessesten unter den Frauen nahmen es sich heraus, Zeichen der Zeit, auf Fahrräder zu steigen.

Exzentrikerinnen und Spiesser

Künstler aus aller Welt strömen nach Paris und lassen sich zunächst am Montmartre nieder, später am Montparnasse. 1900 wechselt man das Ufer. Valadon bleibt zwar der Butte treu, Modigliani aber zieht schließlich von der Flußseite der Ruche und der Cité Falguière weg. Jene Künstlerinnen, die es wagen, sich aus ihren Verhältnissen zu befreien, kommen in die Hauptstadt; noch sind es nicht viele, die einen derart ausgeprägten Charakter haben, daß sie der feindseligen Haltung ihnen gegenüber, auch seitens ihrer Ateliergefährten, zu trotzen vermögen. Sie besuchen die Akademien (Colarossi, Julian) und lernen in den Cafés die Boheme kennen, der Picasso, Matisse, Soutine, Kikoïne, Braque und viele andere angehören. Um leben zu können, dienen sie ihren Kollegen manchmal als Modelle, was sofort dazu führt, daß sie nicht mehr als ehrsame Frauen gelten. Weil sie die Kraft zum Anderssein haben, den Willen, trotz allem zu existieren, entscheiden sie sich dafür, ständig zu übertreiben; sie schlagen sich auf die Seite der Exzentrik, die eine indirekte Art ist, auf die Verachtung der Spießer und Frömmler mit Arroganz zu reagieren, Maske und Waffe der Provokation, die verborgene Blessuren schützen.

Beatrice Hastings, eine englische Journalistin und Dichterin, nahm Zuflucht zu einem ganzen Arsenal von Extravaganzen. Am Montparnasse allgemein bekannt, Geliebte verschiedener Maler und Schriftsteller, spazierte sie mit einer lebenden Ente in dem Korb umher, der ihr als Handtasche diente. Tamara de Lempicka machte sich dank ähnlicher Verrücktheiten in einer Zwischenkriegsperiode, die sich dafür besser eignete als der ganze Jahrhundertbeginn, einen Namen. Wie dem auch sei, jede dieser Frauen war Beweis für die Absonderlichkeit, lieber den Beruf einer Malerin zu wählen und ein «Boheme»-Leben zu führen wie ihre Freunde, als die ideale Hausfrau, die untadelige Gastgeberin und Klavierspielerin zu werden, die den Anständigkeitskriterien einer kleinbürgerlichen Gesellschaft entsprach. Die Lust am Anderssein, zeitweilig von Adligen und Großbürgern gepriesen und toleriert, existiert längst nicht mehr.

Möglich ist ein solches Leben in Paris und in einigen Großstädten der westlichen Welt, aber keineswegs in der Provinz oder auf dem Land. Dort bleiben die Frauen, wie Betty Friedan es so treffend definierte, *tied to their homes by their apron strings* – mit ihren Schürzenbändern an ihr Heim gefesselt. Und das noch lange nachdem sie während des Ersten Weltkriegs die Männer in den Fabriken und bei der Feldbestellung ersetzt haben und während des Zweiten Weltkriegs sogar an Kämpfen und am Widerstand gegen den Nazismus beteiligt waren. Wie im vorigen Jahrhundert, läßt sich auch jetzt die allgemeine Ansicht über die Frau aus der Presse ablesen, im allgemeinen und im besonderen am Fall der Künstlerinnen.

Zeugnis davon liefert eine Monatszeitschrift, die sich seltsamerweise *Don Quichotte* nannte; sie kündigte sich als «feministisch» an, worunter man beim Blick auf den Inhalt «feminin» zu verstehen hat. Die Nummer vom März 1928, gerade eben die dritte, weist darauf hin, daß Mme. Line Paulet die Herausgeberin und M. René Dardenne der Chefredakteur ist. Gleich eingangs wird ein aktuelles Problem behandelt: das Frauenstimmrecht. Der Verfasser des Artikels hat sich, liberal, wie er ist, in dieser wichtigen Frage an drei Frauen gewandt; zwei Schriftstellerinnen und eine Rednerin, «die sich mit der Psychologie der Frau befaßt» (!). Eine der Schriftstellerinnen ist Lucie Delarue-Mardrus, Autorin von «Toutoune et son amour» («Toutoune und ihre Liebe») – was sie, wie man sofort ahnt, zur Abgabe eines maßgeblichen Urteils qualifiziert. Versichert sie doch: «Ich lebe in einem Traum und will ihn keineswegs verlassen, auch nicht, um auf eine Verbesserung zuzugehen ... Ich bin gegen das Frauenstimmrecht ... Es ist die Verleitung zu weiblichem Alkoholismus. Wahlen ohne kleine Gläschen gibt es nicht ..., wenn die Frauen alle Rechte erlangt haben – nun gut, dann werden sie direkt in die Kasernen gehen ...» Die tiefblickenden Augen sind offensichtlich auch weitblickend gewesen: «... Es sei denn, man ersetzt den Militärdienst durch ein Kind.» Nach Überlegungen, in deren Genuß sie uns kommen läßt, schließt die «Roman-Künstlerin» *(sic)* mit der schönen Metapher: «Wie die Apfelbäume Äpfel hervorbringen, so erzeugt Frankreich Frauen, deren Funktion es ist, nicht zu wählen.»

Die zweite vom Herrn Chefredakteur befragte Person ist eine gewisse Titayna, die «... sehr große Reisen in die entferntesten Länder unternommen hat, zwischen zwei Abreisen einen Roman schreibt und manchmal sogar, wenn sie unterwegs ist ...» Außerdem qualifiziert ihre ganze Erscheinung sie: «Schwarzes Haar, lockig und weich *wie blondes Haar* (die Hervorhebung stammt von uns), arabische Augen voller

Klugheit und Leben erhellen das Gesicht, das schmal und lang wie eine Mandel ist, schöne und elegante Gestalt . . .» Hat Titayna, schön, wie man es liebt, intelligent, Buchautorin und weitgereist – wer behauptet, es mangle den Frauen an Freiheit? –, auch etwas zum Frauenstimmrecht zu sagen?

«Sie schaut mich eine Sekunde voller Neugier an und bricht dann in Lachen aus:

‹Das Frauenstimmrecht? Was wollen Sie, daß ich davon halte? . . . Warum wollen die Frauen absolut gleich sein mit dem, was es an Häßlichstem, Miesestem, Unangenehmstem auf der Welt gibt, das heißt mit den Männern?› *(sic)* Dann zeigt die Charmante, eben aus Tahiti zurück, dem Journalisten ihre Muscheln und ihre Matten aus Kokosbaumfaser, schließlich wundert sie sich echt: ‹Und zu sagen, daß wir geglaubt haben, den Kubismus zu erfinden!› . . .»

Anschließend folgt die Meinung der Prinzessin Jeanne Bibesco, die genau an jenem Tag, an dem man sie befragte, einen Vortrag über Güte und Lüge halten mußte. «. . . Es gibt keine Gleichheit», erklärt sie nüchtern, «wie man gerne sagt, zwischen Männern und Frauen. Immerhin ziehen die in den Krieg, es ist richtig, daß sie den Blutpreis zahlen.»

Lächerlich das Ganze? Die drei befragten Personen sind glücklicherweise in Vergessenheit geraten (zumindest fast), aber in ihrer Zeit waren sie Autoritäten. Ihnen oblag es, die Sonia Delaunays und die Marevnas zu beurteilen.

Eine visionäre Gestalterin: Käthe Kollwitz

Die Künstlerinnen des 20. Jahrhunderts kommen aus allen großen Strömungen, aus allen Schulen. Und sie haben ihre eigenen Ausdrucksformen sichtbar gemacht. Sie haben durch die Malerei ihre Beziehung zum Sakralen verdeutlicht, sind expressionistische oder abstrakte Malerinnen gewesen, mit denen man sich befassen muß, haben das Abenteuer der konzeptuellen Kunst und der Pop-art durchlebt. Man kann sich keine Kunstgeschichte mehr vorstellen, die nicht erkannt hat, welche Rolle sie darin gespielt haben. Sie haben sich in die Wandlungen unserer Zeit eingeschrieben, haben sie begleitet, sie manchmal vorweggenommen, sie immer gefördert.

Genauso wie beim Film. Denn mehr noch als die Fotografie hat er es vermocht, die Auffassung der Maler von ihrer Kunst zu verändern. Der Expressionismus bezeugt die Nähe der beiden: Hier versucht der Maler die irreale und bedrohliche Intensität von Schwarz und Weiß wiederzufinden, die konstante, durch Schatten auf einer Leinwand ausgeführte Arbeit; dort inspiriert sich der Filmemacher an den Freiheiten des Strichs in der Malerei, das Bild löscht die Schatten aus oder vertieft sie, verlagert sie im Widersinn zur Realität, um Geheimnisvolles zu erzeugen, Silhouetten zu schaffen und ihnen die Dichte von Stofflichkeit zu geben.

Aufgrund der Technik ihrer Werke und der Tatsache, daß sie wie ein Bericht sind, muß man Käthe Kollwitz (geb. Schmidt, 1867–1945) dieser Schule zurechnen.

Sie kommt 1867 als Tochter eines Maurermeisters und freireligiösen Predigers in Königsberg zur Welt und erhält als Kind Privatunterricht im Zeichnen. Weil sie ein Mädchen ist, kann sie die Kunstschule ihrer Heimatstadt nicht besuchen. Sie geht darum an die liberalere Kunstakademie in Berlin, die auch eine Abteilung für Frauen hat.

In Berlin heiratet sie nach siebenjähriger Verlobungszeit den Arzt Karl Kollwitz. Käthe und Karl bekommen zwei Söhne; der ältere wird zu Beginn des Ersten Weltkriegs fallen, einer ihrer Enkel im Zweiten Weltkrieg. Käthe und Karl verbringen ihr ganzes Leben in einer winzigen Wohnung, wo er seine Sprechstunden abhält, während sie unermüdlich Porträts von den Patienten ihres Mannes anfertigt, Menschen aus bescheidenen Verhältnissen, die geduldig warten, bis sie an der Reihe sind.

Käthe Kollwitz' gesamtes Werk ist geprägt von bedeutungsschwerem und manchmal bedrohlichem Schweigen, von der Last des Wartens, jenen auferlegt, die auf die eine oder andere Weise leiden. Ihr «Selbstbildnis am Tisch» – eine Radierung und Aquatinta, die sie mit sechsundzwanzig Jahren geschaffen hat – veranschaulicht ihren Stil. Das Geheimnisvolle geht von einer Lampe aus, der Lichtquelle, die das Gesicht beleuchtet, jedoch nur zum Teil; alles übrige ist in wechselnde, verschieden dichte Schatten getaucht. Die Radierungstechnik ermöglicht es der Künstlerin, die Kontraste zwischen der Glätte der Gegenstände und den Unebenheiten des Gesichts zu betonen.

Die Themen und deren Behandlung machen ihr Werk zu dem einer Kämpferin.

Auf einer Radierung von 1897 aus dem Zyklus «Ein Weberaufstand» wird die Bewegung der Menge durch die ununterbrochene Bogenlinie der Rücken ausgedrückt. Für dieses Werk wird ihr vom sächsischen König eine Goldmedaille verliehen. «Der Märzfriedhof», eine Farblithographie aus dem Jahr 1914, zeigt eine Gruppe Arbeiter, Männer und Frauen, die sich am Rand einer Grube drängen. Das Werk ist voller Hinweise: Ein Mann deutet mit dem Finger in die Grube, die anderen ballen die Fäuste. Eine weitere Lithographie, «Mütter» von 1919, zeigt Witwen, aneinandergedrängt, aber voneinander getrennt durch den unerbittlichen Strich, mit dem sie gezeichnet sind, in den Armen Kinder, deren Gesichter teilweise verdeckt sind. Der Ausdruck des Schmerzes ist jedesmal grausam, ohne Tränen und ohne Pathos, wahrgenommen als eine Amputation des dargestellten Körpers. Leiden und Krieg bringen Schädlinge hervor; sie zernagen das Fleisch und zerfressen die Augen.

Man muß Käthe Kollwitz als eine der visionären schöpferischen Gestalterinnen unseres Jahrhunderts betrachten. Sie lernt offiziellen Ruhm kennen, aber die Nazis lassen sich nicht täuschen, was den Inhalt ihres Werks und ihren Kampf anbelangt. Als sie an die Macht kommen, entziehen sie ihrem Mann die Approbation, so daß er seinen Arztberuf nicht mehr ausüben kann. Er stirbt 1940. Sie selbst erhält Ausstellungsverbot. 1943 zerstören Bomben ihre Wohnung und ihr Atelier. Sie stirbt 1945, wenige Tage vor Kriegsende.

Es gibt in Kollwitz' Œuvre ein Werk, das ihre Gefühle als Künstlerin sowie auch als deutsche und angesichts der Schrekken linksgerichtete Frau am besten ausdrückt, nämlich eine Skulptur (sie hat eine große Zahl geschaffen): eine Bronze, «Die Klage», 1938 anläßlich des Todes von Ernst Barlach geschaffen, um das Andenken an diesen «entarteten» Künstler zu feiern, der so heimtückisch verfolgt wurde. Eine Hand verbirgt das Gesicht, das nicht weint, als ob das Leid sich durch das geschlossene Auge bohren würde. Die andere stützt sie, umfaßt das Handgelenk: Der Schmerz der Seele martert den Körper.

Dieses Gesicht könnte das Gesicht eines Christus sein. Es ist das des Menschen.

Nur einige von vielen

Die wirtschaftlichen Erfordernisse haben das Verhalten der Menschen grundlegend verändert. Männer und Frauen müssen von nun an «ihren Lebensunterhalt verdienen», welcher Gesellschaftsschicht sie auch angehören. Die im Adel und dann im Bürgertum herrschende Vorstellung von der perfekten Frau, die sich der Malerei als einer Unterhaltungskunst gewidmet und dennoch verlangt hat, als professionelle Künstlerin anerkannt zu werden, besteht nicht mehr. Eine Verwechslung von Amateur- und Profitum ist nicht länger möglich. Was hat sich während dieses langsamen Übergangs in ein neues Jahrhundert zugetragen?

Abgesehen von den weiterbestehenden alten Abhängigkeiten hat die Frau heute die gleiche Freiheit in bezug auf ihren Körper und die gleichen Rechte wie der Mann. Davon kündet ihre Kunst; von allen Kunstformen bestätigt besonders das Selbstbildnis die physische Unabhängigkeit und das unterschwellige, manchmal erschreckende Verlangen, das sich darin offenbart. Für eine Frau wie für einen Mann bedeutet eine solche Erforschung des eigenen Körpers, seiner Möglichkeiten und der archaischen Gefahren oder Bedrohungen, die sich in ihm verbergen, sich seiner bewußt zu werden, ihn kennenzulernen, aber auch jenen des anderen zu entdecken. Schaffen, das heißt erkennen im ursprünglichen Sinn. Es überrascht darum nicht, daß Künstlerinnen am Ende des vergangenen Jahrhunderts eingesperrt worden sind, wie beispielsweise Camille Claudel oder Séraphine de Senlis, weil ihre Beziehungen zu ihrer Kunst – oder zu ihrem Körper – über die Norm der Zeit hinausgingen. Und ist es nicht typisch für die Sichtbarmachung dieser Unabhängigkeit, daß die Künstlerinnen nicht nur die Leinwand beherrschten, diese Projektionsfläche, sondern auch die Stoffe, die Formen umhüllen und aus denen unter anderem Sonia Delaunay Kunstwerke gefertigt hat?

Lange hat man die Frauen, bisher Objekte der Verehrung – die Jungfrau Maria, die Dame im höfischen Roman, die romantische Muse –, von den mit Transzendenz verbundenen großen Aufgaben ferngehalten. Die Kunst ist eine Art, diese Beziehungen zu erleben. Nicht weniger rigoros wurden sie von den Wissenschaften und der Technik ferngehalten. Aber all das hat sich im Verlauf des Jahrhunderts verändert.

Wie lassen sich künftig Unterschiede zwischen Malern und Malerinnen feststellen? Mehr als *ein* Buch wäre nötig, um all jenen Malerinnen Gerechtigkeit widerfahren zu lassen, die im 20. Jahrhundert eine wichtige Rolle gespielt haben. Wir entschieden uns dafür, einige von ihnen, die beispielhaft in ihrer Ausdrucksweise waren, vorzustellen und zu beschreiben. Sie alle haben neben den Männern an den großen Kämpfen ihrer Zeit teilgenommen: am Krieg, an politischen, sozialen und ideologischen Kämpfen sowie an Kämpfen der Schulen. Immer haben sie viel mehr beweisen müssen als die Männer, manchmal im Übermaß. Einige von ihnen gingen unter, verloschen. Weil sie nicht nur Künstlerinnen, sondern auch Gefährtinnen von Künstlern waren, mußten sie wählen: Es hieß sie oder er. Sie entschieden sich für ihn, ließen ihm den Vorrang. Schließlich bleibt trotz allem in unserer liberalen, egalitären Gesellschaft, in der sämtliche Hindernisse als überwunden gelten, immer noch die Frage des Marktwertes bestehen. In der Welt der Kunst, wo hinter dem Lächeln schnell die Fangzähne erscheinen, herrscht weiterhin eine erschütternde Heuchelei.

Feminine Lieblichkeit: Marie Laurencin und Leonor Fini

Zwei Frauen haben bei Galeristen wie Käufern unbestrittenen Ruhm erlangt: Marie Laurencin und Leonor Fini, die tatsächlich einiges gemeinsam haben.

«Die Kunst von Mlle. Laurencin hat die Tendenz, eine reine Arabeske zu werden, vermenschlicht durch die Beobachtung der Natur.» Dies sagt Apollinaire von ihr, dem sie zweifellos viel verdankt. Ihre «illegitime» Geburt im Jahr 1885 hätte ein Hindernis für ihre Karriere sein können, aber Marie Laurencin (1885–1956) beweist viel Energie, ein gewisses Talent, und sie profitiert von guten Freundschaften, darunter eben jener des großen Dichters der Moderne, der immerhin so verliebt in sie ist, daß er sie als kubistische Malerin betrachtet. Laurencin verkehrt auch mit den Künstlern des Bateau-Lavoir. Eines ihrer Bilder, 1909 gemalt, «Apollinaire und seine Freunde», würdigt jene, die ihr geholfen und sie gefördert haben. Auf diesem Jugendwerk – sie zählt erst dreiundzwanzig Jahre – ist der Strich kräftiger als auf den folgenden Arbeiten. Man spürt darin den Einfluß des Zöllners Rousseau und entfernt sogar jenen Modiglianis. Beim ersteren schwankt allerdings das «Bild» des Menschen oder Tieres unaufhörlich zwischen einer scheinbar naiven Vereinfachung und seiner grotesken Verwandlung. Beim letzteren dagegen wird das Figurative bis an die Grenzen der Abstraktion getrieben, einer Entblößung, die aufs Wesentliche abzielt. Im Werk von Marie Laurencin umgibt jedoch immer Hübschheit einen Blumenstrauß, eine Pose schmachtender Koketterie. Das Dekorative herrscht vor.

Entsprechend der Tendenz der Zeit gestaltet sie Illustrationen für «Der Liebesversuch» von André Gide, und sie interessiert sich für Ballett-Dekors. Diaghilew vertraut ihr die Ausstattung von «Die Hindinnen» von Poulenc an. Laurencin veröffentlicht außerdem Gedichte unter dem Pseudonym Louis Lalanne, womit sie George Sand nacheifert – freilich nur in der Wahl des männlichen Vornamens.

Ein perfektes Beispiel der Kunst von Marie Laurencin ist «Die Probe», ein Ölgemälde auf Leinwand von 1936, das sich im Musée National d'Art Moderne in Paris befindet. Eine Gruppe junger Mädchen in Voilekleidern und mit Blumen bekränzt bereitet sich zum Singen vor, eine von ihnen spielt Mandoline; die Gesichter sind einheitlich anmutig und blaß, die Lippen rosig, die Augen dunkel und von langen Wimpern umsäumt: Die Farben sind insgesamt sanft und harmonisch, im Kontrast dazu jedoch ein intensives Rot und Violettblau. Die Ölfarbe schränkt die Möglichkeiten zu Geziertheit ein, der die Malerin auf ihren Aquarellen freien Lauf läßt und der sie eine Zeile in einem berühmten Chanson verdankt: «Marie Laurencin ist die Malerin kleiner Romanzen.» Dessen ungeachtet gehören ihre Bilder heute zu den teuersten der französischen Maler, werden bei den Kunstgalerien geschätzt, vor allem in Japan, und hängen in den großen Sammlungen.

Seltsamerweise betrachteten Hitlers Schergen Marie Laurencin als «entartete» Malerin, was zweifellos für sie spricht.

Leonor Fini ist 1918 in Buenos Aires geboren. Italienischer Abstammung, verbringt sie ihre Kindheit in Triest und studiert dort Malerei. Wenn man nach einem Foto urteilt, das 1982 von ihr aufgenommen wurde – «Künstlerin an ihrer Staffelei» –, existiert zwischen ihr und ihrem Werk eine Art Spiegelung. Fini posiert in einer voluminösen Robe mit schweren Falten, die sie ganz einhüllt und nichts von ihrem Körper sehen läßt, nur den Kopf: Eine Hand ist in einem der Ärmel vergraben, die andere wird von der Leinwand auf der Staffelei verborgen. Dieses Foto ist eine Inszenierung der Künstlerin, die auf die Inszenierungen ihrer Gemälde hinweist. Das Verschwinden beider Hände läßt an ein Werk denken, das mehr aus dem Willen, aus einer Art Magie zwischen den Elementen entstanden ist als durch materielle oder, genaugenommen, manuelle Arbeit.

Obwohl beeinflußt von ihren surrealistischen Freunden, mit denen sie ab 1936 verkehrt (Magritte, Dalí, Ernst, Carrington), lehnt sie es ab, sich deren Bewegung und André Bretons «Six Déclarations» in seinem Manifest von 1924 anzuschließen. Leonor Finis traumartiges Œuvre ist stark von der Psychoanalyse geprägt. Doch das Perverse darin ist immer «gediegen», wenn man so sagen kann.

In «Rote Vision» geht ein gespensterbleiches kleines Mädchen durch leere Räume und begegnet einer feuerroten springenden Form. Im Hintergrund unterscheidet man die Gestalt einer nachdenklichen Frau am Fenster. Illustration irgendeines Berichts einer Geheimlehre? Leonor Fini ist eine Malerin, die dem Theater nahesteht, dem Geschriebenen; ihre kommentarlosen Werke regen zweifellos zu poetischen Texten an.

Worin entsprechen die Gemälde von Leonor Fini und Marie Laurencin dem, was bestimmte Kritiker vom Œuvre einer Frau erwarten? Darin, daß sie eine Welt köstlich *femininer* Geheimnisse und zarter *femininer* Perversionen beschwören. Die Wildheit oder Heftigkeit, wenn es sie bei ihnen gibt, wird immer von Eleganz und dem Streben nach Eleganz im Zaum gehalten. Das Nichtgesagte, die Feinheit der direkt lesbaren Hinweise tritt an die Stelle der Prüderie.

Marie Laurencin und Leonor Fini bewegten sich in den Kreisen von Neuerern, die gegen überkommene Ideen kämpften – auf künstlerischer Ebene, aber nicht nur dort. Sie haben für sich daraus die speziellen Elemente einer Form der Malerei entnommen, die, weit davon entfernt, Anlaß zum Nachdenken, zu Hinterfragungen oder zu Angst zu geben, und weit davon entfernt, grundlegende ästhetische Fragen aufzuwerfen, auf die eine oder andere Weise in Lieblichkeit versinkt.

Kunst in der Bewegung: Die Russinnen

Nach Rußland gilt es den Blick zu wenden, dorthin, wo die großen Umwälzungen des Jahrhunderts beginnen, die Europa und der Welt ein anderes Gesicht geben werden. Mit der Einführung neuer Ideologien setzt sich der Wille durch, die Barrieren zwischen der «hohen» und der «niedrigen» Kunst abzuschaffen. Dadurch entwickelt sich das Kunstgewerbe, eine Tendenz, die auch im Westen einsetzen wird, und zwar nach den Protestbewegungen der 68er mit der Mobilisierung der Straße und der Mauer als Ausdrucksfläche im Gegensatz zur für «private und bürgerliche» Innenräume bestimmten Malerei. Auch die Kunst der Tapisserie und der Gestaltung von Stoffen erfährt zu Beginn des Jahrhunderts neuen Aufschwung. Doch an der Wiege der avantgardistischen Bewegungen – Synthetismus, Konstruktivismus usw. – stehen vor allem männliche Künstler, denen sich die Frauen jedoch oft anschließen.

Große russische Malerinnen wie Ljubow Popowa und Sonia Delaunay beginnen Stoffe zu entwerfen, Tapisserie-Motive. Es könnte den Anschein erwecken, als seien die Frauen damit zu Tätigkeiten zurückgekehrt, die seit Anbeginn der Zeit die ihren waren. Tatsächlich aber sahen die Künstler der russischen Avantgarde in der angewandten Kunst einen Bruch mit der «reaktionären» Kunst, die ihr vorausgegangen ist.

1921 veröffentlicht im Moskauer Institut für künstlerische Kultur eine Gruppe, der unter anderem Ljubow Popowa, Warwara Stepanowa und Alexandra Exter angehören, ein Manifest: «Unter dem Drang der revolutionären Realitäten unserer Epoche verwerfen wir die reine Form der Kunst. Wir bestätigen, daß diese gefällige Staffeleikunst überholt ist und daß unsere Rolle als simple Maler insofern überflüssig ist . . . Wir erklären, daß die in den Dienst der Produktion gestellte Kunst absolut ist und daß der Konstruktivismus ihre einzige Ausdrucksform ist.» Es lohnt sich, diesen Text näher zu betrachten.

Der wichtige Begriff, den es zu erhellen gilt, ist «die reine Form der Kunst». Es ist interessant, daß die Frauen schon seit Beginn des Jahrhunderts eben jene Vorstellung der «Reinheit» ablehnen, die einige Jahre später, zuerst unter dem Naziregime, dann in anderer Form unter dem stalinistischen Regime, vorherrschen sollte. Es ist bezeichnend, daß das Mißtrauen gegenüber jeder künstlerischen Definition im Zusammenhang mit «Reinheit» vor allem von den Frauen ausgeht. Die Staffeleikunst wurde als gefällig definiert: was das Modell, den Mäzen und schließlich den Künstler anbelangt. Man erkennt darin deutlich das Verlangen, den Künstler wie jeden anderen Arbeitenden in den sozialen Kontext einzubeziehen. Man weiß inzwischen, zu welchen katastrophalen Exzessen solche Theorien auf der menschlichen und der ästhetischen Ebene geführt haben.

Aber wir stehen noch am Anfang, sehen die Hoffnungen heraufdämmern. Berühmte Malerinnen werden zu Modedesignerinnen oder entwerfen Stoffmuster, damit Eleganz und Schönheit in Serie hergestellt werden und alle daran teilhaben können. Sie kreieren Kleider, die verschiedenen Beschäftigungen angepaßt sind. Sonia Delaunay, die in Frankreich lebt, seit ihre Familie von der Revolution ruiniert worden ist, wird nicht nur von den neuen Bewegungen des Denkens verführt, sie muß auch für den Lebensunterhalt ihres Mannes Robert Delaunay sorgen, der Maler ist wie sie. Man weiß, mit welchem Erfolg sie sich dem Entwerfen von Stoffen und Mode gewidmet hat. Ihr ist kein Bereich der angewandten Kunst fremd: Konfektion, Theatergewänder, Mobiliar. In den zwanziger Jahren feiert sie Triumphe mit ihren Möbelstoffen, die unter anderem einen Citroën auskleiden, der als angehimmeltes, symbolträchtiges Objekt bei der Schau des Modeschöpfers Jacques Heim gezeigt wird.

Von einem völlig unorthodoxen Standpunkt aus läßt sich in der Leidenschaft der Frauen für die Herstellung von Stoffen und die Stoffmalerei auch ein anderer Sinn erkennen. Denn diese Wahl der Richtung ist keineswegs harmlos. Es geht hier um eine Körperbeziehung, um eine Umhüllung des Körpers. Und indem sie Stoffe bemalen, wie sie «Meisterbilder» malen würden, verleihen die Frauen dem, was ihren Körper einhüllt, den Wert eines Kunstwerks. Sie weisen auf den Körper hin, sie legen ihn bloß, sprechen von seiner Keuschheit oder seiner Kenntnis von Verlangen und Wonnen, umrahmen und betonen seine Heiligkeit.

Was diese Künstlerinnen jedoch von ihren früheren Schwestern unterscheidet, den Spinnerinnen, Weberinnen, Teppichnäherinnen, das ist ihre Autonomie, eine Art neuer, organisierter Komplizenschaft.

Die verschiedenen Bewegungen, die sich zu Beginn des Jahrhunderts abzeichnen, sind nur interessant im Kontext der politischen Begeisterung und des schöpferischen Fiebers, aus dem sie entstehen. Mehr als einmal haben die verantwortlichen Künstler ihre Werke als keine «große Kunst» definiert und sich zu dieser Einstellung bekannt. Ihr Werk hat sich in einen Augenblick der Geschichte eingeschrieben, und sie selbst sind, ohne es zu bedauern, dazu verurteilt, mit ihm zu sterben. Ihre Kunst wurde also Handlung, Zeugnis, Rechenschaftsbericht. So haben sich beispielsweise die Konstruktivisten, überwältigt von der Entdeckung des Gegenstands und des Arbeiters, dieses Erschaffers von Gegenständen, deren Verherrlichung gewidmet.

Ann Sutherland zufolge erklärt sich die Bedeutung der Gruppen von Malerinnen in Rußland zum Jahrhundertbeginn vor allem aus der Rolle, welche die Frauen generell in der russischen linken Intelligenzia spielten, in der sie ihren männlichen Genossen gleichgestellt waren. Die russische Studentin, die *kursitzka,* den Konservativen ein Dorn im Auge und administrativen Schikanen ausgesetzt, wird als Folge davon eine der typischen Gestalten der Revolution. Man findet sie in den Romanen und Theaterstücken jener Zeit und sogar in malerischen Darstellungen. Bereits im 19. Jahrhundert hat der Maler Ilja Repin (1844–1930) die *kursitzka* zur Zentralfigur eines Bildes gemacht, das den Titel trägt: «Revolutionärin, in einer Zelle auf ihre Hinrichtung wartend». Offenbar hat man Ilja Repins Modell identifiziert, es ist Vera Figner, die «nach der Hinrichtung einer anderen ‹Königsmörderin›, Sophie Petrowskaja, die Führung des terroristischen Exekutivkomitees übernommen hatte».

Viele Revolutionärinnen haben sich durch die Malerei geäußert, vor allem weil auf diesem Gebiet die Gleichheit mit den Männern erreicht schien, außerdem auch, weil sie hier als Heldinnen, als *pasionarias* verherrlicht wurden. Die Frauen hatten ja früher schon als symbolische Verkörperung revolutionärer Tugenden gedient: Marianne, die Inkarnation von «La Marseillaise», «Die Freiheit» usw. Von nun an wird keine zeitlose Gestalt mehr beweihräuchert, sondern eine zeitgenössische, die bestimmte Ereignisse durchlebt.

Diese jungen Frauen leben in der Kommune – die damals eine sehr sinnbefrachtete Neuerung ist. Voller Elan gehen sie dem Volk voraus; sie selbst kommen, wohlgemerkt, aus dem Adel oder dem Bürgertum. Bei dem berühmten «Prozeß der Fünfzig» zählen zu den verurteilten Verschwörern mehrere Frauen. Bei diesem ersten der großen politischen Prozesse von 1877 sind fast die Hälfte der Angeklagten Frauen, denen man den Beinamen «Amazonen von Moskau» gegeben hat. Frauen wie Sophie Bardina, Lydia und Vera Figner, Betty Kaminskaja, Breschkowskaja, Sophie Petrowskaja, Vera Zassulich und Ludmilla Wolkenstein, um nur einige zu nennen, sind große Gestalten der Revolutionsgeschichte Rußlands. Und bereits 1870 schrieb ein Minister des Zaren den Erfolg revolutionärer Propaganda den Aktionen einer erstaunlichen Zahl von Frauen unter den Verschwörern zu. Der Welt der Künste anzugehören bedeutet für diese Frauen also kämpfen. Sie selbst sehen sich sogar am Ursprung der Veränderung. So erlangt Valentina Serowa, die Mutter des Malers Serow – er ist die Seele eines Künstler- und Schriftstellerkreises, in dem sich Tolstoi, Tschaikowsky, Turgenjew, Wagner zusammengefunden haben –, bleibende Bekanntheit mit ihren Opernlibretti, zu denen sie Ereignisse der Revolution angeregt haben.

Alle diese Künstlerinnen drücken auch ihre Begeisterung über die vom Menschen erfundenen Maschinen aus, die ihn befreien müssen, wie sie glauben. Es ist die Zeit des «Modernismus». Laut der Lyrikerin Zwetajewa ist Natalia Gontscharowa (1881–1962) die erste gewesen, bei der die Mechanik Eingang in die Malerei gefunden hat. Werke von ihr, wie «Der Motor und die Maschine» (1913) und «Die elektrische Lampe» (1914), bezeugen dies. Das letztere der beiden Gemälde läßt tatsächlich eine neue Art erkennen, sich Formen vorzustellen; Licht und Metall erzeugen neben Explosionen abstrakte Formen. Hier offenbart sich bereits die Vorstellung vom postmodernen Kosmos mit der Ahnung einer weiteren Dimension, lange bevor präzise Bilder davon entstehen werden. Gontscharowa selbst hat erklärt: «Das Prinzip der Bewegung ist das gleiche in der Maschine und im Lebewesen. Die größte Freude bei meiner Arbeit besteht darin, das Gleichgewicht der Bewegung zu offenbaren.» Auf diese Weise findet eine Art Mystik der Materie Ausdruck.

Natalia Gontscharowa wurde 1881 in eine der großen Familien Mittelrußlands geboren und starb 1962. Dank ihres langen Lebens erlebte sie alle bedeutenden Ereignisse des Jahrhunderts. Noch vor der Oktoberrevolution widersetzte sie sich der akademischen Kunst. Ihr Selbstbildnis zeigt sie in ihrem Atelier, ohne eine der bei einer solchen «Szene» sonst üblichen Künsteleien; vor allem in der Art, wie das Gesicht und die Blumen behandelt werden, spürt man die moderne Malerin, die hier jedoch noch unter dem Einfluß der Impressionisten steht. Sie ist noch weit entfernt von «Die elektrische Lampe», die sie fünf Jahre später malt.

In Moskau arbeitete Gontscharowa mit Michail Larionoff zusammen und entwickelte mit ihm den «Rayonismus», der die Betonung auf Lichtstrahlen legt, die von den Gegenständen selbst ausgehen oder reflektiert werden. Ihre Werke, im Aussehen dem Kubismus nahe, zeugen von absolutem Forschen nach der Schwingung. Auf einem Gemälde von 1912 mit dem Titel «Wäschestücke» verlieren die Materialien, Eisen, Holz und Spitzen, ihre definitiven Formen, sind aus oszillierendem Licht gestaltet.

Von 1914 an arbeitet sie mit Diaghilew zusammen, entwirft mehrere Dekors für seine «Balletts russes». Ihren Ideen treu, inspiriert sie sich vor allem an der Volkskunst. Gemeinsam mit Diaghilew und den Komponisten, deren Werke er inszeniert, verkörpert sie die gestalterische Avantgarde, angefangen von «Der goldene Hahn» von Rimski-Korsakow bis zu Strawinskys «Feuervogel».

Ab 1917 lebt die Gontscharowa mit ihrem Lebensgefährten Larionoff ganz in Paris und bewegt sich dort in den Kreisen der internationalen Elite der Intellektuellen vom Beginn dieses Jahrhunderts und ihrer nach Frankreich geflohenen Landsleute.

Marie Wassiliew

Genau an jenem Ort, wo die Französinnen des 18. Jahrhunderts von der Revolution ferngehalten wurden, lassen nun die russischen Malerinnen großartige Ideen in unglaublich neuartigen Werken hervorbrechen.

Eine dieser Malerinnen ist Marie Wassiliew. 1884 in Smolensk geboren, studiert sie an der Kunstakademie von St. Petersburg und erhält ein Stipendium fürs Ausland. Gleich vielen ihrer Mitbürger, die angezogen werden von dem Pol, der Paris zu Jahrhundertbeginn ist, läßt sie sich dort nieder – für eine gewisse Zeit, glaubt sie. Anfangs wohnt sie am Montmartre, dann am Montparnasse; sie gehört zum Kern derer, die Thora Dardel, die Frau des Malers Niels Dardel, noch heute als «die Bande von Kumpanen» bezeichnet. Nie mehr wird sie weggehen von der Ruche, der Cité Falguière, den Bistros La Rotonde und Dôme.

Marie entdeckt den Kubismus und besucht Kurse bei Matisse. 1910 gründet sie mit anderen Künstlern unter ihren Landsleuten die «Russische Akademie», an der man leidenschaftlich debattiert, nicht nur über die Ästhetik, sondern auch über Politik. Nach Meinungsverschiedenheiten mit den Gefährten der ersten Zeit gründet Marie Wassiliew dann in der Avenue du Maine 21 eine eigene Akademie.

Inzwischen war der Krieg ausgebrochen. Maries explosives, dabei großzügiges Temperament gibt ihr eine Idee ein, die manche für extravagant halten: Um den Künstlern in dieser schwierigen Zeit zu helfen, eröffnet sie eine Kantine. Die Frau, die man als «Stipendiatin der Zarin» bezeichnet, bewirtet dort ausländische Kunstschüler und lädt bereits anerkannte Maler ein, Vorträge zu halten. Fernand Léger ist einer von ihnen. Viele andere zählen dazu, die schnell Stammgäste werden: Van Dongen, Soutine oder seltener erscheinende wie Zadkine und Apollinaire.

Ein Werk, das Braque 1917 malte und «Das Bankett» titulierte, veranschaulicht vollendet die festliche Stimmung, die Marie Wassiliew zu erzeugen verstand. Auf dem Gemälde hat sie ein riesiges Messer in der Hand, um einen Truthahn zu zerlegen. Man erkennt bei diesem sehr profanen Abendmahl: Matisse – der den Truthahn festhält! –, Cendrars, Cocteau, Picasso, Max Jacob, Salmon und den wie immer überschwenglichen Modigliani am Tischende sowie Braque und seine Frau, die einen Lorbeerkranz erhalten. Apollinaire, Van Dongen, Soutine und Zadkine hätten auch anwesend sein können.

Mit der Revolution hat Marie ihr Stipendium, aber nicht

ihren Unternehmungsgeist verloren. Sie malt eine Reihe Porträts von Modellpuppen, die sofort Anklang finden und in Mode kommen, zumal sich der Couturier Paul Poiret dafür begeistert und für ihre Verbreitung sorgt. Marie interessiert sich wie alle Malerkollegen ihrer Zeit auch für das Ballett und entwirft die Dekors für das schwedische Ballett von Rolf de Maré, dessen Choreographien hauptsächlich auf der Verbindung von Gestik und Bildwerk fußen.

Man hat behauptet, Marie Wassiliew sei von ihren materiellen Schwierigkeiten dazu getrieben worden, sich für angewandte Kunst zu interessieren. Tatsächlich aber spricht aus ihrer Arbeit eine tiefe Infragestellung der Materie selbst. Die von der Künstlerin neu erdachten Dinge sind von einer neuartigen Anschaulichkeit. Für Marie Wassiliew wird alles, was den Körper, seine Verwandlungen und seine Darstellungen betrifft, zum Gegenstand künstlerischer «Inszenierung». Puppen, Masken, Kostüme: Sie denkt sich Möbel mit einem Menschenkopf aus, arbeitet für das Theater von Gaston Baty, dann für das Marionettentheater, das Geza Pattner leitet. Die Musik von Claude Duboscq inspiriert sie zu einer Art «Kasperle». Schließlich schmückt sie mit ihren Malerfreunden das Künstlerlokal Coupole aus.

Diese Aktivitäten, die ihrer Kunst nie fremd sind, dürfen nicht vergessen lassen, daß sie eine der großen kubistischen Malerinnen des Jahrhundertbeginns ist. Ihre «Sitzende Frau» weist *zerbrochene* geometrische Formen auf, die sich so verschachteln, daß sie das Gleichgewicht weiblicher *Kurven* wiedererlangen. «Die Silhouette der Frau», eine bewußt fragmentierte Komposition, besitzt ein vollkommenes Gleichgewicht, obwohl das Werk auf den ersten Blick nicht zu deuten ist. Der Körper ist darin wahrzunehmen, maskiert, suggeriert von einer höheren Mathematik oder auch aus ihr hervorgehend. Als handle es sich um Puppen oder Gegenstände, stellt Marie den Sinn des Körpers wieder her, den komplexen Aufbau, und sie weigert sich, ihn in eine Form einzuschließen, von der man glaubt, daß sie bekannt und beschränkt sei.

Wassiliew stellt mit den größten Künstlern aus, von Malewitsch bis zu Tatlin. Trotz ihrer wachsenden finanziellen Probleme setzt sie ihre Karriere fort und bewahrt sich ihren Ruf, großzügig und exzentrisch zu sein. Anläßlich der Weltausstellung von 1937 in Paris gestaltet sie für ein Schauspiel über die «Voyelles» («Vokale») von Arthur Rimbaud Kostüme aus Rhodoid (einem Plastikmaterial wie Zelluloid, nur weniger leicht brennbar) – in Schwarz, Weiß, Rot, Blau, Grün. Die Kühnheiten, zu denen die Begründer der zeitgenössischen Kunst fähig waren, sind seither kaum übertroffen worden. Gleichzeitig führt Marie Wassiliew ihre Kantine weiter.

Es kommen der Zweite Weltkrieg und das Alter. Die Künstlerin gerät langsam in Vergessenheit bei einem Publikum, das nach Neuheiten giert. 1946 zieht Marie Wassiliew sich ohne einen Sou nach Nogent-sur-Marne zurück, in das Altersheim für Künstler, in dem sie noch elf Jahre lebt.

Sie stirbt 1957 – sozusagen wieder in die Anonymität gesunken. Erst gegen 1970 beschließen Kritiker, das Werk der Malerin, die zu den wichtigen Gestalten der «großen Jahre» gehört, wieder bekannt zu machen.

Marevna

Marevna wollte ihre Werke immer nur mit einem Vornamen signieren, und zwar einem, dem nichts Offizielles anhaftete. Die im Februar 1892 geborene Marie Rosanowitsch Worobiew ist die Tochter eines katholischen polnischen Adligen, des Wasser- und Forstverwalters Bronislaw Stabelski. Ihre Mutter, eine jüdische Künstlerin namens Rosanowitsch, ist mit einem gewissen Worobiew verheiratet. Anders als üblich ist es hier der Vater, Bronislaw Stabelski, der das Kind großzieht.

Die kleine Marie wird sehr schnell das stumme Opfer der cholerischen Phantasien ihrer Stiefmutter und der zahlreichen Geliebten ihres Vaters. Zuflucht findet sie offenbar nur im Schweigen und im Zeichnen oder Malen. Ihre Arbeiten bringen ihr die Bewunderung ihrer Angehörigen ein. Weil sie gesundheitlich anfällig ist, beschließt ihr besorgter Vater, sich in einer Gegend mit günstigerem Klima niederzulassen, und entscheidet sich schließlich für Georgien. Im Alter von sechs Jahren übersiedelt Marie Rosanowitsch Worobiew also nach Tbilissi/Tiflis. An der dortigen höheren Schule fällt sie durch ihr frühreifes Talent auf. Mit achtzehn verläßt sie das Vaterhaus, um in die Hauptstadt zu gehen. In Moskau entdeckt sie die großen Maler der italienischen Schule und hat nur noch den einen Wunsch, Europa kennenzulernen, Italien, Rom. Sie reist 1910 nach Rom und wird dort von einer Dame aus dem russischen Adel empfangen, die sie in ihr Landhaus auf Capri mitnimmt.

Dies ist eine zweite Geburt für Marie. In der Villa des zu der Zeit auf Capri lebenden Maxim Gorki lernt sie alle jene Menschen kennen, die zu den berühmtesten Ausgebürgerten Rußlands zählen. Gorki tauft sie in Marevna um, was «Tochter des Meeres» bedeutet. Sie beschließt, diesen Namen für immer zu behalten.

Als der Winter naht, verläßt sie Italien, um nach Paris zu gehen, von dem man ihr so viel erzählt hat. Sie findet eine Unterkunft unweit der Metrostation Glacière und schreibt sich an der «Russischen Akademie» ein. Auch Marevna wird eine der Getreuen aus der «Bande der Kumpane»; regelmäßig trifft sie Zadkine, Kisling, Léger, Soutine, Zborowski, Ilja Ehrenburg und andere im La Rotonde oder im Dôme. Picasso verbirgt seine Bewunderung für sie nicht und verspricht ihr, ganz Grandseigneur: «Wir werden aus dir eine größere Künstlerin als Marie Laurencin machen . . .»

Das Leben meint es gut mit Marevna, bis zu dem Tag, an dem aus Tbilissi die schreckliche Nachricht eintrifft, daß ihr Vater Selbstmord begangen hat. Marevna gehört wegen ihrer außerehelichen Geburt seiner Familie offiziell nicht an. Jäh ist sie grausam allein und völlig mittellos. Das Drama dieses Todes stellt sie plötzlich auch vor ein Identitätsproblem: Wer ist sie? Welcher Religion gehört sie an?

Sie versucht vor diesen Fragen zu fliehen, läßt sich von ihnen auf mehrere Reisen treiben. Die Malerei, immer fordernd, bietet keine Antwort, setzt sie auf andere Art nur weiterer schmerzlicher Befragung aus. Auf einem Selbstbildnis hat Marevna Ähnlichkeit mit einer Maske: Das Gesicht in Dreiecke aufgeteilt, die Stirn mit Arabesken verziert, der Hals durch Aufeinandersetzen geometrischer Formen zerteilt. Das dunkelbraune Haar gleicht mehr einer schweren Haube aus schwarzem Metall als einem natürlichen Kopfschmuck. Einzig die Augen sind von einer Wahrhaftigkeit, die Technik und gewolltes Vertuschen der Züge durchdringt: riesig, von dunklen, deutlich erkennbaren Wimpern umsäumt, in blauer, regloser Verzweiflung erstarrt.

Die Flucht wird zum System. Marevna lebt in Portofino, in Biarritz, dann in Spanien. Doch ihre Seelenangst begleitet sie. Schließlich entschließt sie sich, nach Paris zurückzukehren. Der Sammler Gustave Kahn, der die AAA – «Aide aux Artistes» («Hilfe für Künstler») – gegründet hat, kauft Marevna auf Drängen ihrer Landsleute mehrere Gemälde ab. Auch der Polizeibeamte Zamaron, zu Jahrhundertbeginn eine legendäre Gestalt des Montparnasse, erwirbt einige ihrer Werke. Marevna kann überleben.

Im Jahr 1915 lernt sie Diego Rivera kennen. Der mexikanische Maler wird die einzige große Liebe ihres Lebens; obwohl er mit Angelina Leof zusammenlebt, macht er ihr ein Kind, die kleine Marika. Die Beziehung zwischen Marevna und Diego Rivera dauert bis 1921, dem Jahr, in welchem der Tod seines Vaters ihn zur Rückkehr in sein Heimatland zwingt. Erneut ist Marevna allein, dieses Mal belastet mit einem Kind. Diego Rivera, inzwischen zum berühmtesten Maler seines Landes geworden, heiratet zunächst Lupe Marin, dann Frida Kahlo.

Trotz all dieser Widrigkeiten bleibt Marevna außerordentlich produktiv. Mit Unterstützung ihrer Freunde vom Montparnasse veranstaltet sie zahlreiche Ausstellungen. Eine davon, die 1968 im Guggenheim-Museum in New York stattfindet, trägt ihr die offizielle Weihe ein. Bis zu ihrem Tod ist Marevna offenbar auf der Suche nach einem Ort, an dem sie sich niederlassen kann – als suche sie in irgendeinem Land, irgendeiner Stadt, irgendwo vergebens die Antwort auf die Frage nach ihrer Identität.

Sie stirbt am 4. Mai 1984 in London.

Zeugnis der großen Zeit des Montparnasse, versteht sich fast jedes ihrer Werke als «Huldigung an die Freunde vom Montparnasse», wie eines ihrer Bilder auch betitelt ist. Man sieht darauf Rivera, Ehrenburg, Soutine, Modigliani, Zborowski, Max Jacob, Jeanne Hébuterne, Kisling, Marevna selbst und ihre Tochter Marika. Ein zweifellos vom Kubismus beeinflußtes Gemälde, aber die Gesichter sind mit einer Art Präzision gemalt, die man als psychologisch einstufen würde, wäre nicht der Humor allgegenwärtig. Modigliani thront in der Mitte des Bildes, die Brust nackt, finsterer Blick; Max Jacob, untadelig, Zylinder, das Lorgnon am Auge, hat die Pose eines inspirierten Dichters. Jede der Personen, man möchte sagen, jeder der Protagonisten, ist in jener Rolle eingefangen, die er sich zugeteilt hat und spielt.

Drei Gemälde offenbaren die Ängste von Marevna, der «Tochter des Meeres», in bezug auf ihre zerbrochene Identität. Der «Chassidische Tanz während des Chanukka-Festes» ist weder als Erinnerungsstück noch aus Interesse für Folklore entstanden. Die Männer haben einander an der Schulter gefaßt, bilden einen Kreis, und diese geteilte Freude ist so stark, daß ihre Schwerkraft aufgehoben scheint; ihr riesiger Schatten erhebt sich bis zum oberen Bildrand. Diese Juden, deren Schwester Marevna ist, von denen sie sich jedoch ausgestoßen fühlt, genießen es, beisammen zu sein, miteinander in der gleichen Gemeinde zu leben. Und gefeiert wird Chanukka, das Fest zur Erinnerung an ein Wunder, das vollbracht worden ist, eben damit die Gemeinde fortbesteht. Unten auf dem Bild, ganz rechts außen, betrachtet ein auf den Knien seiner Mutter sitzendes Mädchen die Tanzenden. Genauso verwirrend ist «Die Jungfrau mit dem Kind» von 1951. Ein christliches Thema diesmal und wieder ein Mutterschaftsthema. Doch die Jungfrau hat ein russisches Gesicht und trägt zudem eine russische Haube. Wie soll man da nicht an eine Ikone denken? Das dritte Gemälde schließlich zeigt den russisch-jüdischen Maler Mané-Katz in seinem Atelier, die Palette in der Hand. Er hat eben das Porträt eines Rabbiners mit der Thora beendet.

Marevna, exiliert inmitten der Exilanten, ist von allen Malern des Montparnasse zweifellos jene, die am besten ausgedrückt hat, was trotz aller Kämpfe und Rivalitäten unter den Künstlern eine Freundschaft bedeutete, die eine Art Heimat schuf. Alle ihre Gemälde, die uns die Freunde vom Montparnasse zeigen und die ein wenig naiv «Huldigung» betitelt sind, bringen eine Mischung von Zärtlichkeit, Achtung und Dankbarkeit zum Ausdruck.

Marevna hat ihre Familie gefunden. Ihre Werke haben irgend etwas Scharfes, als spreche daraus die Notwendigkeit, auf dem denkbar beschränktesten, unbestimmtesten Raum zu überleben.

Sonia Delaunay

Unter all diesen russischen Künstlern ist Sonia Terk (1885–1979), die Frau von Robert Delaunay, heute vielleicht am bekanntesten. Geboren wurde sie 1885 in Gradisk in der Ukraine. Sehr bald vertrauen die Eltern ihre Erziehung einem Onkel an, der in St. Petersburg Anwalt ist. Sonia wächst in einem Milieu heran, in dem sich die Vergnügungen eines glanzvollen Stadtlebens mit der Kultur privilegierter Kreise verbinden.

Auch Sonia macht die damals übliche Europareise. In Italien vervollkommnet sie ihre Bildung durch Museumsbesuche. In Berlin – sie ist gerade vierzehn – hat sie eine entscheidende Begegnung. Max Liebermann, einer der größten deutschen Maler jener Zeit, schenkt ihr einen Malkasten, den ersten ihres Lebens. Der bewunderte und gefeierte reife Mann spielt bei ihr die zweideutige Rolle Vater/Förderer. Sie beginnt zu malen. Sie schreibt sich an der Kunstakademie von Karlsruhe ein und reist später, 1905, weiter nach Paris. Als ein mit der Intelligenzia verbundenes russisches Mädchen ist sie bereits eine Kosmopolitin.

Die Fauvisten enthüllen ihr die Leidenschaftlichkeit der Farbe. Sonia malt «Der gelbe Akt», dann das Porträt des russichen Dichters Tschuiko. Mit einem Temperament begabt, das es ihr verbietet, lange irgendeinem Einfluß zu unterliegen, sucht sie ihren eigenen Weg.

Im Jahre 1908 – sie ist dreiundzwanzig – ist es schwierig, frei und gleichzeitig ledig zu sein; die Aussichten, eine «alte Jungfer» zu werden, machen ihr angst. Um sich davor zu bewahren, beschließt sie zu heiraten. Und zwar schnell! Sie geht eine platonische Ehe – man stelle sich die Kühnheit vor – mit dem deutschen Kunstschriftsteller und Galeriebesitzer Wilhelm Uhde ein. Die Verbindung hält kaum ein Jahr. Aber die Begegnung mit einem Mann wie Uhde muß eine junge Künstlerin beeindrucken; er ist einer der größten Sammler zeitgenössischer Kunst. Während des ganzen Jahrhundertbeginns hat er Werke vielversprechender Unbekannter erworben, die Namen haben wie Picasso, Braque und Rousseau, der Zöllner. In Uhdes Galerie taucht oft ein junger Maler auf, der gleich alt ist wie Sonia: Robert Delaunay. Die beiden verlieben sich ineinander. Uhde läßt sie gehen, Sonia läßt sich scheiden und heiratet Robert.

Miteinander gemein haben sie die Liebe zur Form in Bewegung, zur Farbe: An ihrem Wohnort Nantua umgeben sie sich mit etwa vierzig Vögeln. Es ist eine ebenso schöne wie rare Liebesgeschichte unter Malern, die gleichermaßen nach Originalität streben und gleich begabt sind. «Wir lebten wie Kinder», erzählt Sonia, «wir hatten noch Einkünfte und genossen das Leben . . . In Delaunay war mir ein Dichter begegnet, der nicht mit Worten schrieb, sondern mit Farben.»

Sonia handhabt Pinsel und Palette bereits meisterlich; um

sich davon zu überzeugen, braucht man nur die Kraft von «Junge Finnin» (1907) zu studieren, einem Aktbild ohne die geringste Geziertheit, auf dem die verschränkten Hände einen ebenso festen Knoten bilden wie die Baumstämme, trotzdem aber die Weiblichkeit ständig sichtbar ist und Ausdruck findet in der sicher geformten Rundung der Brüste. Gesicht im Dreiviertelprofil, ruhige Unschamhaftigkeit, ohne Provokation; und auch ruhige Sicherheit der Künstlerin, so daß sich kräftige Züge, eine ausgeprägte Nase und ein schwerer Mund zu einem schönen Antlitz fügen können.

1911 wird den beiden ein Sohn geboren, den sie Charles nennen. Sonia fertigt für ihn eine Patchwork-Decke an, inspiriert von russischer Folklore und von großer Originalität. Für Apollinaire, der 1911 nach der Affäre des Diebstahls der Mona Lisa, in die er verwickelt ist, erst zu den Delaunays in die Rue des Grands-Augustins floh und sich dann am Boulevard Saint-Germain einrichtete, kreiert Sonia Organdy-Vorhänge in verschiedenen Farben. Der Dichter beschreibt sie in seinen Chroniken, und sie zieren seine Wohnung bis zu seinem Tod im Jahre 1918. Vögel, Decke für ein Neugeborenes, Vorhänge für einen sterbenden Dichter: Jedesmal versucht die Malerin aufzuspüren, wo die Bewegung sich in die Farbe flüchtet, wo der Körper sich selbst entflieht und zu jenem Fließen wird, das dem Licht Form verleiht.

«Lichtstudien», «Studien der Menschenmenge auf dem Boulevard Saint-Michel»: Für Sonia Delaunay ist das Gemälde nur ein Moment unaufhörlicher Relation von Wesen, Dingen und Sinngehalten. Das Leben braucht sie in all ihren Aspekten, nichts ist unbedeutend, nichts ist verachtenswert.

Robert und Sonia Delaunay tanzen gern Tango; jeden Donnerstag abend gehen sie zum Bal Bullier; und Sonia malt den Tanz. «Die Farbe», sagt sie, «ist ein ebenso lebendiges Ausdrucksmittel geworden wie das Wort. Wir spielen mit den Farben wie mit einem neuen Ausdrucksmittel.»

Im «Salon des Indépendants» stellt Sonia 1914 ein Gemälde aus, das den Titel «Elektrische Prismen» trägt. Das

Abenteuer der Abstraktion trifft hier auf das Abenteuer der Entdeckungen und des wissenschaftlichen Fortschritts. Die Welt wird nicht mehr in den traditionellen Formen gezeigt, die, in Frage gestellt, sich geheimnisvoll offenbarend und andere Formen verbergend, umgesetzt werden im Unendlichen der Ähnlichkeiten.

1913 gestaltet Sonia, die dem Dichter Blaise Cendrars in großer Freundschaft verbunden ist, auf völlig neuartige Weise den Illustrationsteil von dessen «Transsibérien». Das Buch ist als ein Gesamtkunstwerk konzipiert, in dem das Wort der Farbe und den Wellenbewegungen der Sinne und Materien entspricht, als Erzeugern von Dynamik und Form. Die Siebdrucke, die den Text begleiten, lassen sich auf zwei Meter auseinanderfalten.

Cendrars schreibt «Elektrische Gedichte» zu Ehren der Straßenlaternen, die in Paris die so oft gefeierten Reflektorlampen ersetzen. Sonia wiederum wagt sich an «Elektrische Prismen». Gleichzeitig ersinnt sie auch noch die Collage, wobei sie von den jüngsten Erfindungen profitiert, und sie steht an der Wiege der geometrischen Abstraktion. Jeder Augenblick des Schaffens von Sonia Delaunay ist im wahrsten Sinne des Wortes revolutionär.

Wer von ihren Nachfolgern – und von den Randgestalten des Jahrhundertbeginns – kann sich noch rühmen, «der Moderne» anzugehören? Die Mehrheit der seither geschaffenen Werke, die den Erwartungen des Publikums entsprechen und den Verlockungen der «offiziellen Kunst» erliegen, sind nur risikolose Wiederholungen, Imitationen der von den Vorgängern erfundenen Neuerungen.

Während eines Urlaubs in Spanien werden Sonia und Robert vom Krieg überrascht. Sie lassen sich in Portugal nieder. Dort entdeckt Sonia die Bewegungen und das Leben eines Volkes, das sich weitgehend an öffentlichen Orten abspielt. Die Feste, die Märkte, das Treiben auf den Straßen, die Obstauslagen sind Vorwände für malerische Rhythmen, die der Künstlerin eine neue Sicht der Sinnenwelt vermitteln.

Sonia interessiert sich, um ihre Forschungen zu untermauern und zu rechtfertigen, immer stärker für wissenschaftliche Theorien, besonders für jene, die der Physiker Chevreul über die Simultankontraste der Farben aufgestellt hat. Sie ist der absoluten Überzeugung, daß der Künstler das entdeckt und beweist, ja übertrifft, was die Wissenschaft demonstriert: «Die eigentliche Qualität dieses Lichts erlaubt uns, weiterzugehen als Chevreul und zusätzlich Akkorde zu finden, die auf Kontrasten und Dissonanzen fußen, das heißt auf Schwingungen, die durch die Nachbarschaft bestimmter warmer und kalter Farben einen größeren Jubel der Farben hervorrufen.»

Im Jahr 1917, der Krieg ist noch nicht zu Ende, zerstört die russische Revolution Gegebenheiten, von denen man geglaubt hatte, sie würden für immer bestehen. Sonia hat plötzlich kein festes Einkommen mehr, das Ehepaar steht ohne Geld da. Sie beschließt, sich dem Kampf zu stellen und Robert zu helfen, seine Malerlaufbahn fortzusetzen.

So kommt es zur Dekoration des Casinos in Madrid, zum Entwerfen von Stoffmustern, später dann, nach der Rückkehr nach Paris, zur Gründung eines Modesalons, in dem Sonia Kleidung in völlig neuen Farben und Formen für Männer, Frauen und Kinder entwirft.

Die Berühmtheiten jener Zeit lassen sich von ihr anziehen: Gloria Swanson, Gabrielle Dorziat, Nancy Cunard aus der Reederfamilie usw. 1925 stellt der Couturier Jacques Heim Sonias Werke anläßlich des Kunstgewerbe-Festivals in seiner «Boutique Simultanée» auf dem Pont Alexandre aus. Sonia verdient nun genügend Geld, um sich wieder ganz der Malerei widmen zu können.

Es erscheint das Album «Composition, Couleurs, Idées», das den Beginn eines neuen Kampfs markiert, den für die abstrakte Kunst.

Um ihn besser führen zu können, schließt sie sich entschlossen den großen Strömungen des zeitgenössischen Lebens an. Die Ära der Reisen nimmt ihren Anfang, also gestaltet Sonia für das Eisenbahnpalais und das Luftfahrtpalais monumentale Kompositionen. Das Wandbild «Fernreisen» mißt 230 Meter. Auch die Kunst scheint den endlosen Spuren zu folgen, die Bahn und Flugzeug in den Raum zeichnen. Die geheimnisvollen Kurven und Linien, die voneinander entfernteste Orte auf dem Erdball verbinden, finden sich auf Sonias Gemälden wieder, die sie als «de chevalet» (bewegliche Gemälde) bezeichnet. Maler scharen sich um Sonia und Robert; sie heißen Chaubin, Arp, Gleizes, Herbin, Villon. Und daraus resultiert 1939 die Ausstellung «Réalités Nouvelles» («Neue Realitäten»).

Doch eine bedrohende, schreckliche Gefahr zieht herauf. Wieder kommt es zu Krieg und Massenflucht. Der kranke Robert stirbt 1941 in Montpellier. Sonia steht in einem chaotischen Frankreich allein da. Sie fährt nach Grasse und wohnt bis zur Befreiung bei Hans Arp und seiner Frau Sophie Taeuber-Arp.

Schließlich kehrt sie nach Paris zurück, und ihr starkes Naturell erlangt wieder die Oberhand. Aus Treue zu Robert und weil es eben ihrem Temperament entspricht, wird sie erneut die Anführerin der abstrakten Maler. Sie organisiert noch einmal den Salon der «Réalités Nouvelles». Eine Ausstellung folgt auf die andere: in den Galerien Bing und Denise René sowie verschiedenen europäischen Galerien, dann in Museen Europas und Amerikas. Unermüdlich illustriert Sonia Werke von ihren Dichterfreunden – unter anderem macht sie Radierungen für «Juste Présent» des Dadaisten und späteren Surrealisten Tristan Tzara (1961). Sie hält an ihren Überzeugungen fest und kennt keine edleren oder weniger edlen Schaffensbereiche – dadurch bleibt sie, trotz des langen durchlaufenen Weges, eine der revolutionären russischen Malerinnen der ersten Stunde. Sie gestaltet bunte Fenster, Mosaiken, Tapisserien. Sie dekoriert die Autos von Matra (1967) und entwirft die Kostüme für Strawinskys «Danses Concertantes».

Ihre Schenkung an das Musée d'Art Moderne de la Ville de Paris, die dreiundvierzig Werke von Robert und dreiundfünfzig von ihr selbst umfaßt, zieht die große Retrospektive ihres Œuvres von 1967 nach sich. Heute befindet es sich im Centre Pompidou. Retrospektiven der Werke beider Delaunays folgen: 1979 im Nationalmuseum von Tokio, dann in den Vereinigten Staaten. Die Aquarelle, die Sonia für den Katalog gemalt hat, werden in der «Galerie des Femmes» ausgestellt, was klar aufzeigt, wie sehr Sonia in ihrer Zeit stand und was sie für die Anhänger der feministischen Kämpfe bedeutete.

Sie stirbt im Dezember 1979, während ihr Œuvre um die Welt reist.

«Sonia hielt den Ausdruck *femme-peintre* (Frau-Maler, d. h. Malerin) für überaus herabsetzend», schreibt Monique Schneider-Maunoury. «Sie war Maler. Aber sie wäre glücklich darüber, daß Frauen – und auch Männer – Freude empfinden beim Anblick ihrer Rhythmen, ihrer Forschungen, ihrer Stoffe.»

Sonia Delaunay war eine mutige und kämpferische Frau, eine freie Persönlichkeit und mit anderen solidarisch. Eine große Malerin.

Die Neue Welt: Georgia O'Keeffe

Georgia O'Keeffe (1887–1986), ungarisch-irischer Abstammung, wurde 1887 in Sun Prairie im Bundesstaat Wisconsin geboren. Sie besuchte Kurse am Kunstinstitut von Chicago, anschließend an der «New Yorker Art Students League». Danach unterrichtete sie in Virginia und Texas und produzierte zahlreiche Gemälde. Von Zweifeln über das Geschaffene gepackt, vernichtete sie eines Tages alles, was sie bisher geschaffen hatte, weil es ihrem kritischen Urteil nicht standhielt. Dann begann sie noch einmal von vorne. 1916 schickte sie ein paar ihrer Kohlezeichnungen an Anita Politzer, eine New Yorker Freundin, allerdings mit der dringenden Bitte, die Arbeiten niemand anderem zu zeigen. Glücklicherweise ignorierte

Anita Politzer die Bitte und leitete Georgias Zeichnungen weiter an den weltberühmten Fotografen Alfred Stieglitz, der zugleich Galerist, Verleger und Förderer der Avantgarde in den Vereinigten Staaten war. Die Zeichnungen erschienen ihm so bemerkenswert, daß er ausrief: «Endlich eine Frau in der Malerei!» Seine Begeisterung fand auf zwei sehr wirksame Arten konkreten Ausdruck: Zunächst stellte er zwei Jahre hintereinander, 1916 und 1917, in seiner Galerie Werke von Georgia aus, Zeichnungen und Aquarelle, und durch seine Unterstützung konnte sie den Lehrerinnenberuf aufgeben, nach New York kommen und sehr bald vom Verkauf ihrer Bilder leben. 1924 heiratete sie Alfred Stieglitz, der für sie bis zu seinem Tod 1946 der einzig maßgebende Kritiker war.

Von 1919 stammt eines ihrer Werke, das den Titel «Musik: Rosa und Blau» trägt (Sammlung Barney A. Ebsworth). Es handelt sich um eine abstrakte Komposition, gebildet von einer Fläche, umringt von gekrümmten Linien, deren Dicke die gemischten Weiß-, Rosa- und Blautöne bestimmen. Klangvolle musikalische Wellen entsprechen den visuellen Formen und Impressionen. Eine Vertiefung in der Mitte des Bildes wird von dicken Kurven konturiert, wohl eine Hörhöhle oder ein Brustkorb. Georgia malt mit Verlagerungen von Farbe die Bewegungen der Luft und die Schwingungsweite des Klangs.

O'Keeffe untersucht aber den Raum und das, was ihn bewohnt, noch auf andere Art; sie malt Blumen, große Flächen von Klatschmohn, Iris, Orchideen, die schwingende Materie auf dem unbeweglichen Hintergrund der Leinwand sind. Als weiblich geltende Themen wurden sie häufig sexuellen Symbolen gleichgesetzt und als «schockierend» empfunden: Ein Kritiker bezeichnete die Blumen als «libidinös». Eine Deutung, die von der Malerin abgelehnt wurde; für sie waren diese Blumen Riesen wie die Wolkenkratzer von New York, die sie in einer 1929 ausgestellten Bilderserie gemalt hat.

«Shelton Hotel» (1926) veranschaulicht perfekt, wie sich die Darstellung des städtischen Phänomens bei zeitgenössischen Künstlern wie O'Keeffe mit der abstrakten Kunst verbindet: Auf dem Gemälde überschneiden die graublauen Rechtecke der beleuchteten Fenster die ockerroten Rechtecke des Ziegelbaus in doppelter Reihe. Der Himmel wird von der Architektur des Gebäudes zurückgeschoben, er steigt nach oben, zwischen den Linien der flachen grauen Mauern. Die Präzision des Strichs und die Geometrie des Menschenwerks verleihen dem Raum einen begrenzten, aufgezwungenen Horizont. Die Schärfe der Form und die unerbittliche Nüchternheit des Gemäldes sind Träger eines Angstgefühls und machen aus Georgia O'Keeffe eine Malerin von metaphysischer Dimension, die fähig ist, einen blanken Knochen mit der Präzision eines Wissenschaftlers und Archäologen zu malen und sich für die reine, nackte, gebogene Form zu interessieren, wie sie es in «Buildings» getan hat.

Georgia O'Keeffe wurde 99 Jahre alt und fand weltweit öffentliche Anerkennung, unter anderen mit den großen Retrospektiven im Museum of Modern Art in New York und im Whitney Museum. Ihre Vitalität bis ins hohe Alter erregte Bewunderung. Als ihre Sehkraft nachließ, wendete sie sich, ohne die Malerei aufzugeben, mehr der Bildhauerei zu. Sie starb am 6. März 1986 in Santa Fe, nachdem sie Jahrzehnte in den Sierras Neumexikos gelebt hatte, wohin sie sich nach dem Tod von Stieglitz im Jahr 1946 zurückzog. Georgia O'Keeffe gilt heute als die bedeutendste amerikanische Malerin des 20. Jahrhunderts, und ihre frühen Arbeiten kennzeichnen die erste Phase abstrakter Kunst in Amerika.

Frida Kahlo

«Diego, Beginn
Diego, Erbauer
Diego, mein Baby
Diego, mein Freund
Diego, Maler
Diego, mein Geliebter

Diego, ‹mein Ehemann›
Diego, mein Vertrauter
Diego, meine Mutter
Diego, ich
Die Vielfalt in der Einheit
Wie kann ich ihn bloß ‹meinen Diego› nennen? Niemals hat er mir gehört, und ich werde ihn nie besitzen. Er gehört sich selbst.»

Dieses Gedicht, das Frida Kahlo 1949 verfaßt hat, beschreibt die paradoxe Verbindung zwischen ihr und dem großen mexikanischen Maler Rivera (1886–1957), jenem Mann, den sie zweimal heiratete, der selbst aber mit zwei anderen Malerinnen liiert und auch der Gefährte von Marevna war.

Sie stammte aus einer Fotografenfamilie, wurde viel fotografiert und hat zahlreiche Porträts hinterlassen, die alle über sie selbst sprechen und sie beschreiben. Frida Kahlo: langes schwarzes Haar, geflochten um ein Gesicht mit matter Haut, volle Lippen, Augen einer Indianerin, leicht geschlitzt und dunkel, belebt durch ein gelbes Leuchten. Dicke Brauen und über der Lippe immer einen dunklen Flaum, der nicht nur sichtbar ist, sondern den sie auch nie zu verdecken versucht, vielmehr als provokante Zierde der dunkelhaarigen Frau trägt.

Geboren wird sie 1907 in Coyoacán, einem Vorort von Mexico City, als Tochter Matilde Calderons, deren Vater Fotograf war, und des deutschen Einwanderers Guillermo Kahlo, der ebenfalls Fotograf ist. Sie selbst macht jedoch 1910, das Jahr der mexikanischen Revolution, zu ihrem wirklichen Geburtsjahr. Mit diesem symbolischen Akt bestätigt sie ihre Existenz, verankert sie im Kampf. Und kämpfen wird sie tatsächlich, zusammen mit dem Volk, für die Reform der Agrar- und Arbeitsgesetze. Engagieren wird sie sich auch bei den Malern von Fresken – diese Werke sollen für alle bestimmt sein und nicht nur für einige Privilegierte. Doch obwohl sie eine Kämpferin ist, fließt in ihre Kunst etwas ganz anderes ein: die schreckliche Geschichte ihres von Krankheit und Unfällen heimgesuchten und schließlich verstümmelten Körpers, der trotzdem in seiner essentiellen Schönheit glorifiziert wird. «Ich male meine eigene Wirklichkeit», sagt sie.

Die Herkunft ist ein unabtrennbarer Bestandteil davon. Vieles darüber erfährt Frida Kahlo von ihrem Vater Guillermo, der durch die Lande reist, um fotografische Zeugnisse über die Wohnverhältnisse der Indios zusammenzutragen. Zwischen 1904 und 1908 legt er auf diese Weise einen Katalog vom architektonischen Erbe des Landes an. Ab und zu willigt er ein, Porträtaufnahmen seiner Tochter und anderer Familienmitglieder zu machen, aber nur ungern, denn «er hatte keine Lust, zu retuschieren und zu verbessern, was Gott von Natur aus häßlich gemacht hat». Trotz solcher Behauptungen verbindet ihn ungeheure Zärtlichkeit mit seiner Tochter, die das dunkle Gesicht einer Mestizin hat. «Meine Kindheit war wunderbar», schreibt sie in ihrem Tagebuch, «denn obwohl mein Vater ein kranker Mann war (er litt an Epilepsie), wurde er für mich zu einem unvergleichlichen Vorbild an rücksichtsvoller Zärtlichkeit, an sachkundiger Arbeitsweise und vor allem Verständnisbereitschaft für alle meine Probleme ...»

1913, im Alter von sechs Jahren, bekommt Frida Kinderlähmung. Sie muß neun Monate im Bett verbringen, und ihr rechtes Bein wird für immer geschädigt bleiben. Um ihr zu helfen, die Bewegungslosigkeit zu ertragen, schenkt der Vater ihr einen Malkasten und installiert auf ihrem Bett eine Staffelei. Sie kann nur im Liegen malen; Frida macht ihre erste Erfahrung mit dem Leiden, lernt diesen unzuverlässigen Körper, der sie ständig im Stich lassen will, allmählich beherrschen. An Anlässen zur Revolte mangelt es nicht: gegen individuelle Ungerechtigkeiten, gegen jene Ungerechtigkeiten, denen die ärmsten unter den mexikanischen Bauern ausgesetzt sind, und gegen jene, die den großen Sehnsüchten Zügel anlegen. Eine Frühreife, diese Frida! Mit sieben Jahren hilft sie ihrer fünfzehnjährigen Schwester Matilde, mit dem Geliebten zu fliehen.

In der staatlichen Vorbereitungsschule – wo unter zweitausend Angemeldeten nur fünfunddreißig Frauen zugelassen sind – lernt sie Diego Rivera kennen. Er schuf gerade die Fresken im Bolivar-Amphitheater. Frida wird sofort von Bewunderung für den bereits offiziell anerkannten Maler erfaßt, für diesen Mann, der durch die ganze Welt reist. Sie zeigt ihm ihre ersten Arbeiten.

Das Leben verweigert ihr jedoch eine schlichte Studentenidylle. Am 17. September 1925, als sie wie gewohnt im Bus sitzt, um nach Hause zu fahren, kommt es zu einem schrecklichen Unglück, einem Frontalzusammenstoß mit einer Straßenbahn. Eine Haltestange, die sich unter der Wucht des Aufpralls gelöst hatte, bohrt sich in Höhe des Beckens in Fridas Körper. Frida muß sich zweiunddreißig Operationen unterziehen und danach zeitlebens ein Stahlkorsett tragen.

Auf allen Fotografien aus dieser Zeit erscheint sie in priesterlichen Posen, als aztekische Göttin, die eine längst erloschene Sonne am Horizont fixiert. Jahre später, auf «Die gebrochene Säule» (1944), wird sie sich selbst darstellen: eine Frauenbüste, von Eisennägeln durchbohrt, der Körper durch einen breiten Riß, in dem sich eine geborstene ionische Säule als Wirbelsäule befindet, zweigeteilt, gehalten von einem orthopädischen Korsett, die Brüste voll, das Gesicht mit den Brauen kräftig gezeichnet, das Haar aufgelöst, vom Seewind liebkost; im Hintergrund Meereswellen.

Auf Fridas Porträts verschmelzen, wie auf ihren repräsentativen Gemälden, immer Leben und Tod. Sie hat von beidem intime Kenntnis, aber beides stellt auch das Doppelgesicht der seit Cortez verdrängten amerikanisch-indianischen Kultur dar. Die Menschen, sie selbst, erscheinen darauf als Opfer einer Ritualtötung, auf die man sie vorbereitet.

Auch findet man Kreaturen aus dem Volksglauben, die vertraut sind mit guten und bösen Hexenkünsten. Davon zeugt auch «Das kleine Wild» (1946), ein junger Rehbock mit dem Kopf von Frida Kahlo. Frida, durchbohrt von Pfeilen des Schmerzes, in einem imaginären Wald. Immer zeigen ihre Porträts unbewegliche Gesichter, starr wie die Masken, die mexikanische Bauern während der heiligen Woche in den entlegenen Gegenden heute noch tragen, Masken, die höhnische Tote darstellen.

Frida, genesen dank der Zärtlichkeit ihres Vaters, des Könnens der Chirurgen und vielleicht auch heilender Kräuter, findet die Vitalität wieder, die sie einst aus der Brust einer indianischen Amme gesaugt hat. Auf einem Gemälde von 1937, «Meine Amme und ich», hat Frida sie gemalt, füllig, nackt und dunkel, in den Armen ein weißgekleidetes kleines Mädchen, dessen Körper bereits zerbrochen und dessen Gesicht das der erwachsenen Frida ist. Die Brust, an der das Kind saugt, wird von innen gesehen. Es ist eine Brust als Muskelpräparat, wo mit äußerster Feinheit jede Vene, jedes Gefäß zur Verzweigung eines Baums mit weißen Blüten wird. Den Hintergrund bildet die mexikanische Landschaft mit harten, vollsaftigen Pflanzen, auf die aus grauen Wolken Regentropfen fallen. Das Bild zeigt Fridas enge Verbundenheit mit ihrem indianischen Erbe.

Im Jahr 1929 heiratet Frida dann Diego Rivera und geht zu ihm nach Cuernavaca, wo er eine Wandmalerei für den Palast der Cortes ausführt. Sie ist seit langem Mitglied der kommunistischen Partei Mexikos, und ein Foto von damals zeigt sie, wie sie mit der Gewerkschaft der Arbeiter, Maler und Schriftsteller marschiert. Um zu unterstreichen, daß sie Mestizin ist, als Zeichen des Anspruchs und der Zugehörigkeit, trägt sie künftig die traditionelle Kleidung, die «Tehuana-Tracht», mit der sie auf ihren Auslandsreisen in jeder Menschenmenge auffällt. Rivera, längst ein berühmter Maler, führt Frida in San Francisco, Detroit und New York ein; nach New York reisen sie 1932 erneut für die Retrospektive, die das Museum of Modern Art für Diego veranstaltet.

1929 gerät Fridas Leben bei einer Fehlgeburt in Gefahr. Ebenso 1932, als sie mit Blutungen eilends in ein Krankenhaus gebracht wird. Zweite Fehlgeburt. Frida weiß, daß sie nie ein Kind von dem Mann haben wird, den sie liebt. Aber sie ist «voll» von ihm, und das für immer – «Diego, mein Baby» –, vom Ebenbild des ungestümen, zärtlichen und treulosen

Malers, das ihr Hirn erfüllt. «Diego und ich: Porträt Fridas» (1949) zeigt sie mit starrem Blick und geschlossenem Mund, wie auf den Fotografien, weil sie verbergen will, wie sehr die Krankheit ihre Zähne angegriffen hat. Der Hals, den sie gerade hält, ist mit einem Schal verdeckt; mitten auf ihrer Stirn das Porträt Riveras, ein offenes Auge, wie es die Indianerinnen zeichnen, um zu verstehen zu geben, daß sie einem Mann gehören. Diegos Auge auf ihrer Stirn, Kennzeichen des Genies, das Unsichtbares sieht, öffnet Fridas inneren Blick für das Licht.

Frida muß nach Mexiko zurück, wo ihre Mutter im Sterben liegt. Sie fährt mit dem Zug, durchquert archaische Landschaften, die Erinnerungen an Blut und an die alten Goldvorkommen bergen und deren Spuren in ihren Werken aufscheinen wie im «Selbstbildnis an der Grenze zwischen Mexiko und den Vereinigten Staaten».

Ihre ohnehin schon angegriffene Gesundheit verschlechtert sich, erneut sind drei Operationen nötig. Und sie hat eine dritte Fehlgeburt, während Rivera, der große Mann, der große Freskenmaler, sich von seinen leidenschaftlichen, tumulthaften Liebesabenteuern bei Fridas Schwester Cristina erholt. Der Bruch erscheint unvermeidbar. Frida verreist in Gesellschaft von Freunden und hat eine kurze, hoffnungslose Affäre mit dem Fotografen Nickolas Muray. Danach führt sie ein Leben, das geprägt ist von Ortswechseln und Malen, operativen Eingriffen – am Fuß, an der Wirbelsäule –, Angstzuständen und Anorexie, erneutem Malen, einer Liebesbeziehung mit dem amerikanisch-japanischen Bildhauer Isamu Noguchi und unvergeßlichen Begegnungen, darunter jener mit dem Schriftsteller Antonin Artaud. Trotz ihrer Verschiedenartigkeit erkennen sich der Poet und die Malerin ineinander, denn ihre Welten ähneln sich: Grausamkeit und Sonne, Mystik des Todes und des Lebens.

Diego Rivera, mit dem Frida nie völlig gebrochen hat, bittet sie, Leo Trotzki und dessen Frau Natalia Sedowa unterzubringen. Sie nimmt die Gäste in ihrer Casa Azul auf, dem «blauen

Haus». Die beiden bleiben zwei Jahre, in denen Trotzki und Frida eine leidenschaftliche Affäre mit vielfältigem Echo im Œuvre der Malerin haben. Eines Tages dann beschließt Frida, die Beziehung zu beenden, mit keiner anderen Erklärung als: «Ich habe den Alten satt!» Trotzkis Sekretär Jean van Heijenoort sagte dazu: «Es hätte nicht so weitergehen können in dem ungewissen Zustand ihrer Beziehung zueinander; es wäre mit Sicherheit zu einem Unglück gekommen, entweder mit Natalia, mit Diego oder mit der GPU (russische Geheimpolizei).» Zu dem «Selbstbildnis, gewidmet Leo Trotzki, Fulang Chan und mir» gibt André Breton folgenden Kommentar: «Die Kunst der Frida Kahlo ist wie ein farbiges Band um eine Bombe.» Bei ihr ist tatsächlich das «und mir» oder «und ich» allgegenwärtig, wie auf Kinderzeichnungen. Das Weltenbildende, das sie sich zuerkennt, beruht auf einer undefinierbaren Angst, die sie ständig dazu treibt, sich in die Mitte der Planeten und Sterne zu stellen. Ein permanent bedrohtes Universum.

Das Jahr 1938 wird durch zwei Ereignisse gekennzeichnet: die Begegnung mit André Breton, der auf der Durchreise durch Mexiko ist, und den ersten einigermaßen bedeutenden Verkauf ihres Lebens. Der amerikanische Schauspieler Edward G. Robinson, den die Hollywood-Studios reich und berühmt gemacht haben, erwirbt vier Gemälde von ihr. Es folgt ihre erste Einzelausstellung in New York, in der Galerie Julian Levy. Breton hat den Text des Katalogs verfaßt. 1939 trifft sie ihn in Paris wieder, wo er eine große Ausstellung über Mexiko organisiert hat. Endlich findet sie die ersehnte Anerkennung. Der Louvre kauft ein Selbstbildnis. Sie trifft Picasso, Duchamp, die Maler des Montparnasse, die Freunde Riveras, von dem sie sich jedoch 1940 offiziell scheiden läßt. Auf der surrealistischen Ausstellung in Mexiko ist sie vertreten mit «Die beiden Fridas» und «Der verwundete Tisch». Im gleichen Jahr noch reist sie nach San Francisco, um Dr. Eloesser zu konsultieren, der ein alter Freund von ihr ist. Er rät ihr zu einer neuerlichen Behandlung und verwendet sich auch für

Rivera, bietet seine Vermittlerdienste an und fungiert als Unterhändler. Denn Rivera kann sich nicht damit abfinden, nicht mehr Fridas Ehemann zu sein. Die Entscheidung fällt rasch. Das Paar heiratet wieder, am 8. Dezember 1940, Fridas Geburtstag. Zur gleichen Zeit stellt das Museum of Modern Art in New York eine Reihe ihrer Werke aus: «Der Traum», «Selbstbildnis mit kurzem Haar», «Selbstbildnis mit Dornenkette», «Selbstbildnis mit dem Affen» und «Ich und meine Papageien».

Frida, die Leidende, Frida, die schöne Indianerin, Frida, die wahnsinnig Verliebte in einen einzigen Mann und in ihr eigenes Bild, das in der Dunkelkammer und mit dem Pinsel endlos vervielfältigt wird, Frida, die Mestizin des Lachens – trotz ihres starken Willens, ihrer großen schöpferischen Kraft und Lebensenergie ereilt das Schicksal sie wieder. Sie muß nun ständig liegen, ihre Wirbelsäule wird mit einem Gewicht von achtzig Kilo gestreckt. Dennoch setzt sie ihr Werk fort, nimmt immer wieder Neues in Angriff. Sie unterrichtet Malerei, veranstaltet zahlreiche Ausstellungen. Die Bilder, die sie malt, erzählen von ihr; und weil sie fürchtet, nicht ausdrucksstark genug zu sein, gibt sie ihnen Titel, die unzweideutig und völlig frei von Geheimnisvollem sind: «An Diego denkend», «An den Tod denkend», «Diego und Frida I», «Diego und Frida II».

Weder die Krankheit noch die Einsamkeit lassen sie ermatten: Für sie ist das Malen ein verantwortungsvoller, ein politischer Akt. 1952 malt Frida ein «Antifaschistisches Stilleben zugunsten des Friedens». Und 1953 findet zum erstenmal in Mexiko eine Ausstellung von Werken Fridas statt, organisiert von ihrer Freundin Lola Alvarez in der «Galerie für zeitgenössische Kunst».

So durchlebt Frida die Jahre, leidend, lachend, zuviel trinkend. Sie ist dick geworden und mokiert sich über die Zeiten, wo diese «Schwachköpfe von französischen Modeschöpfern» sich an ihren Kleidern mit den Bändern und Unterröcken inspiriert und das Modell «Madame Rivera» kreiert haben. Aber sie weiß auch, daß es ihr nicht mißfällt, ihr Foto in *Vogue* zu sehen. Künftig verbirgt sie, mit Stahlkorsett im Rollstuhl sitzend, ihre übermäßige Körperfülle unter eben jenen Bändern und Unterröcken, die das Erbe von den Frauen ihres Heimatlandes sind. Sie erinnert sich an den Tag, an dem sie beschlossen hat, an einer *fiesta* zur Einweihung eines von ihren Schülern gemalten Freskos teilzunehmen, mit aufgelöstem Haar und ohne Korsett, freiem Atem in der Brust, frei, wie es ihre Hand seit jeher ist, wenn sie den Pinsel über die Leinwand führt. Die in grotesken und pathetischen Motiven die aufeinanderfolgenden Korsetts gemalt hat, von denen ihr Körper zusammengehalten wird.

Die Vernissage ihrer Einzelausstellung findet im April 1953 statt. Frida läßt sich auf einer Trage hinbringen. Im August wird ihr das rechte Bein, das sie in der Kindheit zum Krüppel gemacht hat und das nun brandig geworden ist, bis zum Knie amputiert.

Sie stirbt am 13. Juli 1954 an einer Lungenembolie.

Zu ihrer Einäscherung geleiten sie ihre Freunde und das Volk von Mexiko, das die «Internationale» singt. Ihre Asche wird in einem präkolumbianischen Krug, der eine Frau ohne Kopf darstellt, in ihrem blauen Haus, der Casa Azul, aufbewahrt.

Frida Kahlo setzte ihre Hoffnungen einzig auf die Malerei und die Liebe, die ihr die Männer geben konnten und die sie ihnen gab. Im übrigen lehnte sie die Vorstellung von einem verborgenen Geheimnis ab. Zwischen 1925 und 1927 schrieb sie an ihren Freund Alejandro Gómez Arias: «Warum so viel studieren? Welches Geheimnis suchst Du? Das Leben wird sich Dir früh genug offenbaren. Ich kenne es schon ganz, ohne zu lesen, ohne zu schreiben. Es ist noch nicht lange her, kaum einige Tage, ich war ein Kind, das in eine Welt der Farben und der festen, berührbaren Formen ging. Alles war geheimnisvoll, und irgend etwas war versteckt: Ich suchte, was es war, und ich nahm diese Suche als Spiel. Wenn Du wüßtest, wie schrecklich es ist, plötzlich alles zu wissen, als verdeutliche ein einschlagender Blitz die Welt, indem er sie beleuchtet.

Jetzt lebe ich auf einem Planeten der Leiden, durchsichtig wie Eis: Aber es ist, als hätte ich alles im Nu erfahren. Ich bin sofort alt geworden, und heute ist alles schal und klar. Ich weiß, daß es nichts Verborgenes gibt, und wenn es etwas gäbe, würde ich es sehen.»

Wenn Frida Kahlo malte, zeichnete sie mit dem Pinsel voll größter Präzision das kleinste Haar auf dem Rücken eines Affen, einen winzigen Floh, der sich dort eingenistet hat, das zarteste pechschwarze Fläumchen auf ihrer Oberlippe. Das Haar, das Tier, der Strich, alles zeigt deutlich die ihm gemäße Bedeutung, jedes winzige Teilchen bildet ein unentbehrliches Element des Gemäldes. Und die Farben leuchten in unerbittlicher, unzerstörbarer, gefährlicher Weise mit Konturen, wie sie Blätter sukkulenter Pflanzen unter einem Himmel ohne Regen haben.

So, wie einst die Maler es liebten, sich beim Malen zu malen, liebte Frida es, sich beim Malen fotografieren zu lassen. Eine Aufnahme, die Bernard Silberstein 1943 machte, zeigt sie vor ihrer Leinwand: Auf einer seltsamen Bühne, auf den Brettern eines Theaters, befinden sich zwei Kinder, ein Mann, dessen Kopf ein kleiner Männerkörper ist, und in der Mitte so etwas wie eine Vaterfigur; daneben ein Skelett. Unter dem Tisch sieht man die Unterröcke von Fridas Kleid; sie sind identisch mit jenen, die sie auf dem Foto trägt.

Diego hat auf einer seiner Wandmalereien, auf der er Frida in ihrem Rollstuhl erscheinen läßt, sich selbst als ihr Kind dargestellt. Ein Spiegeleffekt; zweifellos ein unheilvoller.

Frida Kahlos Malerei ist, genau wie ihr Leben, die prunkvolle Inszenierung unseres schrittweisen, täglichen Todes.

Baya

«. . . Baya ist in Fort-de-l'Eau bei Algier geboren, am 12. Dezember 1931. Sie verliert ihre Eltern im Alter von fünf Jahren und wird von Marguerite Benhoura großgezogen. Bereits in diesem Alter beginnt sie zu malen. Im Alter von sechzehn Jahren, im November 1947, hat Baya ihre erste Ausstellung in der Galerie Maeght in Paris. André Breton schreibt das Vorwort zum Katalog. Baya verheiratet sich 1953 mit einem Musiker, M. Mahiedine, und wohnt ab diesem Zeitpunkt in Blida. Sie stellt regelmäßig in Algier aus, beim Verband plastischer Künste sowie im französischen Kulturzentrum.»

Mit diesen Worten stellt Baya sich selbst in der Zeitschrift *Algérie-Expression* vor. «Ihre Familie ist arabischer und kabylischer Herkunft. Baya bekennt sich als Kabylin. Sie wird plötzlich Waise, und ihre Großmutter Marguerite nimmt sich ihrer an. ‹Als ich klein war›, sagt sie, ‹war ich immer traurig.›»

Eine junge Frau entdeckt 1942 die Zeichnungen, die Baya in «Mußestunden», das heißt, «die ganze Zeit über», gemacht hat. Sie staunt über das künstlerische Talent, von dem die Arbeiten künden; von Freundschaft für das Mädchen erfaßt, lädt sie Baya ein, bei ihr in ihrem Haus in Algier zu wohnen. 1947 stößt Breton auf Bayas Werk und ist begeistert davon. Ab sofort erhält Baya die volle Unterstützung der Surrealisten. Sie wird von den Bedeutendsten dieses Kreises akzeptiert, sogar von Picasso. Er lädt sie nach Vallauris ein, wo sie unter den bewundernden, wohlwollenden Blicken des Meisters Keramiken anfertigt.

Als sie 1953 durch Mahiedine in eine traditionelle Moslemfamilie einheiratet, wird Baya erwachsen, Frau, Mutter von sechs Kindern und Schleierträgerin. Unter diesen Umständen braucht sie zweifellos viel Mut und viel Unterstützung, um es 1963 zu wagen, im Kunstmuseum von Algier ihre gesamten Arbeiten auszustellen.

Wie ihre früheren Schwestern, die russischen Malerinnen vom Beginn des Jahrhunderts, wie Frida Kahlo und Käthe

Kollwitz, so schließt sich auch Baya – die wegen ihrer «angeborenen Talente und der schöpferischen Unschuld, die allein der Erkenntnis fähig ist» (!), von den Surrealisten bewundert worden ist –, ohne es zu wollen und vielleicht auch ohne es zu wissen, der großen Bewegung der Künstlerinnen dieses Jahrhunderts an, deren Werk immer eng mit den politischen Strömungen verbunden ist. 1963 stellt Baya – nicht in ihrer triumphalen Ausstellung bei Maeght – ein Gemälde aus, das eine Forderung ist: die Forderung des Rechts der Frau auf künstlerische Gestaltung, auf Erfindung, aber auch darauf, daß sie auf ihre Weise sich der Wiedererweckung der nationalen, der algerischen Identität verschreibt.

Die Kritik, voller Bewunderung, staunte in den vierziger Jahren darüber, daß Baya die dekorativen Elemente des alten Ägyptens wiederentdeckte und «sich der Ellipse bedient, um ihre Anwesenheit nachdrücklich kundzutun». Ist übrigens nicht Bayas ganzes Leben in der Ellipse beschlossen: ihre Kindheit, ihr Erfolg, der Nutzen, den die Pariser Dichter daraus gezogen haben, die sie ihrem Schicksal überlassen, als sie nicht mehr die «erfrischende» Spontaneität der Kinderzeit besitzt?

«Die Dame mit dem Koran» kündet von einem fatalen Sichfügen in das Schicksal der moslemischen Frau: ein Auge hinter einem Schleier; rund um das Auge, den Schleier ordnet sich die Welt, anziehend, verführerisch; ein Musikinstrument, die Harmonie von Blättern und Blumen, Gesetzestafeln, auf denen die Zeichen manchmal durch Buchstaben ersetzt sind. Gleichzeitig kommt der Orient wieder zum Vorschein, ebenso stark wie das Arabertum oder sogar stärker.

Die «Frau zwischen zwei Vasen», die «Dame mit Vogel» und «Quellen und Fische» beschwören die Märchen aus Tausendundeiner Nacht, suggerieren eine unbewußte Erinnerung an die sumerische Kunst.

Bayas Werke finden Aufnahme im Musée des Arts Décoratifs in Paris, im Musée Cantini in Marseille, im Musée d'Art Brut in Lausanne. In Japan und Kuba gehören sie großen Sammlungen an.

Tamara de Lempicka

Cecil Beaton, berühmter Fotograf, Bühnenbildner und Schriftsteller, machte in den dreißiger Jahren ein Foto von Tamara de Lempicka, genau so, wie sie sich von ihrer Jugend an zeigen wollte: als Signal in Nuancen von Schwarz und Weiß, bald stark gegensätzlich, bald gefährlich verschmolzen. Im rückenfreien Abendkleid, den linken Arm gefesselt von schräg verlaufendem, plissiertem Voile, den rechten mit einem breiten, üppigen Armband geschmückt; als Silhouette, das Gesicht dem Licht entgegengehoben, um die Schatten von Augen und Lippen zu betonen. Eine Pose, die an die Garbo erinnert. Tamara, aus reichem polnischem Elternhaus stammend und früh berühmt, war lange ebenso berühmt wie die Filmstars ihrer Zeit, was ihren Geschmack für das Mondäne, für Luxus und Skandale betraf. Die vielen Fotos, die es von ihr gibt, sind auf die eine oder andere Weise ebenso beredt wie ihre Gemälde.

Die Polin Tamara kommt 1898 in Warschau als Tochter einer wohlhabenden Familie des Großbürgertums zur Welt. Sie zählt zwölf Jahre, als ihre Mutter ein Pastellporträt von ihr in Auftrag gibt. Tamara ist während der Sitzungen voller Ungeduld und beim Anblick des fertigen Gemäldes unzufrieden: Sie glaubt felsenfest, daß sie es besser hätte machen können.

Ihre Schwester sitzt ihr nun Modell. So entsteht Tamaras erstes Porträt. Mit dreizehn Jahren erreicht sie es, die verhaßte Schule verlassen zu dürfen. Sie reist mit ihrer Großmutter nach Italien, wo sie die Malerei entdeckt, die ihr die Augen für ihre wahre Berufung öffnet.

Wie die ganze privilegierte Jugend des Jahrhundertbeginns fühlt Tamara sich als Europäerin. Sie studiert in Lausanne und verliebt sich 1914 in Tadeusz Lempicki, den sie bald darauf in der Kapelle der Malteserritter in Petrograd heiratet. Das Paar lebt auf großem Fuß, gleichgültig gegenüber den sich anbahnenden Ereignissen. Nach der Oktoberrevolution wird Tadeusz verhaftet. Tamara setzt seine Freilassung durch, und die beiden gehen nach Kopenhagen, dann nach Paris, wo ihnen eine Tochter geboren wird, Kizette. Das Kind dient seiner Mutter, die Kurse bei André Lhote besucht, oft als Modell.

Tamara stellt in der Galerie Colette Weill aus, dann in verschiedenen Salons: «Indépendants», «Herbstsalon» und «Salon der unter Dreißigjährigen». Sie betreibt ihre Karriere mit der Energie einer Geschäftsfrau und der Klasse einer Frau von Welt, schafft Gelegenheiten, ihre Werke zu zeigen, umgibt sich mit berühmten Leuten und setzt ihre außergewöhnliche Schönheit ein. 1925 bringt ihr die erste «Art déco»-Ausstellung erste echte Anerkennung. Tamara findet Beachtung im «Salon des Tuileries», im «Salon der Malerinnen», und das Magazin *Harper's Bazaar* widmet ihr Artikel mit Fotos. Danach reist sie mit ihrer Tochter nach Italien zu ihrer ersten Ausstellung in diesem Land.

Dort macht sie die Bekanntschaft des Marchese Sommi Picenardi, der ihr Geliebter wird, und des Dichters Gabriele D'Annunzio, der sich in sie verliebt. Tamara bezeichnet ihn zwar als ein «altes Männchen in Uniform», erkennt aber, welchen Nutzen sie aus einer solchen Liaison ziehen kann. «Mit ihrem Killerinstinkt», schreibt ihre Tochter, «dachte sie, daß sie von seiner Aufmerksamkeit profitieren und diese gleichzeitig in den Dienst der Kunst stellen könnte.» Tamara schrieb an D'Annunzio, der sich in seine Villa Vittoriale am Gardasee zurückgezogen hatte: «Zum Weihnachtsfest kehre ich nach Paris zurück. Ich fahre über Mailand, wo ich mich wahrscheinlich 2 Tage aufhalten werde. Wollen Sie, daß ich auch über Sie komme (im guten Sinn des Wortes)? Es würde mir Freude machen – und Ihnen? Ich sende Ihnen, mein Bruder, alle meine Gedanken, die guten und die schlimmen, die unanständigen und jene, die mich leiden machen. T. L.»

D'Annunzio, verführt von ihrem Ton und ihren Verheißungen, lädt sie ein. Sie nimmt die Einladung an. Zur großen Demütigung von Tadeusz; er weiß, daß sie nur ihre Geliebten malt.

Bei ihrer Ankunft sorgt der große Mann des mussolinischen Italiens dafür, daß ihr Eintritt in sein Domizil, das einem Harem und der Szenerie für ein römisches Festgelage ähnelt, nicht unbemerkt bleibt. Er läßt drei Begrüßungsschüsse abfeuern und schmettert: «Auf Polen! Auf Ihre Kunst! Auf Ihre Schönheit!» Tamara gibt sich ihm nicht gleich hin, und der Meister wird ungeduldig. Bis sie eines Tages einzuwilligen scheint. Als Gabriele, zitternd vor Erregung, fragt: «Kann ich kommen?», antwortet sie: «Ja, aber angezogen.» Verzweifelt und wütend vertraut er sich seiner treuen Freundin Aelis an. «Die soll dich doch kreuzweise lecken!» ruft Aelis, wütend über den Affront gegenüber D'Annunzio. Dieser entgegnet nachdenklich: «Ach, gerade das will sie leider nicht!» Der Ton zwischen den beiden Liebenden, die keine sind, verschlechtert sich – sagen wir, daß die Äußerungen auf ein immer niedrigeres Niveau absinken. Der Dichter wendet alle seine Tricks und Listen an, von einer Prise Kokain, die ihr kurz vor der Zusammenkunft eine plötzliche Erleuchtung bringen soll, bis hin zum Herunterlassen der Hosen – im wahrsten Sinn des Wortes! Vergebens. Die beiden Monstren trennen sich. Als Abschiedsgeschenk läßt D'Annunzio ihr einen Ring aus massivem Silber mit einem Topas zukommen, dazu ein auf Pergament geschriebenes Gedicht, *«A la Donna d'Oro»*.

1928 lassen sich Tamara und Tadeusz scheiden. Tamara vollendet das Porträt, das sie von ihm in Arbeit hat, nicht ganz: Die linke Hand, an welcher der Ehering steckt, bleibt in skizzenhaftem Zustand. In ebenso heftiger wie verächtlicher Manier betitelt Tamara das Gemälde einfach: «Unvollendetes Männerbildnis». Einige Jahre später, 1933, wird Tamara die Frau des ungarischen Barons Kuffner. Weil die Bedrohung durch die Nazis ständig wächst, verläßt das Paar Frankreich und geht in die Vereinigten Staaten, wo Tamaras Werke jedoch nicht den erwarteten Anklang finden. Die beiden lassen sich zuerst in Beverly Hills nieder, 1943 dann in New York.

Lange nach dem Krieg gibt sich Tamara einem Genre hin, das für sie neu ist: der abstrakten Malerei, zu der sie jedoch nie wirklichen Zugang findet. Sie stirbt 1980 bei ihrer Tochter Kizette.

Heute wird Tamaras Werk meist wenig geachtet, weil ihr Leben zu sehr an jenes einer Gloria Swanson oder Rita Hayworth erinnert. Kein Zweifel, es gibt bei ihr die Vorliebe für das «schöne» Bild, auf die sich ihre Schmäher berufen. Aber ihr Œuvre hält auch an einer bestimmten Vision von der Künstlerin als einem freien Wesen fest, das zur Anmaßung fähig ist, eben zu jenem Verhalten, das Männer – ob Künstler oder nicht – seit jeher zur Schau tragen. Verliebt in Männer, verliebt in Frauen, verfolgte sie beide, machte ihnen Avancen, überwand die Zurückhaltung der Auserwählten, griff bei ihrer Jagd, ihren Verführungen zu allen Kriegslisten. War das Objekt ihrer Begierde erobert, wurde es von ihr «aufgespießt», indem sie es malte, als Modell benützte, für immer auf eine Leinwand bannte, an deren unteren Rand sie ihren Namen schrieb.

Das «Selbstbildnis von Tamara im grünen Bugatti» von 1925 sagt viel über sie aus; ob sie in jenem Jahr einen Bugatti besaß oder nicht, worüber sich die Biographen streiten, spielt keine Rolle: Die Augen sind aus Stahl, der Mund ist ein Fleck aus geronnenem Blut, und das Kleidungsstück, das die junge Frau einhüllt, ist grau, härter, metallischer als die grüne lichtüberflutete Karosserie. Dieses Selbstbildnis einer Malerin bringt diese – einmal mehr – in Beziehung mit einer Maschine, die sie genauso meistert wie ihren Pinsel und ihre Farben. Damit hat Tamara sozusagen das Bild der Superwoman der Comics erfunden und ein neues Jahrhundert «angekurbelt».

Ihre Porträts der berühmten Männer, die sie kennengelernt hat, sind nie realistisch; in atemberaubender Weise entzieht sich das Modell, genau wie die Malerin, der physischen Realität und *ist* das Bild, das es von sich wahrnehmen lassen will. Das «Porträt Marchese Sommi» und das «Porträt Marchese d'Affitto» zeigen Personen mit verrenkten Händen, wie die Holzmodelle sie haben, derer sich Maler manchmal bedienen. Die Breite der Schultern betont den Anzug und nicht den Körper. Die Welt der von Tamara gemalten Menschen ist jene der Modegraphik, wo die Menschlichkeit aus den Gesichtern verschwunden ist.

Tamara de Lempicka ist vielleicht der einzige weibliche Dandy in der Malerei dieses Jahrhunderts. Ihr Œuvre erinnert in manchem an jenes des schwedischen Malers Niels Dardel, von dem bereits die Rede war, der jedoch bei der Darstellung von seinesgleichen, Menschen von Welt, mehr Humor an den Tag legte. Wie jedes Werk eines Dandys wird auch das von Tamara als oberflächlich angesehen, so sehr, daß man ihm sogar die Attribute der Kunst abspricht und es nur negativ wertet: marmorne Schönheit statt Emotion, Eleganz statt Bewegung, Abbildung statt Malerei.

Tamaras Sinnlichkeit, die in ihren Gemälden oft fehlt oder nur inhaltsleer dargestellt ist, weil heftig verleugnet – Fehlen von Fleisch, Fehlen von Schmerz, Fehlen von Schwäche –, erscheint besonders deutlich in ihren weiblichen Akten. Immer wieder verliebt Tamara sich sterblich in Unbekannte, denen sie auf der Straße begegnet, verfolgt sie, bis sie einwilligen, sich in ihrem Atelier malen zu lassen. Auf den so entstandenen Porträts kommen immer die Weiblichkeit *und* die Männlichkeit der Dargestellten – und durch sie jene der Malerin – zum Ausdruck. Kindliche Rundungen des Gesichts, die der arroganten, männlichen Pose widersprechen: Die «Herzogin von La Salle» (1925), als Reiterin mit Hose, Redingote und Lederstiefeln bekleidet, strahlt mehr Verführungskraft aus, als je ein Männerporträt es getan hat. Im Hintergrund des Gemäldes wird ein unrealistisches Dorf durch Stapelung von Würfeln angedeutet, die manchmal von Licht durchlöchert sind, eine seltsame Mischung aus Kinderspiel und bewunderter neuer Technologie.

Auf «Adam und Eva» ist ein Strand-Apollo in übertrieben konventioneller Pose von hinten zu sehen. Tamara bricht hier das Tabu nicht, das männliche Akte von vorn verbietet. Für die «Verletzung», die «Schändung» dieses Tabus sind die weiblichen Akte zuständig. Kein phantasieanregendes Zubehör auf «Andromeda»: Die Hände der jungen Frau sind in Ketten geschlossen. Lempicka schuf nicht nur eine ganze Reihe üblicher erotischer, manchmal heftiger, aber bereits dagewesener Werke, sie hatte auch den Mut zu pornographischer Malerei.

«Das Modell» hebt seine kurze Tunika bis zur Höhe des Geschlechts, verbirgt das Gesicht, eine Brust ist nackt, so daß sich Schamhaftigkeit und Provokation mischen. Auf der «Gruppe von vier Akten» tauschen Freundinnen Zärtlichkeiten, die bei drei von ihnen im Augenblick des Koitus dargestellt sind. «Nana de Herrera» (1929), nackter als nackt in ihren durchsichtigen Blumenspitzen, bietet ihr Geschlecht den Blicken dar, aber das Haar ist mit einer Mantilla bedeckt. «Suzy Solidor» (1933) ist mit nackten Brüsten wiedergegeben, den rechten Arm über den geneigten Kopf gelegt, während die schön gezeichnete Nase den Achselgeruch einatmet. Mehr noch, die Einladung zur Vergewaltigung ist allgegenwärtig: Das geht bis zu den Beinen der kleinen Kizette, Lempickas eigener Tochter, die sie 1927 gemalt hat – «Kizette auf dem Balkon», «Kizette in Rosa». Sie fordern zu den unzüchtigsten Blicken heraus, kräftige, feste Schenkel des jungfräulichen Mädchens, die ein ultrakurzer Rock zur Gänze sehen läßt.

Tamara de Lempicka hat ein Œuvre geschaffen, das anzieht und gleichzeitig ein aus perverser Verlockung geborenes Unbehagen auslöst. Sie hat den nackten Körper gemalt, wie man eine Maschine oder einen Apparat malen würde.

Tamara de Lempicka ist eine der ersten Frauen, die eine solche Übertretung gewagt haben. Sie hat gewußt, daß sie Monster malte, für welche sie nicht mehr Mitgefühl empfand als für sich selbst.

Maria Vieira da Silva

Maria Elena Vieira de Silva wurde 1908 in Lissabon geboren. Ihre Familie hatte nichts einzuwenden gegen ihren Wunsch, einem künstlerischen Beruf nachzugehen, also verläßt sie Portugal im Alter von zwanzig Jahren und geht nach Paris, um Bildhauerei zu studieren. Doch sie gibt diesen Weg sehr schnell zugunsten der Malerei auf. Zwei Künstler spielen in ihrer Anfangszeit eine entscheidende Rolle: Othon Friesz (1879–1949, gehörte zuerst zu den Fauves, wendete sich später dem Konstruktivismus zu) und Fernand Léger (1881–1955). Bald findet sie ihren eigenen Stil, der radikal abstrakt ist. In ihrem Werk bedeutet Abstraktion Verwandlung – durch den Blickwinkel, durch wahrnehmbare Formen und konkrete Objekte.

So übersetzt ihr Gemälde «Steine» (1950) die Bilder von einem Wolkenkratzer, von Straßen, von fälschlicherweise rechteckigen Gebäuden wie mit dem Spiel einer Kamera, die den Gesichtswinkel beeinträchtigt – oder richtigstellt: Konfusion, entstehend durch die Farben, immer weniger rigide gezeichnete, gestapelte Rechtecke, ein Moment der Unentschiedenheit von Formen, in dem sich Zweifel an der Festigkeit der Materialien und Strukturen einschleichen, aus denen sie bestehen. «. . . Im Inneren der Ausarbeitung dieser Malerei, präzise ausgedrückt, der materiellen Ausarbeitung, findet sich Geduld, verbunden mit großer Leidenschaft, und die beiden bilden ein Doppel, das . . . Frauen eigen ist», sagt Dora Vallier in «Frauen in Bewegung». Vieira da Silva zählt mit ihrem abstrakten Œuvre zu den großen abstrakten Malern.

. . . am Ziel

Wir sind fast am Ende unserer Wegstrecke angelangt. Nicht weil wir alles gesagt hätten, weil wir allen Malerinnen begegnet wären, sondern weil sie ihr Ziel erreicht haben und in großer

Vielzahl aus dem Schatten männlicher Betrachtungsweise der Kunstgeschichte herausgetreten sind.

Sophie Taeuber-Arp (1889–1943) ist eine der ersten, die «Zerschnittene Reliefs» geschaffen, auf der Leinwand die Abstraktion eines Reliefs erfunden und sich mit Hilfe der Formen Fragen über die dritte Dimension angeblich planer Werke gestellt hat. Dorothea Tanning malt surrealistische «Schutzengel» und erforscht voll Wildheit ihre Träume. Leonora Carrington stellt sich auf einem Selbstbildnis von 1917 als zu großes Kind dar, als einsame und perverse Puppe, isoliert in einem Zimmer mit nacktem Steinboden, umringt von Tieren, die ebenso seltsam sind wie jene der Dame mit dem Einhorn. Christine Boomester erinnert sich in ihren Gemälden an die Lichter der Insel Java, auf der sie 1904 geboren wurde. Ihre Werke sind erfüllt von der Luft, deren Farben, deren vielfältigen Verwandlungen. Der Maler und Graphiker Goetz, ihr Ehemann, sagte: «Von ihr habe ich gelernt, meine Zeichnung zu disziplinieren, meine Sicht zu verfeinern.» Ihre Arbeiten sind Darstellungen eines Anderswo, nicht eines erträumten, sondern wahrnehmbar gemacht durch einen einfachen Farbstrich. Übrigens, Christine Boomester – und das ist eine persönliche Erinnerung – besaß einen Hund und lehrte ihn singen, den Mond anzusingen. Ihre Gemälde künden von einem ähnlichen, unwahrscheinlichen Austausch zwischen Lebewesen und allzu fernen Elementen. Er findet statt in flüssigen Kondensationen, auf die Leinwand gebracht wie Meeresströmungen, als habe ein Himmel sie eingesaugt und als würden sie im Inneren von Wolken kreisen. Absolute Transgression? Die Trennung zwischen den «Wassern von oben» und den «Wassern von unten» scheint aufgehoben.

Claire Bretécher, zum «Salon der Malerinnen und Bildhauerinnen» (UFPS, 14. Februar bis 3. März 1975) eingeladen, lehnte es ab, daran teilzunehmen, und schrieb folgenden Brief: «Die Kunst hat kein Geschlecht, *Madame*, und ich verweigere mich jeder Veranstaltung von schändlich diskriminierendem Charakter. Wäre ich ein Hund, würde ich Ihnen das gleiche sagen, wenn Sie einen Salon der Hundemaler und -bildhauer abhielten: 180 Francs. Das heißt, ich wünsche Ihnen trotzdem, daß er ein großer Erfolg wird, und verbleibe mit freundlichen Grüßen Ihre . . .» Darauf antworten die Organisatorinnen des Salons: «Natürlich hat die Kunst kein Geschlecht, davon sind wir überzeugt. Wir, aber wie steht es mit den anderen? Indem wir den ‹Salon dieser Damen› wieder veranstalten und dort auch andere Ausdrucksformen aufnehmen – Theater, Lyrik usw. –, wollen wir alle jene bestätigen, deren schöpferische Aktivität von ihrer Umgebung nur als Spielerei zum Zeitvertreib angesehen wird (zumal er nicht viel einbringt) . . . Sie wünschen uns Erfolg – vielen Dank. Aber darauf pfeifen wir. Wir sind keine Männer! Wir wollen ganz einfach: SEHEN LASSEN. Ganz die Ihren, der Salon UFPS. PS: Die 180 Francs = gesichertes Defizit.»

Überflüssig, diese beiden Briefe zu kommentieren. Überflüssig, sich zu fragen, ob die Kunst ein Geschlecht hat, ob sie keines hat oder, besser noch, ob sie zwei hat. Nicht nötig zu beweisen, daß dieses «negative» Streben nach Erfolg und dieses «positive» nach Kommunikation heute nicht mehr glaubhaft sind. In dem einen wie dem anderen Fall sind die gemachten Äußerungen übertrieben, was aber mitten in einem Kampf notwendig ist. Der damalige Kampf *war* notwendig, und wir alle (Männer wie Frauen) schulden ihm immer noch Dank für die vielen seit damals erlangten Rechte.

Außerhalb der Geschichte und der Zeit, oder zumindest fast, hat Séraphine – 1864 geboren und offiziell 1942 gestorben –, Putzfrau, die Malerin und für verrückt befunden wurde, ein Œuvre geschaffen, dem Gelehrte und Fachleute bescheinigen, visionär zu sein. Heute nennt man sie Séraphine de Senlis. Sie ging einen geheimnisvollen Weg.

In ganz jungen Jahren sei sie von ihrem «Schutzengel» gedrängt worden zu malen, ja zur Malerei aufgerufen worden, als sie in einer Kirche gebetet habe. So erklärte sie es später dem Psychiater. Und sie habe sich in die Malerei «ergeben», wie Jeanne d'Arc sich dem Kampf «ergab». Obwohl in der Kunst ihrer Wahl genausowenig bewandert wie die Heilige in der Kriegskunst, malte sie «Lebensbaum», «Paradiesbaum», präzise und minuziös gezeichnete Bilder, auf denen Laubwerk und Stamm derart exakt und detailliert sind, daß sich die Darstellung schließlich jeder Realität entzieht. Außerdem hat Séraphine Selbstbildnisse geschaffen, ohne zu wissen, daß sie damit eine der ersten und wichtigsten Forderungen an den Maler erfüllte: «Rote Séraphine», «Blaue Séraphine». Die beiden «Séraphine» sind seltsame Blumensträuße. Die «Rote Séraphine» zeigt einen Strauß aus karminroten, gelben, orangefarbenen Blumen und Blättern, Büschel aus Flammen, besternt mit schwarzen Zweigen, die «Blaue Séraphine» einen mit unbekannten Blumen bedeckten Baumstamm, dessen Zweige riesige, Palmwedeln ähnelnde Blätter tragen, als seien sie Körperglieder. Kein Gesicht! Ist es verwandelt wie der übrige Körper, im Zyklus der Metamorphosen hinweggerafft?

Mitten auf dem Bild mit dem Titel «Paradiesbaum» befindet sich ein Auge – jenes des Ewigen; ein drittes, seltsam offenes Auge auf Séraphines Stirn?

Das Werk Françoise Van Kessels geht im Aufbau von der Spur des Sinns aus, von der Suche nach ihm, doch das Mystische, das darin vorherrscht, hat seine Wurzeln in einer Topologie der Kulturen; in ihr verbinden sich japanische Zeichen, Gesichter des Westens, universelle Wüstenstraßen – letztere bringen die Malerin der Lyrik von Edmond Jabès nahe.

«Zeichen» und «Glossen» zeigen Aufeinanderfolgen von weißen Strichen auf Ockergelb oder gebrannter Tierra di Siena, die eher eine primitive Schrift formen als einen wirklich bildhaften Raum. «Erzwungener Weg» und «Dritte Variation» stellen eine Folge von Formen – essentiellen Silhouetten? – dar, von schwarzen Formen auf blauem Grund. Auf der Erde und am Himmel, die Gegenstücke zueinander bilden und sich im Hintergrund des Bildes verdoppeln, widerstehen die gemalten Spuren dem gierigen Verlangen nach einer sofort übersetzbaren Bedeutung. Es ist eine metaphysische Malweise, die Françoise Van Kessel hier geschaffen hat.

Auch auf ihren «Meninas», Kommentare, Reflexionen/Reflektionen zum und über das Werk von Velazquez, verliert sich der menschliche Körper, er zerfällt, versteht es nicht, sich in der Ähnlichkeit mit dem ursprünglichen Werk oder mit dem seit langem verstorbenen Modell wiederzufinden.

Françoise Van Kessels Arbeit ist ein ständiges, wenn auch verschiedenartiges Fragen nach dem Tod, seinen Masken, den Antworten und Botschaften, die das Leben in vielen «gesprochenen» Zeichnungen an ihn richtet.

Ihre Gemälde sind Erforschungen eines schwer zugänglichen, vielleicht verbotenen und nur bruchstückhaft eroberten Raumes. Darin gehört sie zu den Malern des Religiösen.

Rachel Knobler, vor dem Zweiten Weltkrieg im polnischen Somniki geboren, lebt in Deutschland. Christine Erhendht hat ihr einen Film gewidmet, «Rückkehr zu einer verlorenen Liebe», in dem Knobler eine Pilgerfahrt zu den Quellen, zu den Orten ihrer Ursprünge macht, an deren Ende sie versteht, daß sie jede Vorstellung von Vaterland *verloren* hat. Man sieht sie durch die Straßen ihrer Kindheit gehen – Anhaltspunkte suchen, fragen: «Und die Synagoge?» Ein Einwohner von Somniki antwortet ihr: «Sie war dort. Das Gebäude ist ein Geschäft geworden.»

Rachel Knoblers Gemälde sind farbige Bilder, auf denen aber die Perspektive fehlt; Bilder, die heitere Momente der Vergangenheit beschwören, auf denen aber die Gesichter ausgelöscht sind. Eines davon stellt ihren Vater dar, wie er Geige spielt, tanzt. Die riesigen Augen sind wie die Spur einer Erinnerung, die zerfällt. Die Lippen bleiben hart, der allzu gebeugte Körper ist aus dem Gleichgewicht, zwischen Sturz und Davonfliegen.

Ein anderes Gemälde zeigt eine alte, verschwundene, aus

dem Gedächtnis geschaffene Landschaft: Es handelt sich um eine Straße. Das Weiß löst sich in den Spuren von Schwarz auf, eine Person erscheint, heftiger Einbruch in die Komposition, in den Vordergrund – ein Überlebender? Auf wieder einem anderen Gemälde ist ein rosa gekleideter Mann zu Hause zu sehen. Er studiert vor einer Vase mit Blumen. Es herrscht der Eindruck von Frieden, doch von bedrohtem Frieden: Das Fenster ist schief, und wenn bei den Gegenständen die Harmonie bereits zerstört ist, dann deshalb, weil Gefahr naht. Einzig der Mann bleibt aufrecht sitzen, die Augen auf dem heiligen Buch.

Wie ihre Suche auf den Straßen Somnikis, so sind auch Rachel Knoblers Gemälde ein Wollen, das sich zu wiedergefundener Vergangenheit hin spannt. Es muß diese Vergangenheit aus der lückenhaften Erinnerung rekonstruieren, kraft der kohärenten Größe dieser Ohnmacht. Rachels Mutter wurde in Somniki ermordet, nachdem sie einem Todeslager entronnen war. Es heißt, man habe den Mörder gefunden, aber sicher ist es nicht. Nicht ihn sucht Rachel mittels ihrer Gemälde, ihrer Texte, ihrer Märsche auf Straßen, die fremd und Fremde geworden sind.

«Ohne Unterlaß besudelt der Tod unsere Leben mit Blut», schreibt sie. Sie schreibt, sagt sie, um die «Schwingungen» einer zerstörten Welt, die noch in ihrem Innersten ist, zu vermitteln. Die Schwingungen, die auf ihren Bildern die Farbstürze auslösen, müßten eigentlich ein musikalisches Werk erzeugen; auch sie komponiert ein Requiem. «Der Tod ist grausam ... Ich kann mich nicht daran gewöhnen ... Ich empfinde den Tod als eine böse Seite unserer Existenz.» Für den Kampf gegen den Tod bleibt die dreifache Schöpfung von Wörtern, Formen, Klängen; der wiedergefundene Körper, die wiedergefundene Stimme und der Sinn gewechselter Worte. Rachels Malerei schafft eine gegenwärtige Vergangenheit neu. Rachel malt nicht, was ist, sondern das, was sie verloren hat, jenen Teil, der ihr selbst und dem Leben entrissen worden ist, sie zu einem amputierten Wesen macht. Wie bei

Séraphine de Senlis, so ist auch bei ihr die Malerei Gebet – hier Gebet für Verstorbene, *Kaddisch,* mit Worten der Hoffnung.

Françoise Van Kessel und Rachel Knobler sind Künstlerinnen, die von ihren Zeitgenossen anerkannt werden, die in Galerien ausstellen und deren Werke in Sammlungen aufgenommen sind. Trotzdem – sie gehören zur *Gegenwart* der Kunstgeschichte, und man kann nicht beurteilen, ob sie dereinst auf den Ehrenplätzen der Museen neben den Valadons, O'Keeffes und anderen hängen werden.

Brigitte Simon gehört mit ihren Kupferstichen, Radierungen und Zeichnungen ebenfalls zu dieser Generation.

Bei ihr erzeugen weiße, steinige Formen, die hart und gleichzeitig zerbrechlich sind und lediglich als Striche von äußerster Feinheit existieren, kosmogonische Anordnungen von Schatten und gefährlichen Lichtern. Ihre Werke – «Am Rande des Abgrunds», «Erinnerungen von anderswo», «Sagenberg» – beschwören eine Welt in ihrem eigenen Heraufdämmern, indem sie deren Materialien übersteigern und kneten, um Substrate daraus zu extrahieren. Sie künden aber auch von dem ständig drohenden Untergang. Brigitte Simons Werke sind die Erforschung eines verbotenen und dennoch in Bruchstücken erreichten Raums.

Claire Roberts wiederum gehört zu jener Familie von Künstlern, die nie aufhören, den Körper, die Materie und die Orte zu untersuchen. In ihren Interieurs in Öl und Aquarell malt sie schwere Tapetenbehänge, Betten, deren Laken in gekonnt geformte Falten gelegt sind und mehr an Stein als an Stoff denken lassen und die auf das Eintreffen der Hauptdarsteller eines Dramas oder einer Tragödie zu warten scheinen. Die Frauen, die sich hier ausstrecken, haben ebenso verwirrende und vielversprechende Formen von Riesinnen wie jene Baudelaires. Ihre Körper mit den breiten Hüften verweigern sich manchmal der Entspannung, liegen immer auf der Lauer.

Noch bevor diese «Interieurs» bewohnt sind, suggerieren sie das erotische Ereignis, rufen es herbei. Claire Roberts geht vor wie bei einer Theaterinszenierung.

Die Fremdartigkeit der Komposition rührt von der Disproportion der Formen her: ausladende Hüften, stramme Kehrseiten, verwischte Köpfe, ohne Augen, ohne Blick, als sei das ganze Leben, das sie ausdrücken, dem Inneren zugewandt, dem künftigen Schauspiel der Lust oder des Schmerzes, dorthin, wo die Angstgefühle entstehen.

Präzise dargestellte Möbel umgeben die einsamen oder sich paarenden Wesen, Möbel, die keineswegs nur simple Gebrauchsgegenstände sind, sondern stumme Zeugen. Von diesen Akten mit ihrer leidenschaftlichen Kraft geht ein Geheimnis aus: Ihre vollen Kurven verbergen künftige Gegenwarten.

Brigitte Solberg, zwar auch Zeichnerin, Aquarell- und Pastellmalerin, ist vor allem aber Kupferstecherin, Meisterin einer Technik, eines wahren Kunsthandwerks, das sie folgendermaßen beschreibt: «Für eine Radierung zeichne ich auf einer durch Firnis geschützten Kupferplatte mit Hilfe einer sehr feinen Nadel, die ein Häutchen dieses Firnis abträgt. So wird die Zeichnung geboren, natürlich seitenverkehrt zu dem dann auf dem Papier sichtbaren Bild. Wenn meine Zeichnung weit genug gediehen ist, gebe ich das Kupfer zum Ätzen in eine Säurelösung, und jeder Strich – jeder Punkt – wird hohl und furchig, bereit für die Aufnahme der Tinte im Moment des Drucks.»

Tatsächlich ist die Natur, die Brigitte Solberg darstellt, oft «seitenverkehrt zu dem Bild», das man unmittelbar sieht; die äußerst präzisen Striche verleihen dem pflanzlichen, tierischen oder aquatischen Wuchern Form. Der Eindruck von Surrealität entsteht dann aus der Vervielfachung von Hinweisen und Anhaltspunkten.

Auf der Radierung mit dem Titel «Wenn die Zeiten vollendet sein werden» zeichnen Schichten von verschiedener Beschaffenheit eine geologische Landschaft, eine Erinnerung an das Paradies, das allerdings im Torf vergraben liegt. Das «Tal am anderen Ufer» zeigt den langsam von der Vegetation eroberten Raum; jedoch bleibt, in der Perspektive, die Verheißung von Tiefe.

Es ist nicht bedeutungslos, daß einige der zuletzt beschriebenen Werke Bezug zum Ursprung und zum Vergänglichen haben.

Epilog

Wie ist an diesem Ende des 20. Jahrhunderts unsere retrospektive Sicht dieser Malerinnen, die wir kennenlernten, die sich im Lauf der Zeit allerorts befreiten? Wie sehen wir ihre Geschichte, ihre Welt, ihre Merkmale?

Die patrimoniale Weitergabe ist heute wenig ausgeprägt; das System der Werkstätten, das einst ein Elitehandwerk charakterisierte, ist praktisch verschwunden und mit ihm das Erbe in Form eines Familienberufs. Der Maler versteht sich nicht mehr als Handwerker, und die vorrangige Rolle, die heute dem Individualismus zuerkannt wird, schließt die einstige Weitervermittlung der «Gabe» von den Vätern aus. Man hat Talent, Genie sogar, und wählt seinen Beruf unabhängig von Familie, Herkunft, Umfeld.

Frauen wählen heute ihren Beruf, ihre Ausdrucksform nicht nur mit immer größerer Unabhängigkeit, sondern sie brechen dabei manchmal auch mit dem familiären Kontext: Sie entdecken sich selbst und sind Malerinnen, gleichgültig aus welcher Familie sie stammen. Wie steht es dann mit den Charakteristika, die wir zu analysieren versuchten?

Die Grundfrage läßt sich anders formulieren: War es richtig, künstlerisches Gestalten unter dem Gesichtspunkt des Geschlechts der gestaltenden Person zu behandeln? Sicher eine legitime Annäherung, vor allem aus drei Gründen: Fürs erste, weil das «Geschlecht der Frau», wenn es um künstlerische Gestaltung ging, für sie lange und überall ein Handicap darstellte; des weiteren, weil wir glauben, daß die Kunst nicht geschlechtslos, sondern *gleichzeitig männlich und weiblich ist*; und schließlich, weil die künstlerische Gestaltung zwangsläufig mit der Sexualität zu tun hat. Die Beziehung zwischen der Geschlechtszugehörigkeit der Kunst und dem Geschlecht des Künstlers aber bleibt ein ungelöstes Rätsel, das immer wieder hinterfragt werden wird.

Denn manchmal neigt man zu der Vorstellung, künstlerisches Gestalten sei stark vom Geschlecht des Gestaltenden geprägt, manchmal zu der, daß Kunst die Suche nach oder die Untersuchung von etwas Unzugänglichem sei, die mit geschlechtlicher Spezifität nicht das geringste zu tun hat.

Die gleiche Frage stellt sich beim Schreiben; man spricht von «Frauenliteratur» – sogar von der Eigentümlichkeit, die bestimmten Aussagen, Formulierungen usw. innewohnt –, aber es ist nie die Rede von Männerliteratur, als gebe es einerseits Literatur und Malerei, andererseits, sozusagen als Unterprodukt, als Derivat, die Literatur und die Malerei von Frauen. Eine derartige Unterteilung erfolgt übrigens bei allen Minderheiten, und diese sind, seltsamerweise, oft damit einverstanden; man spricht von jüdischen Schriftstellern, schwarzen Schriftstellern usw., ohne daß man weiß, ob es sich um das Thema des Werks oder um die Herkunft des Autors handelt.

Und was soll man gar von der Musik sagen?

Am Ende unseres Buches müssen wir uns zur Ungewißheit bekennen. Das Rätsel, um dieses Wort wieder aufzugreifen, bleibt bestehen: Wer ist der schöpferische Gestalter, der Künstler? *Nur* ein Mann? Oder *nur* eine Frau? In welchem Augenblick machen die Intuition, das Medium der Über- oder Umsetzung aus ihm oder ihr, präzise ausgedrückt, einen Schöpfer, eine Schöpferin? Jeder künstlerische Ausdruck, und sei er noch so realistisch, noch so stark einer getreuen Wiedergabe äußerer Erscheinungsformen verschrieben, erwächst aus dem Geheimnisvollen und verliert sich im Geheimnisvollen.

Ein Buch wie dieses muß zwangsläufig unvollendet bleiben. Möge es trotzdem eine Tür öffnen, die in die endlosen Säle eines imaginären Museums führt, in dem auch die Werke jener Künstlerinnen betrachtet werden können, die bekannt sind und denen wir hier nicht gerecht wurden, und derer, die unbekannt sind und die wir noch zu entdecken hoffen.

Seine Fortsetzung wird auf eine unbegrenzte Zahl leerer Seiten und Leinwände, ob jungfräuliche oder nicht, geschrieben werden.

Literaturhinweis

Berger, Renate. *Malerinnen auf dem Weg ins 20. Jahrhundert. Kunstgeschichte als Sozialgeschichte.* DuMont Buchverlag, Köln 1982, 2. ergänzte Aufl. 1986.
Eva und die Zukunft. Das Bild der Frau seit der Französischen Revolution. Hrsg. von Werner Hofmann. Ausst. Katalog Hamburger Kunsthalle, Prestel Verlag, München 1986.
Evers, Ulrike. *Deutsche Künstlerinnen des 20. Jahrhunderts. Malerei – Bildhauerei – Tapisserie.* Schultheis Verlag, Hamburg 1983.
Frauen Bilder Männer Mythen. Kunsthistorische Beiträge. Hrsg. von Ilsebill Barta, Zita Breu, Daniela Hammer-Tugendhat, Ulrike Jenni, Irene Nierhaus, Judith Schöbel. Dietrich Reiner Verlag, Berlin 1987.
Frauen in der Kunst. Hrsg. von Gislind Nabakowski, Helke Sander, Peter Gorsen. 2 Bde., Frankfurt am Main 1980.
Frauen Kunst Geschichte. Zur Korrektur des herrschenden Blicks. Hrsg. von Cordula Bischoff, Brigitte Dinger, Irene Ewinkel, Ulla Merle. Gießen 1984 (Kunstwissenschaftliche Untersuchungen des Ulmer Vereins, Verband für Kunst- und Kulturwissenschaften, hrsg. von Michael Brix, Bd. 13).
Heller, Nancy G. *Künstlerinnen von der Renaissance bis zur Gegenwart.* vgs, Köln 1989.
Krichbaum, Jörg; Zondergeld, Rein A. *Künstlerinnen. Von der Antike bis zur Gegenwart.* DuMont Buchverlag, Köln 1979.
Krull, Edith. *Kunst von Frauen: Das Berufsbild bildender Künstlerinnen in vier Jahrhunderten.* Weidlich Verlag, Würzburg 1984.
Künstlerinnen International 1877–1977. Neue Gesellschaft für Bildende Kunst, Berlin 1977.
Kunst mit Eigen-Sinn. Aktuelle Kunst von Frauen. Texte und Dokumentation. Hrsg. von Silvia Eiblmayr, Valie Export, Monika Prischl-Maier. Wien/München 1985.
Sello, Gottfried. *Malerinnen aus fünf Jahrhunderten.* Ellert & Richter Verlag, Hamburg 1988.
Und ich sehe nichts, nichts als die Malerei. Autobiographische Texte von Künstlerinnen des 18.–20. Jahrhunderts. Hrsg. von Renate Berger. Fischer TB, Frankfurt am Main 1987.

Bildnachweis

Sofonisba Anguissola, Die drei Schwestern der Künstlerin beim Schachspiel, 1555, Photo: AKG Photo, Berlin

Sonja Delaunay-Terk, Elektrische Prismen, 1914
Copyright © Jean-Louis Delaunay

Tamara de Lempicka, Unvollendetes Männerbildnis, 1928
Copyright © 1996 by Pro Litteris, Zürich

Leonor Fini, Rote Vision, 1984
Copyright © 1996 by Pro Litteris, Zürich

Frida Kahlo, Selbstbildnis mit Halskette, 1933
Reproduccion autorizada por el Instituto Nacional de Bellas Artes y Literatura, Mexico City

Georgia O'Keeffe, Musik: Rosa und Blau, 1919
Copyright © 1996 by Pro Litteris, Zürich

Wir danken den Rechtsinhabern für die Genehmigung zum Nachdruck der genannten Werke.

In jenen Fällen, in denen es nicht möglich war, den Rechtsinhaber resp. Rechtsnachfolger zu eruieren, konnte ausnahmsweise keine Nachdruckerlaubnis eingeholt werden. Honoraransprüche der Rechtsinhaber bleiben gewahrt.

Namenregister